二十幾歲的你，預支煩惱

你該做的是準備而不是擔憂

張雪松 王郁陽 ── 著

▶ 二十多歲的你處於怎樣的境況？
▶ 你離兒時的理想距離又有多遠？
▶ 你是否又有了新的理想和目標？
▶ 是否確定如今的你想要的是哪種幸福？

崧燁文化

目錄

第三章　年輕的路上撒滿陽光
─塑造樂觀心態

第四章　衝動的年紀張弛有度
─學會自我控制

第八章　追逐的倦鳥終將歸巢
─收穫真摯愛情

前　言

　　毫無疑問，二十至三十歲這十年，是人一生中最熠熠生輝如黃金般的十年。因為這時的你，正值青春年少，朝氣蓬勃，活力無限，身體和精力都處在人生的最高峰，正是獲取知識和工作鍛鍊的最佳時期。它基本上決定著你三十歲之後能否獲得成功的事業、顯著的成績、美滿的家庭等，因此，這十年也是最關鍵的十年。

　　然而，二十至三十歲這十年又是容易出現閃失的十年，因為你畢竟年紀輕、涉世淺、閱歷少，這個階段年輕人常會有懵懂、年輕自傲、初生之犢不怕虎的一些心理特徵，如果沒有一個正確的心靈引導，這黃金十年就很可能被荒廢，甚至在此期間鑄成大錯，成為一生無法挽回的損失。而本書則可以幫助你避免不必要遺憾的發生。

　　我們常聽說人生必須有目標，必須有方向，可為什麼有人卻沒有目標和方向，或者有了之後依舊感到迷惘，因為他們沒有抓住「根」。其實，獲得幸福才是每個人最終的目標和大方向。那麼，什麼才是真正的幸福？什麼才是你想要的幸福？為了達到這個幸福你需要再設定什麼目標和方向？設定之後又該如何一步一步去實現？這些你都可以在第一章找到答案。

　　當你有了層次清晰的目標和方向，並不代表一切都萬事大吉了，要實現目標必須有一個健康的身心基礎，其中心理健康更是至關重要的。我們都知道意志決定行為，你心裡怎麼想你就會怎麼去做，有一個健康的心態能讓你身體更健康，才能保證你順利實現自己定下的目標。第二章會告訴你心理健康的標準以及維持心理健康

的原則及方法等內容，同時本章也為之後的章節奠定了理論基礎。

二十至三十歲的你由於學習、工作、生活等方面的壓力，也許會變得煩悶、消極、悲觀甚至痛苦，雖然這個年紀的你早已不是無憂無慮的兒童，但你依舊有辦法樂觀起來，在你追求夢想目標的年輕道路上攜手陽光，快樂前行。只有這樣，你才能順利到達幸福終點。第三章會幫助你做到這一點。

二十至三十歲是容易衝動的年紀，是容易放縱的年紀，是面對誘惑不知所措的年紀，如果我們學不會控制自己，就會導致心理失衡，滋生一系列不健康心理，從而犯下不必要的錯誤，形成你成功道路上的阻礙。第四章會讓你始終做自己的主人，不在人生的航程中誤入歧途。

年輕的你自信嗎？有沒有感到沒自信甚至自卑的時候？或者你本身就是一個自卑的人？沒關係，第五章會深入挖掘自信和自卑都源自哪裡，此外還會告訴你各種獲得自信遠離自卑的妙招，相信你一定會受益匪淺。

第六章給那些整日只顧忙著追求，忙著索取的年輕朋友們敲響了警鐘，他們中很多人認為自己擁有的都是理所應得的，別人給予自己也是理所應當的。有些人一旦得不到、失去或受到傷害總是將罪過推到別人頭上，心中過於自我，不懂得感恩、付出、回報，不懂得關愛別人。孰不知，這樣是目光短淺的，是獲得成功與幸福的大敵。

二十至三十歲的我們熱血沸騰、熱情澎湃，這固然是好事，但也必須修練出一種心如止水的心靈境界，因為這樣你才能理智清醒的分析、應對你所遇到的種種難題，才能真正看清自己，才能處變

不驚、臨危不亂，承載三十歲之後的大風大浪，被社會委以重任。第七章會有助於你成為這樣理智成熟的人。

大部分年輕朋友都在二十至三十歲時成家立業，而婚姻又以愛情為基礎，愛情這個永恆又高深的課題讓很多人深陷其中，苦思冥想不得其解，從古至今沒有絕對定論，也沒有什麼系統的理論及模式供你參照。本書更不敢聲稱用篇幅有限的第八章就能將愛情解析透澈，但我們會以前人為鑒，給你提供誠摯中肯的建議。

總之，本書不會一味講眾所周知的大道理，不會讓讀者感覺內容空泛且沒有實際指導意義。我們結合當下二十至三十歲的青年朋友們時常遇到的問題事例進行分析總結，內容深入淺出，力爭讓大家看過之後，更好的把握自己的黃金十年，在人生的道路上少走彎路，獲得年輕人期望的成功。

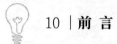

第一章　青春的路口不再彷徨

—— 規劃幸福人生

　　二十至三十歲的年輕朋友們，你明白幸福的真正含義嗎？你清楚自己想要的幸福是什麼嗎？現在的你正處在人生的關鍵時期，你正需要許多的經驗讓剛剛成年的你變得成熟起來。如果對這個問題依舊一頭霧水，那麼你就無法為自己設定明確的人生目標，並朝著它的方向大膽前進，就會在青春的十字路口不停徘徊，感到彷徨。或者你隨意的選擇了一個方向，結果耗費了大把青春、大好時光之後才發覺這個方向是錯誤的，這種生活不是自己想要的，因而追悔莫及。因此，讓我們從頭開始整理，一步一步規劃你想要的幸福人生。

一、年輕的我們向幸福出發

年輕的我們要向幸福出發，先要搞清楚「幸福」到底是什麼？

幸福，這個時常被我們掛在嘴邊，彷彿每個人都明白的詞，真正挖掘起來其實並不簡單。

年輕的你覺得幸福嗎？

電視臺曾經做過一個節目，記者對不同地區、不同年齡、不同性別、不同生活背景的一群人做了現場突擊採訪，第一個問題就是：「你覺得自己幸福嗎？」

被採訪者中有年長的農民、青年白領、高中生、大學生，還有拾荒少女等等。他們的回答有肯定的、否定的，有不確定的，也有徹底不知道的。記者再問他們原因，那自然也是各不相同了。

年長的農民回答說：「我覺得幸福。因為現在生活比以前好多了，兒女們也都長大工作了。」

青年白領說：「嗯……怎麼說呢？還行吧，就是工作壓力有點大。」

高中生說：「可能在別人眼裡我很幸福，實際上我並不幸福。我的父母非常關心我，我生活中的一切都被他們安排好了。我感覺自己被關在一個舒適的籠子裡，有點透不過氣。我想自己決定，自己選擇。」

大學生說：「我剛剛失戀，你說我幸福不幸福？」

拾荒少女有點害羞的笑著說：「我不知道。」「你覺得以後生活會比現在好嗎？」記者問。「嗯。」拾荒者女孩回答的聲音不大，但還

算肯定,「那你長大以後打算做什麼?」記者又問。「上大學,工作,還有,讓我弟弟也上大學。」「如果這些都實現了你覺得自己幸不幸福?」「幸福。」她不假思索的答道,臉上露出了希望的笑容。

年長農民的幸福來自他對幾十年生活的對比總結;青年白領對幸福的不確定是由於他的工作生活狀況;高中生是在她的高中階段感覺不幸福;大學生正處在失戀的不幸福期;撿廢品的女孩不確定現在是否幸福,但相信經歷了現在到將來的一段時間之後,自己會幸福。

可以看出他們每個人對幸福的理解各不相同,先不管哪種最確切,但至少都有一個共同點,那就是他們關於幸福的感覺都是對某一個較長時間的總體感受,而不是一個短暫、片面、靜止的點。

二十至三十歲的年輕朋友,看了上面這個例子,你又有何感想?如果被採訪的人是你,你又會如何回答?

幸福是一種生活,一種感受

辭典對幸福有兩種解釋:① 使人心情舒暢的境遇和生活。例如:我們今天的幸福來之不易;②(生活、境遇)稱心如意,例如:我感到幸福。

很顯然,第一種解釋把幸福作為一個名詞,指的是一種境遇和生活;第二種解釋把幸福作為一個形容詞,指的是一種情緒,一種感受。雖然詞性不同,但二者都有一個共同點,就是不論「心情舒暢「還是「稱心如意」,都和生活分不開,都是一種快樂的情緒。

我們先來看辭典關於幸福的第一種解釋:「使人心情舒暢的境遇和生活」。

心情舒暢好理解。境遇,是指境況和遭遇,就是指你所處的各

種環境狀況，以及你遇到的人和事等。比如前面例子中的青年白領、高中生和大學生等就有他們各自的境遇。生活，又一個高深的話題，但基本的意思是人們為了生存和發展而進行的各種活動。

那麼，要得到幸福，就是要得到「使人心情舒暢的境遇和生活」，也就是要處在使人心情舒暢的各類環境中，比如自然環境、家庭環境、工作環境、社會環境等，那位高中生覺得不幸福主要和她的家庭環境有關；你遇到的各類人和事也要使你心情舒暢，那位失戀大學生就是好例子；你在進行生存和發展的各類活動中也要心情舒暢，這點我們可以向那位小女孩學習。

再來看第二種解釋：「（生活、境遇）稱心如意」，不用多說，和上面道理一樣。但「稱心如意」從心理學上分析就又大有學問了。

幸福是滿足、樂趣與希望

「稱心如意」主要包含了「滿足」和「愉快」兩層意思，而心理學方面對幸福的解釋正是：「一種持續時間較長的對生活的滿足，感到生活有巨大樂趣，並自然而然的希望持續久遠的愉快心情。」

這個解釋更直接更全面，但細分析起來也同樣有些高深。

生活的兩個關鍵字是生存與發展。這本身就是一個漫長的過程，要在這個過程中獲得短暫的、偶爾的快樂和滿足比較容易，但要較長時間的感到滿足，就比較難了。前面例子中的人們都在以不同的方式維持生存和謀求發展：年長農民主要靠種地，青年白領主要靠腦力，高中生大學生暫時靠家裡，小女孩一方面靠家裡，一方面靠自己拾荒。他們有各自的滿足與不滿足，於是也就有了各自的幸福與不幸福。

生存是人類最基本的要求，在如今的社會條件下這個相對容易滿足，但發展就相對較難了。發展關係到你的生活品質到底如何，每個人對它的要求也不一樣。而且發展是一直持續著的、永無止境的。因此，每個人對生活的滿足感也就不同，各自的幸福感也就有所差異了。

「感到生活有巨大樂趣」更是要因人而異，具體問題具體分析。前面例子中的那個高中生，記者採訪她時她正滿臉愁容、憂心忡忡的走在熱鬧的大街上，彷彿對什麼都不感興趣；而撿廢品的小女孩對採訪本身就充滿好奇，之後和弟弟一起邊工作邊玩，同時有說有笑。

「自然而然希望持續久遠的愉快心情」中我要特別強調其中的這個「希望」，希望是指心中最真切的幻想、盼望、期望、願望。例子中那個小女孩同樣是很好的例子。她當時的物質生活狀況並不理想，但她並沒有悲觀和抱怨，而是對生活滿懷憧憬。

希望是美好的，只有心中時常懷有這種「希望」的情緒，我們才能擁有「愉快的心情」，才能有動力去不斷追求，才能感受到生活的樂趣，才能較長時間的對生活感到滿足。

總結提示

· 幸福是一種快樂滿足的情緒與感受，它發自我們內心，也來源於生活。

· 幸福是對生活某個階段的感受，相比快樂而言更加長遠和持久。

· 一個幸福的人生由生活中無數個短暫的快樂所組成，這其中難免有些許的不快樂，但只要整體上以快樂為主，你的人生

依舊是幸福的。

· 二十至三十歲的年輕朋友已經成年，已經能夠獨立思考。如果你已經明白了幸福的基本含義，你就有了整體的方向，就不會將眼光局限在短暫的小快樂或小痛苦上，你就可以開始認真規劃自己嚮往的幸福人生，制定自己需要征服的一個個目標，然後朝著幸福的方向勇敢啟航。

二、二十歲想要哪種幸福，三十歲才能收穫哪種幸福

二十歲到三十歲之間雖然有十年時光，但這十年短暫又珍貴，轉瞬即逝。如果你在二十歲時還不清楚自己想要的幸福是什麼，只是憑著眼前的喜好一味盲目前行，彈指一揮間你到了三十歲這個而立之年，此時的你收穫的很可能只有遺憾。

兒時的理想與二十歲想要的幸福

調查對象一：文濤，男，二十歲，大一學生

「小時候我的理想是成為一名電影功夫明星，像成龍、李連杰那樣。」文濤說，「那時候我經常看著電視在家瞎比劃拳腳，還成天嚷著讓我爸送我去少林寺學武術。後來經過我爸的勸說、哄騙加打罵，我的這個理想泡湯了。中學時看了很多戰爭題材的電影，我就又想成為一名光榮的軍人，還準備以後爭取當個將軍什麼的。這個理想我爸倒挺支持，但他告訴我直接當兵沒前途，最好是好好學習能考上一所軍校。後來我的分數不夠，重讀了一年還不行，有些心

灰意冷了。又是在我爸的指導建議下，我報考了現在的大學選了資訊系這個專業。聽說學這個專業以後好就業，我對學這個專業也還有點興趣，但也不是太大。管它呢，先學著再說吧，畢業以後慢慢看情況，我現在也沒有太具體的打算。」

調查對象二：傅芳，女，二十歲，護士

「小時候我想當一名醫生，因為我們老師說醫生救人，是一個高尚的職業。」說到這，傅芳笑了，「我家裡人也說當醫生不愁沒飯吃，也一直支持我這個想法。可是到了國中我的學習一直很一般，我家條件又不太好。家裡人一看我就算上了高中也沒什麼前途，就讓我考個護校的高職。這樣一方面和醫生這個行業有點關係，一方面可以早點工作。後來我就上了一個護校，可是心裡一直還是想當醫生。我現在在這個醫院當護士，想當醫生的願望更強烈了。但你知道當醫生的話學歷要求比較高，所以我現在業餘時間都在學習，準備參加相關的考試。每天工作完就挺累的，再加上學習當然就更累了。不過我覺得挺充實，這樣挺好。如果我以後真當上了醫生，那就更好了。」

調查對象三：志遠，男，二十一歲，食品公司業務員

「我小時候想當一名探險家，去世界各地探險。可是我從小就貪玩，學習差，我父母一直對我不抱太大期望，國中沒念完我就輟學了。之後就幫家裡開的商店賣東西，也算在混日子。十八歲時我無意中看了一本書叫《世界上最偉大的推銷員》，看得我熱血沸騰，於是我就來到這座都市，進了現在這家公司，立志成為一名偉大的推銷員。這個工作挺累，壓力也大，因為業績直接和薪資掛鉤，而且經常被別人冷眼拒絕，特傷自尊，還好我有心理準備，現在也基本

適應了。我現在天天就想著怎麼才能賺更多的錢。我給自己定的目標是：二十五歲之前當上主管，三十歲前當上經理，然後在這個都市買一間房子。女朋友現在還沒有，現在也不多考慮，事業要緊，反正有了錢以後什麼都好辦。錢足夠多以後，我就自己創業當老闆，然後去國外轉轉，實現一把我小時候的理想。」

　　幾乎每個人都有過兒時的理想。如今已經二十歲或二十多歲的你正處在一種什麼樣的境況下？離你兒時的理想距離又有多遠？你是否又有了新的理想和目標？你是否確定如今的你想要的是哪種幸福？

二十歲必須明白生活的意義

　　這裡說的「意義」就是指作用和價值。

　　我們經常說「人活著要有意義」、「要明白生活的意義」，簡單說就是人必須要在生活中展現出自己的作用和價值，成為一個有用的、有價值的人。

　　上面例子中的三位被調查對象，他們都有各自的價值取向，他們各自對自身價值的理解也各有不同。文濤還是學生，所以他的作用和價值展現得暫時不明顯，他對自己的價值取向也認識得很模糊；傳芳和志遠已經展現出一部分自身價值，但他們都相信他們的價值還會更大。

　　那麼，有作用和價值，也就是有意義，和幸福又有什麼關係呢？

　　從科學上說，當我們大腦的特定神經受到外界的刺激時，就會使人產生一種滿足感，一種快感。如果這種滿足感和快感能夠持續

和長久，我們就能感受到幸福。

　　既然是神經需要受到外界的刺激才能獲得快感，因此我們可以確定快樂需要透過借助外界的客觀事物才能獲得，而不是你自己心裡想快樂就能快樂，否則就成了唯心論了。要不我們怎麼經常會聽說：「我也想快樂啊，可是我就是快樂不起來」，「沒有什麼值得我快樂的」等等。

　　可以使人的神經受到刺激獲得快感的外界事物有很多，其中有具體的也有抽象的，比如食物、衣服、金錢、酒精、性愛、愛情、成就、地位、榮譽等等。這些是很多人需要的東西。有些人擁有了其中的一樣或幾樣，就覺得自己是幸福的了，而還有些人擁有了其中的大多數依舊覺得不滿足，因為他們還需要更多，甚至永無止境。

　　要獲得就要付出，這是一個眾所周知的道理。然而要付出並非那麼簡單，它是需要一定條件的，就是你有沒有這個能力，有沒有這個資格來付出。

　　如果你有這個能力和資格去付出，並且你付出了，然後才會得到相對的回報，這才說明你是有用的，是有價值的。

　　獲得了你想要的種種東西，你就有了滿足感，你才可能會幸福。

　　因此，二十多歲的年輕朋友，如果你想要收穫幸福，就必須清楚自己想要什麼，就必須了解自身的作用和價值，必須明白生活的意義。

理智的為二十歲的你選定目標

　　要發揮自己的作用和價值，讓自己生活得有意義，要獲得幸福，就必須給自己選定奮鬥的目標。

選定奮鬥的目標一定要理智，不能像兒時的理想那樣過於感性化。

前面例子中的三位主角，都在小時候為自己設定了理想目標。當初他們選擇時由於年紀小，因此都比較感性化。文濤小時候想當功夫明星，無非是受到影視作品中明星所扮演形象的影響：武功高強、行俠仗義、受人敬仰。很多男孩小時候都有這個夢想。之後他想當軍人，稍微理智了一些，但同樣感性為主，也是主要看到了軍人英雄形象的一面，覺得威風、光榮，沒有過多紀律性、責任感方面的認識；傳芳小時候想當醫生，一開始也難免從比較感性的角度出發，但家人支持的理由以及後來的實踐讓她的理想逐步趨於理性化；志遠兒時想當冒險家，不用說，這同樣是比較感性的。即使他後來打算終究要實現一把，也不是把它當做真正的理想目標了。

讓我們來看看另一位大學生是怎麼闡述自己理想的：

「和大家一樣，我小時候到中學時期也有一些理想，不過現在想來都比較幼稚，不提也罷。現在我的理想比較概括，那就是：做一個有用的人，使自己能在以後的日子裡更加快樂幸福，也能報答曾經幫助過我的親人、朋友、老師，希望他們都健康、平安、快樂。」

雖然這個理想目標不夠具體，但卻是比較成熟和理智的。因此，二十歲的我們在心智相對成熟、能夠相對獨立思考的年紀，要想選擇一個終生為之奮鬥的理想目標，一定要理智的分析思考，最後果斷的做出選擇。

總結提示

　　要理智的確定自己二十歲想要哪種幸福，可以從下面幾點來把握：

1. 生活是多方面的，因此你的需要也是多方面的，不要顧此失彼。也許你擁有了大量金錢，卻失去了健康、親情、友情、愛情等方面的滿足，這樣你同樣不會幸福。
2. 生活是持續發展的，因此要用長遠的、可持續發展的眼光制定目標，不要把目標局限在只能讓你獲得某個短暫階段的滿足，它也要能為你漫長的未來服務。
3. 制定目標要結合自己的興趣、性格、特長、能力，以及現實的狀況等，這樣你才能順利實現目標，收穫你想要的幸福。

三、成功與幸福的距離有多遠

　　什麼是成功？這也是個看似簡單卻又耐人尋味的老話題。

　　不少人認為擁有金錢與權力就是成功；也有人認為在自己的專業領域中獲得聲望就是成功；還有人則否認成功的存在，認為這世上沒有成功，只有無止境的追求。

　　到底怎樣才算是成功？成功是否就意味著能夠幸福？讓我們共同來探討。

成功需要付出一定代價

　　安傑今年二十八歲，是某知名公司的廣告總監，年薪二十萬元左右。他是許多人羨慕的對象，但他自己卻很少感受到生活的樂趣。

「很多朋友說我已經成功了，也有朋友說我應該繼續努力，獲得更大的成功，比如自己開一家公司當老闆。」安傑說，「可是，現在的我幾乎沒有時間停下來享受我自己的成功，更不用說自己創業成功以後了。其實我一直很累，除了壓力，我幾乎沒有時間去學習感受工作之外的新東西。而且現在身體也被長期加班折磨得越來越差，我真擔心三十歲以後爆肝怎麼辦。」

旭東在大學時就決定自己以後要一生做學問。四年間，他每天比同學早起三個小時，晚睡三個小時，全部用來讀書學習。課餘時間幾乎天天泡在圖書館，校園裡與學習無關的活動他從不參加，同學聚會也不去，更沒有心思交女朋友。畢業後，他又專心考研究所，考上之後憑藉同樣刻苦精神讀完了三年。之後，他申請留校，沒有如願，便去了一所很一般的高校當老師。

在職期間，旭東不停撰寫論文，但只有很少幾篇被發表。他想做一個研究課題，但學校不支持。這時旭東有了辭職的念頭。可這些年他只顧著學習，沒什麼社會經驗，現在年紀又偏大，同學間也幾乎沒聯繫，於是只好暫時作罷。此時，學業成績一向優異的旭東才發覺自己有些孤獨和失敗。

現實中的成功形式遠不只上述這兩種，但也大同小異，就是任何成功都難免會付出一定的代價。這些代價中，有些會幫助你獲得幸福，有些則讓你遠離幸福。

成功並不等於幸福

我們先來看看成功的含義。

簡單說，成功就是指你實現了自己既定的目標，使你的某種願

望得以實現。

你所制定的這個目標，一定是你非常想做的事，你有強烈的欲望想要完成它。當它做成後，你便會有強烈的滿足感和興奮感。如果不是你想做的，即使做成了，你也不會有成功的喜悅。案例中的旭東，做學問是他一心想做的事。當他取得優異的成績，考上了研究生，發表了學術論文，都是他部分既定目標實現的表現。當這些目標實現時，他在某種程度上一定是非常喜悅的，也可以說他取得了一定的成功。

此外，有句成語：「難能可貴」。意思是說，難做的事情才顯得可貴。你想實現的目標應該是有一定難度的。大家都知道，越難做成的事如果做成了，你就會很有成就感。這也是成功的一種感覺。

成功的感覺是你自己的，不是別人的。很多人認為旭東在學業上取得了不錯的成績，也算是比較成功的人，但他自己卻覺得自己挺失敗。

前面我們說過幸福的含義。幸福是一種持續時間較長的對生活的滿足，感到生活有巨大樂趣，並自然而然希望持續久遠的愉快心情。成功也能讓你獲得一定的滿足感，但這種滿足感是否能長時間的保持下去呢？如果不能，成功也只是暫時的快樂，並不是真正的幸福。

幸福還要感到生活有巨大樂趣。安傑取得了事業上的成功，卻喪失了很多生活的樂趣，顯然他不幸福。旭東更是沒有全面的體驗生活，只是以學習研究為主，沒有娛樂，沒有朋友，更沒有女朋友，遭到挫折後又感到孤獨和失敗，因此他的生活自然也不幸福。

有一位心理醫生透露，他的很多病人都是所謂的成功人士，他

們大都有著共同的人生發展軌跡：年輕時為了事業上的成功，忽略了健康、愛情、親情、友情、休閒這些重要的東西，認為成功後什麼都好辦。結果，他們發現自己成功後，擁有的只是豪宅名車、燈紅酒綠、逢場作戲以及巨大壓力，並沒有獲得幸福的感覺。

因此，成功並不等於幸福。但是，成功又是生活中所必須的，如何才能既成功又幸福呢？我們下面會告訴你。

讓成功為幸福服務

我們之前說過，獲得幸福才是人生的終極目標。因此，如果你實現了獲得幸福這個大目標，你的整個人生才是成功的，才算是真正的「大功告成」。

要想實現大目標，就得讓人生中的各個小目標為大目標服務，也就是說讓你的小成功為幸福服務，而不能讓它對你的幸福造成反作用。

當今社會，擁有大量金錢被很多人認為是成功的標誌。但很多人都明白，「有了錢不一定幸福」。這也是一個老觀點了，但不能因為它老，就否認它的正確性。

大家來看看這條來自荷蘭的著名諺語 ──《幸福預言》：有了錢，你可以買房，但不可以買到一個家；有了錢，你可以買鐘錶，但不可以買到時間；有了錢，你可以買一張床，但不可以買到充足的睡眠；有了錢，你可以買書，但不可以買到知識；有了錢，你可以買到醫療服務，但不可以買到健康；有了錢，你可以買到地位，但不可以買到尊重；有了錢，你可以買到血液，但不可以買到生命；有了錢，你可以買到性，但不可以買到愛。

這條諺語看似通俗，實際上包含了巨大的人生哲理。

不論是以金錢為代表的成功，還是其他方面的成功，都要為幸福服務，否則就不算是真正的成功，要做到這點我們要注意以下幾方面：

1. **眼光要長遠。**不要為了追求一時的成功而忽略了親情、友情、愛情、健康等能讓你真正幸福的寶貴財富。

2. **不要因為一時的不成功而悲觀絕望。**幸福的人生中也難免有失敗和挫折，只要心中充滿信心和希望，樂觀前行，即使沒有結果，你不斷追求的過程也能讓你一生幸福。

3. **不要忽略生活中的小成功。**正是由於實現了一個個小目標而收穫的小成功，給你帶來了持續的歡樂和滿足，從而組成了你的幸福人生。

成功學家卡爾博士認為：「成功意味著許多美好積極的事物。成功意味著個人的興隆：享有好的住宅、假期、旅行、新奇的事物、經濟保障，以及使你的小孩能享有最優厚的條件；成功意味能獲得讚美，擁有領導權，並且在職業與社交圈中贏得別人的尊寵；成功意味著自由：免於各種的煩惱、恐懼、挫折與失敗的自由；成功意味著自重，能追求生命中更大的快樂和滿足，也能為那些賴你維生的人做更多的事情。」做到了這些，你的成功才算是真正為你的幸福服務了。

總結提示

二十歲至三十歲的年輕朋友要獲得真正意義上的成功，一定要努力讓社會承認自己的價值，並賦予個人相對的酬謝，如金

錢、地位、房屋、尊重等等。即使你的追求道路上沒有鮮花和掌聲環繞。你自己也要肯定自己的價值，從而充滿自信感、充實感和幸福感。但與此同時，一定要避免狂妄自大、自以為是，以免孤立於社會之外。

四、二十歲還不挖掘天賦就等於浪費人生

年輕的你有了奔向幸福的目標，但拚搏的路上難免有很多對手。你是否常常付出了比別人更多的努力卻效果甚微？是否在現有的工作職位上始終做不出顯著的成績？是否感覺自己的人生價值無法得到真正展現？如果是，你就必須盡快重新認識自己，找到並挖掘自己的天賦所在。

做自己不擅長的事是一種痛苦

佳華高中時英語成績是班中的佼佼者，她自己也比較喜歡英語，但她認為單純學一門語言以後的就業面太窄，於是學測結束後就填報了當時比較熱門的法律系，並在某大學完成了四年學業。

畢業後，由於種種原因，她沒有考上她所期望的司法人員，也不願去別的公司，就下決心複習司法考試，準備以後從事律師這一行。結果，考了兩年都沒有通過，她心裡有些著急了，便趕緊找了家私人企業先安頓下來，準備邊上班邊考。

工作後，她能抽出複習的時間比較少，加上自己越來越對法律感到麻木，結果第三年依舊沒有考過。這讓她有些心灰意冷，於是暫時打消了再考的念頭，決定在現在的公司安心做一段時間再說。

　　然而，佳華所在公司的工作和法律並沒有太大關係，她負責的是市場行銷，之前她沒有全身心投入，工作成績當然沒有同事突出。不考法律以後，她打算專心鑽研業務，迎頭趕上。可無論自己怎麼加班努力學習，還是不如同事得心應手。而且她比較怕與客戶打交道，有時給客戶打個電話都有些緊張，因此業績也一直上不去。這讓她更加失落。

　　某天，公司來了一位國外客戶，中文不太好，也沒有翻譯人員。而公司裡又沒有熟練英語的人，一時有點束手無策。佳華大學英語考過多益，平時也經常看國外電影，雖然不算特別專業，但與外國人交流暫時夠了。她很快了解了對方的用意，並最終促成了公司一筆對外交易。

　　這件事讓佳華深得老闆賞識。之後，她被調到了負責外貿的部門，並進一步加強了外語和外貿的學習，以前學過的法律中關於國際貿易方面的內容也派上了用場。果然，短時間內，她取得了不錯的成績，而且獲得了晉升。

　　由此可見，在自己不擅長的領域，你很難做出突出的成績，而且還可能使你喪失信心；而從事你在該方面具有天賦的工作，便會在短時間內讓你的才能得到展現。

天賦是上天賜予你的財富

　　所謂天賦就是天分，是成長之前就具備的成長特性，是未學先懂，與生俱來的資質、稟賦。比如：「數學方面的才能，主要來自天賦」，「為了適應學術上的需要，一定天賦的智慧是必要的。」

　　大家都熟悉發明家愛迪生的那句名言——「天才就是百分之

的靈感加上百分之九十九的汗水」，但很多朋友往往不知道這句話其實並沒有說完，後面還有一句，那就是「但那百分之一的靈感是最重要的，甚至比那百分之九十九的汗水都要重要」。也許是因為害怕誤導很多人，所以後面這句話往往被省略掉了。

我們可以看出，如果沒有後面這句話，全句意義的側重點就發生了改變。愛迪生不容置疑是個天才，他所說的靈感基本上就來自於天賦。當然靈感和長時間的勤奮與專注是分不開的，而且有天賦也不等於就能成為天才。

有作家寫道：「藝術這種事體，說容易，真容易；說難，可實在難；有的人唱一輩子，也只是一個唱歌道人；有的天賦高，又聰敏，不消多少辰光，就是藝術家。」這段話一語道破了天賦對於成功的重要性。

著名小提琴演奏家評述過天賦的重要性。他說，任何職業都需要天賦，藝術領域尤其如此。天賦是一種先天的素養和潛力，試想一個五音不全者，單憑勤奮是很難成為一名優秀歌唱家的，甚至連報考當一名學員的資格都沒有。

在很多勵志類的書籍裡，透過勤奮刻苦獲得成功的事例不勝枚舉，不少名言警句也反覆強調這個問題，哪裡有什麼天才，我是把別人喝咖啡的時間都用在工作上的。誠然，沒有後天的勤奮努力，即使擁有再好的天資稟賦也難以成功。但我們不要忽視開發自身的潛力，即屬於天賦的那部分才能。其實，作家小時候就表現出文學方面的天賦，如果沒有這種天賦，單憑勤奮他是很難獲得後來的成就的。

科學研究表明，人的智商基本上由遺傳基因來決定。我們一定

見過不少同樣勤奮努力的人，最後獲得的成績卻不一樣。不論學習還是工作，都是如此，前面佳華的案例就說明了這一點。

天賦若不珍惜也會溜走

很多人小時候就在某些方面表現出過人的天賦，而有些孩子則彷彿一無是處。其實每個人都有自己特有的天賦，只不過我們暫時沒有發現而已。

舉個大家身邊的例子，某人上學時成績很差，被老師和父母認為成不了才，結果早早放棄了學業。過了若干年，此人卻成了著名企業家，原先學業成績優秀的人反倒在他的企業幫他賺錢。

這樣的例子在現實中有很多，它說明也許你在學習方面沒有天賦，但你在別的方面肯定有。由於我們傳統教育模式中的一些不足，很多人學習以外的天賦都沒有被發現或者被打壓了。

據研究顯示，經測驗測出具有某方面天賦才能的學生，有百分之五十以上未被學校老師發現。另一研究更指出，在美國輟學的學生中，有百分之十五至百分之三十是資優學生。

可是，二十歲左右的朋友很多方面已經暫時定型，他們又該如何挖掘自己的天賦呢？

第一，可以從自己的專業領域出發。每個專業都有一定的方向和範圍，比如英語專業就有商務英語、翻譯、英語教育等方向。如果你已經具備一定的專業知識，便可以從中發掘你在哪個方向更具有天賦和優勢，從而選擇你最具天賦的領域進行發展。

第二，可以從與專業相關聯的領域出發。還是以英語為例，如果你學的是商務英語，但你發現自己其實更適合當老師，那你就不

必完全放棄英語，而是可以憑藉原有的基礎對英語教育進行鑽研，然後在教育領域充分展現你的天賦才能。

第三，從你的業餘愛好出發。很多人的天賦都是展現在自己喜歡的事物上的，其中不少人想以自己的愛好為職業，但又由於種種原因未能如願。如果你在自己的業餘愛好方面始終有所累積，便可以分析一下自己從事該行業是否更具備優勢。如果條件也允許，不妨一試。例如有兩位歌唱家原來的專業都是舞蹈的，但他們發現自己有歌唱的天賦，便潛心開發，終成大業。

實際上，人的天賦不只單獨的一面，因此要善於自己去多方面發掘，也可以參考旁人的意見，因為有時旁觀者的確比你清。

另外，你在某方面有天賦不一定代表你就是最優秀的，「山外有山，人外有人」，只要是比多數人更有優勢，或者僅僅比昨天的你更有優勢，你都應該牢牢把握。

總結提示

二十歲左右時一定要充分發掘並發揮自己的天賦，這樣你才能在有限的時間內快速實現自己的人生價值，從而為你的幸福人生鋪平道路。

某些人明知自己在某方面擁有一定天賦，卻不去珍惜或充分利用，主要因為他們要麼認為挖掘該天賦價值不大，要麼過於自信和驕傲，反而把時間和精力用在了娛樂、休閒等其他方面，甚至耍起了小聰明，不肯踏實努力。結果貽誤戰機，抱恨終生。對此，我們一定要保持理智清醒的頭腦。要知道，二十歲時如果還不重視挖掘天賦，有可能之後就再沒有機會了，你的人生也許就

此被白白浪費了。

五、二十至三十歲要執著追求也要適時調整

選定幸福的目標之後，我們就應該朝著它堅定執著的進發。可是，「前途是光明的，道路是曲折的」，有人也許會時不時懷疑：「我選擇的這條通往幸福的道路是否正確？它真的能到達幸福的終點站嗎？我是應該一條道路走到底，還是應該走另一條路？」

行走在曲折的青春道路上

李響在大學學的是經濟管理，畢業後他先在一家小公司的企劃部做了一年多。之後，他發現待在該公司沒什麼前途，便辭職去了另一家較大的公司。兩年過後，他又發現該公司高手人才太多，自己很難從中脫穎而出，於是再次辭職，去了一家新設立的且規模較大的公司。沒想到公司營運了一年多，經營效益慘澹，看到很多員工紛紛辭職而去，李響也遞交了辭呈。公司負責人極力挽留他，希望他與公司共度難關，但由於感覺公司前途未卜，李響最終還是選擇了離開。之後，李響又到處找工作，但一直沒有找到合適的公司。這一晃又是一年多過去了。後來，他好不容易又進到一家較小的私人企業，待遇不是很好，而且做的工作還和自己專業不同。但此時的李響有點不敢挑三揀四了，因為他發現目前的就業壓力越來越大，而自己年紀也偏大了，除了有一點工作經驗外，其他方面都沒什麼優勢。可如果一直待在現在的公司，他又覺得不甘心。一時矛盾重重，不知如何是好。

林達從某藝術學院畢業後，一心想往職業原創歌手的方向發展，可後來他才發現這條路困難重重。他去了幾家唱片公司應聘，可對方要麼認為他的作品不夠成熟，要麼認為他的外形條件不夠好。經歷了幾次失敗後，林達並沒有氣餒，繼續堅持寫歌，並努力在外型打扮上完善自己。為了維持生活，他做過很多臨時性的工作。最終，雖然他還是沒有成為歌手，卻因為作品比較出色，成為了一家文化藝術公司的經紀人。林達說：「雖然略有些遺憾，但我也比較知足了。」

　　廣大青年朋友在追求的道路上難免會遇到類似上述兩位的困難，面對這樣的困難，你又會如何應對呢？

執著也需要一定的原則

　　為了獲得幸福的人生，實現自身價值，年輕的你有了奮鬥目標和追求的夢想，要實現它們，擁有執著的精神是必不可少的，但光靠這點還不夠，因為大目標下還有許多小目標。有很多複雜的現實問題是客觀存在的，常常與主觀願望相脫離，這也就是人們常說的「夢想和現實總是存在一定差距」。可即使這樣，我們還是有一定的辦法去解決道路上的種種困難，這就要求我們必須有原則的去發揚執著精神。

　　首先，我們必須確定我們的理想目標是理智與成熟的。關於這點，我們在前面的章節已經初步討論過。如果你的理想目標過於感性，不切合你自身的實際情況，與現實需要又脫離太遠，即使你再堅定執著，最終也難以實現。

　　案例中的林達，他希望成為一名職業原創歌手，這個理想目標

就比較切合他自身的實際情況。它是藝術院校畢業，有一定的專業修養，而且自己也有一些作品。之所以後來沒有實現，也剛好說明他的某些實際情況暫時沒有達到要求，比如他的外在形象，或者他的唱功等。如果一個人完全不具備這些條件，只是喜歡唱歌，再堅持估計也不會有結果。

說到現實需要，假如音樂市場不景氣，暫時不需要多少歌手，或者已經飽和，要成為一名職業歌手也是比較困難的。

其次，再執著也要先吃飽肚子。人要先維持生存才能再談其他，這是一個必要的基礎。有些人為了追求夢想，暫時不去工作，二十幾歲了還甘願做「啃老族」。如果家裡經濟條件不錯倒也說得過去；但如果不好，甚至困難，這就可能被稱為不道德了，就要將這種單純的執著暫時放一放了。案例中的林達在這一點上就做得相對較好，自己獨立謀生，同時繼續執著追求夢想。

最後，執著追求不能忽視生活中其他寶貴財富。這一點我們在前面談論成功時已經說過，就是在追求夢想的過程中，不要忽視了親情、友情、愛情、健康等寶貴財富，否則你將會得不償失。

其實，只要是自己喜歡的，想要的，隨時隨地都可以為之付出。哪怕不一定會成功，但至少你嘗試過。這其實也是一種難能可貴的執著。

執著追求與適時調整並不矛盾

也許有人覺得前面案例中的李響是一個失敗者，是一個負面教材，而林達則剛好相反。其實不然，他們都有各自的成功與失敗，需要辯證的看待。

李響的主要目標是取得事業上的成功，比較有代表性的目標就是高薪與晉升。為了這個目標，他先從第一家小公司辭職去了另一家大公司，希望獲得更好的發展。這個選擇可以說對也可以說不對，因為小公司畢竟不如大公司強大，待遇可能比不上大公司，但它也有發展壯大的可能，同樣能獲得高薪與晉升。

李響去了大公司，待遇可能比原先好了，但是又面臨眾多高手的競爭，成了「吊車尾」，或者說是「大池小魚」，很難獲得晉升，因此他選擇離開的理由也是站得住腳的。但是，這也展現出他的沒自信，不敢面對挑戰。

到了又大又有可能獲得晉升的新公司，由於公司前途渺茫，李響再次選擇離開，同樣也無可厚非，但假如他與公司一道度過了難關，前途也許一片光明。

待在目前的小公司，不敢再隨便跳槽，李響也有幾條符合自身與社會現實情況的理由，但只要他真的具有卓越的才能，並做好充分準備，獲得高薪與晉升的機會還是有的。

林達的目標可以說達到了一半，如果他繼續堅持，加上各項條件符合，實現另一半也是有可能的。如果他條件不符合，又非要堅持到底，也許至今仍在街頭賣唱。

執著追求也要付出一定代價，有時甚至可以說是一種人生賭博，但只要你方向正確，思路清晰，並根據客觀情況變化理智調整，贏的機率還是很大的。

總結提示

執著追求通常被人們理解為「不達目的誓不甘休」，我們要

達到的「目的」就是我們前面說的目標。我們的終極目標是獲得幸福，實現自身價值，為了這個大目標執著的去追求是值得肯定的。但我們也知道，通往這個大目標的道路有很多條，我們要攻克的小目標也有很多個，沒必要一條道路走到底，為了某個不切實際的小目標「堅持」。只要總體目標是明確的，在前進的過程中我們可以審時度勢的隨時隨地進行調整，以靈活的方式到達目的的。

六、不斷追求與知足常樂的矛盾

古人說：「知足常樂」，現代人常說：「人生需要不斷追求」，這兩者不是相互矛盾了嗎？到底哪個更合理呢？

相同的年紀 不同的追求

方進當年為了盡快參加工作，減輕家裡負擔，國中畢業後便直接上了高職，學的是電腦專業。讀高職期間，他自學了大專課程。畢業後，他進了一家小的設計公司，一邊工作，一邊繼續學習。四年後，他獲得了大學文憑，並進入到一家較大的科技公司負責軟體發展。五年後，二十七歲的他辭職自己創辦了一家軟體公司。當上老闆的他並沒有就此停下腳步，又開始著手準備獲取工商管理碩士學位。有人問他今後還打算做什麼？他說：「我這人不知足，想做的事情還很多。」

宇健大學讀的也是電腦專業，畢業後也進入到一家科技公司工作，目前已經是第五個年頭，薪資一個月三萬五千元左右。二十

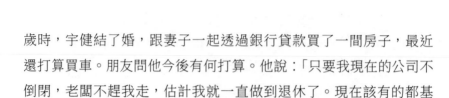
歲時，宇健結了婚，跟妻子一起透過銀行貸款買了一間房子，最近還打算買車。朋友問他今後有何打算。他說：「只要我現在的公司不倒閉，老闆不趕我走，估計我就一直做到退休了。現在該有的都基本有了，等以後有了孩子把他撫育成人，我也就徹底知足了。」

上面兩位主角年紀相同，卻有著不同的追求，對滿足也有不同的理解。二十歲至三十歲的青年朋友們也都有各自的發展道路，到底我們該如何看待追求與知足呢？

擁有多少才算是「足」

知足常樂來自《老子‧四十六章》，全句是：「禍莫大於不知足，咎莫大於欲得。故知足之足，常足矣。」

這句話翻譯過來就是：「最大的禍害莫過於不知足，最大的罪咎莫過於貪慾掠奪；所以，知道滿足的富足平衡心理，是永遠的富足。」

這裡的「知足」是有一個對象和範圍的。要知足，對什麼知足？老子強調的主要還是財物名利，而範圍就是指要適可而止。

古往今來，有多少人因為貪得無厭，不知滿足，不知適可而止，最後墜入了罪惡的深淵。清朝的和珅、如今的很多貪汙腐敗官員，都是典型的例子。按理說，他們已經擁有了很多常人所不能擁有的東西，但他們的私慾卻像一個無底洞，永遠填不滿，最終咎由自取。

也許你要問了，那案例中的方進不是也差不多嗎？由一個高職生到獲得大學文憑，由一個小公司職員到公司老闆，按理說他已經算是成功人士了，但他還想做很多事，而且還明著說自己不知足。

其實這兩件事具有本質意義上的不同，可說是涇渭分明。和珅之流的不滿足，源於私慾高度膨脹，以非法占有他人財物為目的，巧取豪奪，結構損人害己；而方進一類人的不滿足，是以創造財富為基礎，不斷追求，不斷進取，為社會不斷累積物質財富和精神財富。透過誠實勞動，獲得合理報酬，獲得終身幸福。這時應該宣導、需要發揚光大的一種勞動態度和處事方法。《老子》中說的那些不知足是一種「貪」，是一種「過度」的自私慾望。老子本人並不主張去慾、無慾、絕慾，因為人是自然界的產物，不可能沒有私慾，但對於身外之物，如聲色犬馬、財物名利之慾，老子主張必須減少到最低程度。

那什麼樣的「度」才算是合適呢？這沒有一個統一標準，但有一個原則範圍，就是至少不能為了一己私慾，不惜損人利己，破壞社會公德，侵占國家及他人財物，甚至殺人越貨，以身試法。

方進的不知足是他正常追求的動力，那這種不知足就帶給了他希望；如果在追求的過程中，他能夠始終感到快樂，那他的這種不知足其實反倒是一種滿足。這不就是我們前面所說的幸福嗎？

要知足也要不斷追求

我們已經知道了什麼叫「不知足」，現在我們需要知道自己是否「足」，怎樣才能「足」，這樣我們才能知足常樂。

老子主張人們要順其自然的「甘其食，美其服，安其居，樂其俗」，這樣就能知足常樂。意思是要滿足於自己食物的香甜，滿足於自己服裝的美麗，滿足於自己民風民俗的快樂，滿足於自己居所的安適。這些在今天看來仍具有一定指導意義。

現在人們生活品質提高了，溫飽已基本不是問題，但不少人在吃的方面卻依舊不滿足，從來不加節制，整日大魚大肉，大吃大喝，不但損害了自身健康，而且汙染了環境，造成了高碳排放量。因此，在這方面我們應該盡早知足，應該適可而止。如果你要在這方面追求，就去鑽研一下如何才能吃得更健康，如何才能更好的預防疾病發生，人會做到低碳、綠色、環保。

愛美之心，人皆有之，可不少愛美人士，尤其是年輕女性把服飾美看得過重，日常中購衣花費很大，這樣反倒滋生了虛榮心、比較心、嫉妒心等不良心理。

說到「樂其俗」，這個稍微有些複雜。如今的社會，物質文明與精神文明都高度發達，很多所謂的成功人士整日花天酒地，夜夜笙歌，以至於很多人感歎「人心不古」、「世風日下」。當然，我們的生活中也有很多淳樸的民風民俗，社會中的正氣與美德也依然存在。該繼承什麼，該追求什麼，相信大家心中有數。

「安其居」，這又是個敏感的話題。每個人都期望有個溫馨的家，而擁有一所合適的房子是很多人一直追求的。擁有了之後，有人做到了「安其居」，而有人卻又去追求更大更好的房子。其實，只要不圖虛榮奢華，不淪為房奴，適當的追求也是合理的。

除了物質財富，我們還需要很多精神上的財富，比如親情、友情、愛情、尊重、讚美、健康等等，要獲得這些或者讓它們更完善，也需要一定物質上的支援，所有這些，都需要我們再去不斷追求。

總結提示

　　二十歲至三十歲的年輕朋友正處在人生發展的黃金時期，此時我們已經擁有一些寶貴財富，但同時還有很多目標沒有實現，有很多願望沒有滿足，因此，已經擁有的我們要加倍珍惜，要懂得知足；尚未擁有的我們要繼續追求，但必須衡量大小得失，避免失去我們原本已經擁有的寶貴財富。

七、擁有責任感能讓你更幸福

　　許多專家學者及成功人士指出，現在的年輕人普遍缺乏一種責任感，包括家庭責任感、社會責任感等等，尤其是九年級一代，更是占了不少人數。這對他們今後的發展是極其不利的，會使他們的人生價值變得殘缺不全，甚至畸形。

你屬於哪一族

網路一族：在虛擬世界中樂此不疲的年輕人

　　張鵬是大學機電系大三學生。走進他們宿舍，老遠就能聽見走廊裡此起彼落的「戰鬥口令」。來到張鵬宿舍，只見他與六位舍友清一色坐在電腦前玩線上遊戲。張鵬說他們宿舍成立了一個戰隊，正在網路與其他戰隊血戰。他們每天除了上課、吃飯，一回到宿舍就與舍友們一起戰鬥。有時忙了，甚至課也不上，飯也不吃。

　　據調查，大多數大學的男生一般都酷愛這類戰鬥型遊戲，其中包括大型線上遊戲；女生則偏愛休閒類遊戲，或者就是將大把時間投入到網路聊天上。

啃老一族：賴在家中的成年寶貝

周群曾是被父母寄予厚望的孩子，如今他已二十二歲，大專剛畢業，卻每天窩在家裡吃飯睡覺看電視上網，沒有考慮外出找工作，更別談今後的目標和計畫了。父母一催促他，他就不耐煩的說：「現在研究生、大學滿街都是，我一個大專生算什麼？我又不能去當小商小販或者給人家洗盤子吧，過一陣再說吧！」

周群的父親愁苦又無奈的說：「養了二十幾年兒子，到頭來還要繼續養。」

月光一族：月消費近兩萬五千元的大學生

李楠剛進大學時，父母給了他兩萬五千元作為第一個學期的生活費，可沒想到不到兩個月，他的生活費就只剩下一百多元。原來他到校不久就買了個一萬多元的手機，後來又經常與同學聚會吃飯唱歌，不知不覺中錢就沒剩下多少了。

「我也想過要節約一點，可是不知不覺錢就沒了，現在的錢越來越不值錢，一下就花光。」李楠感慨道。

漠視一族：麻木不仁的年輕群體

賴中飛家裡條件不錯，自己也是獨生子，但在大學時也是花錢揮霍無度，每日得過且過，對學校之外的事毫不關心，從來不關注社會中發生的大事。他經常說：「這些跟我沒什麼關係。」有天宿舍談論起貧困地區受災以及失學兒童增多的事，大家倡議捐贈一些不用的物品給災區。沒想到賴中飛說：「這些事輪得著我們管嗎？把我們自己管好就不錯了。」

無論是學校，還是社會中，存在賴中飛這種思想觀念的年輕人目前比比皆是。

沒有責任感 你就不是合格的現代人

二十至三十歲的青年是國家的未來，民族的希望。上述案例中這些年輕人的種種不良習性，正是缺乏責任感的表現。如果這樣的人群逐日增多，不但對他們自身發展不利，也將會成為社會的負擔。

案例的青年們中有的對父輩缺乏贍養能力，有的對社會不能主動做出貢獻，還有的甚至對自己的將來都不能負責，更不用說今後有了子女，能給予他們合格的教養了。

我們來深入分析一下什麼是責任感。

責任感，就是一個人對自己、自然界和人類社會，包括國家、社會、團體、家庭和他人，主動施以積極有益作用的精神。

「責任」和「責任感」還不一樣，責任是人分內應該做的事，比如：這是你的責任。它有督促你必須做的意思，是被動的。而責任感是一種自覺主動的想去做好分內分外一切有益事情的精神狀態。

責任感不排斥要利己，但同時又要利他人、利國家、利社會。人有了責任感，才能擁有朝著目標勇往直前的不竭動力，才能感到有許多有意義的事需要自己去做，才能感受到自我存在的價值和意義，才能真正得到別人的信賴和尊重，從而全面實現自己的幸福人生。

案例中的那些年輕人正是由於缺乏這種責任感，因此沒有一個明確的、有意義的目標，只能盲目的隨心所欲，對待自己的學習任務被動應付，每日得過且過。

有的人具有一定責任感，但是比較膚淺和片面。比如：一定要賺很多錢，讓自己過得好，讓父母過得好。雖然能做到這一點已經不錯了，但我們還應該顧全大局，把眼光放得長遠些。試想，如果人

人都只是為了這些，而不顧社會與國家的利益，結果社會環境惡化了，國家出現危機了，你個人及你的小家又何來安身之處？

此外，如果一個國家的人民都只顧自己國家的利益，而不顧整個人類賴以生存的自然環境，那麼每個人的自身利益也同樣得不到保障。

從今天起 做一個有責任感的人

為什麼現在很多年輕人會缺乏社會責任感呢？我們來分析一下原因，以便能對症下藥。

首先，很多人受到了西方個人主義思潮的誤導，把「個人價值至上」、「單純利己」等奉為了道德標準，從而誤導了很多判斷能力較弱的青年人，出現了關心自我，追求實惠，不願盡義務，只為出人頭地而努力的現象。

其次，獨生子女的特殊性使年輕人習慣以自我為中心。目前很多青年人都是獨生子女，從小生活條件比較優越，父母又過於溺愛，使得他們缺乏生活的磨練，喜歡以自我為中心，索取觀念較強，付出觀念較弱。

再次，傳統教育對學生的獨立人格和個性發展重視不足。傳統的德育工作經常教育學生為社會做貢獻而讀書，卻很少宣導學生關心、維護自身的正當權益，並在某些方面壓制了他們個性的發展，這就使得他們在接觸了社會某些現實情況後，容易矯枉過正，走向另一個極端。

最後，複雜的社會現實讓廣大青年人隨波逐流。隨著市場經濟的發展，社會競爭日益激烈，廣大年輕人就業壓力較大，加之社會

貧富差距日益明顯，許多不良風氣的傳播等影響，使得不少青年人產生「金錢至上」、「弱肉強食」、「人不為己，天誅地滅」、「別人都不奉獻我幹嘛奉獻」等不健康觀念。

上述各種原因，有些的確是目前的客觀現實，我們暫時無法改變，但既然我們已經知道了責任感的重要性，知道了致使我們產生錯誤觀念的原因，就應該努力改變這些不良社會現狀。這不但能讓我們重新找回自己的責任感，而且這本身也是我們該盡的責任。

總結提示

二十至三十歲的廣大青年朋友，應該及時找回並時刻保持自己的責任感，力爭為自己、家人、朋友、社會、國家乃至世界的美好發展而努力奮鬥，而責任感也必將會回報給你更多、更真、更長久的幸福。

八、從索然無味中尋找新的樂趣

年輕的你是否有時會感到生活平淡而乏味，對什麼事都提不起興趣，甚至有時對自己日復一日的學習工作生活感到厭煩，可自己又始終找不到原因所在？沒關係，我們會告訴你答案。

生活的樂趣都去了哪裡

張新民今年二十七歲，在一家公司做統計，已經工作了三年。他時常覺得自己的生活很沒意思，自己幾乎和行屍走肉沒太大區別。

他的生活軌跡大致是這樣的：早上鬧鐘一響，起床上廁所盥洗。收拾好後出門吃早餐，然後和眾多上班族一起擠公車、捷運。

公司的工作每天大同小異，主要就是和數位打交道。中午叫一個外賣，吃完在辦公室沙發上小睡一會，下午接著上班。晚上下班後，擠車回家，在路邊市場上買一些吃的當晚餐。吃完晚餐後無精打采的看一會電視、滑手機，然後洗洗睡了。第二天繼續重複相同的軌跡。週末時他有時待在家看一天電視、滑手機，有時和朋友吃飯聊天。也就和朋友在一起時他還稍微高興些，但也是不停的感歎生活沒意思。

「大多數人不都是這樣過著日子嗎？」朋友說道。

「那為什麼我看你們一天好像都過得比我有意思，有說有笑的，我就找不到有意思的事。」張新民說。

「這個你要去自己找啊，你沒有感興趣的事嗎？」

「幾乎沒有。」

「沒有興趣愛好？」

「以前喜歡下棋，現在覺得沒什麼意思，早不玩了。」

「你多出去玩玩，一玩不就有意思了？」朋友建議道。

「玩什麼啊？唱歌？我不喜歡。旅遊？我以前出去過一次，沒意思？其他的我也沒什麼興趣。」

「也許你該找個女朋友結婚了，這樣就有意思了。」

「我覺得結了婚也沒意思，而且結了婚壓力大，尤其有了孩子更操心，逼著你去做那些沒意思的事。這樣的話還不如現在呢？」張新民說。

「那我就真的沒什麼辦法了。」朋友無奈的說。

很多青年朋友有時也有著與張新民類似的感受，到底我們該如何解決呢？

沒有樂趣無法幸福

前面我們講幸福的含義時說道:「幸福是滿足、樂趣與希望。」如果不能感受到生活中的樂趣,我們顯然是無法幸福的。

案例中的張新民正是如此,他對自己生活中的各方各面都感覺「沒意思」,無法發現生活中的眾多樂趣,自然每天如行屍走肉一般,表情麻木的過一天算一天。

樂趣,就是使人感到快樂的情趣。快樂來自哪裡?我們前面說過,快樂是一種情緒,它來自人體特定的大腦神經受到了外界事物的刺激。張新民之所以總覺得生活沒意思,就是因為外界的事物很難刺激到他的大腦神經。但這又是為什麼呢?

從生理上來說,每個人的先天遺傳因素各不相同,因此,不同的人對同一件事物的感興趣程度是不同的,這也就是為什麼有人喜歡這個,而有些人喜歡那個。即使喜歡同一件事物,喜歡的原因,喜歡的程度,喜歡的持久性等,也都各不相同。

但是,先天遺傳因素的作用並不是決定性的。如果一種事物對某個人的某方面有利,他的意識就會指引他去獲取或追求這種事物。而大家知道任何事物對人們都會有潛在的利害關係,所以任何事物都有潛力成為人們的樂趣。因此只要我們努力去挖掘這些事物,充分發現它們對自己的有益之處,那麼我們就能在生活中體會到巨大的樂趣。

張新民之所以感到生活很多方面都「沒意思」,除了他先天生理因素的影響外,主要在於他沒有主動去發掘,去嘗試。要知道,東西是死的,人是活的,只要讓你的頭腦活起來,用心靈去捕捉生活中被忽略的精彩,你將會發現很多能讓你快樂的情趣。否則,你就

會時常處於麻木狀態，無法感受到幸福。

獲得更多、更大、更深、更長的樂趣

既然很多事物都有潛力成為人們的樂趣，都有可能讓我們感到快樂，我們就要不斷去挖掘，這樣才能獲得更多的樂趣。

張新民每日重複著相同的生活軌跡，這難免讓人感到枯燥和乏味，但他同樣可以在這個過程中留意身邊事物的種種細節，去發現有趣的事，比如留意一下人們的服飾、表情、身分、談話等；也可以適當改變一下自己生活軌跡的小細節，比如走幾站路再去搭車，或騎車上班，不但能多一些新鮮感，而且能鍛鍊自己的身體；中午吃飯可以和同事一起出去，不但能交流感情，還能體驗一下不同餐廳的風味；回家可以嘗試著自己做飯，吃完飯除了看電視還可以看看書，聽聽音樂，或在網路與同學朋友聊聊家常；也可以出去健健身、跳跳舞，認識更多的新朋友。這些都可能使他獲得更多的樂趣。

快樂也有大小之分，這來自所做的有樂趣之事的大小。前面我們說過我們要有社會責任感，如果你嘗試著去多關注一下社會及世界大事，甚至能為之改善盡一份棉薄之力的話，你不但有了新樂趣，而且樂趣會比先前感覺更大。

張新民說結婚生子也沒意思，實際上他對愛情、婚姻及家庭的理解還比較淺。如果他深入了解其意義之後，就可能會改變這種觀念。如果他在追求的過程中發現這些事在自己心中的地位越來越重要，他獲得的樂趣也就越來越深。

我們都希望樂趣持續的時間長久。在前面的章節中我們已經分析過幸福、理想、目標、成功的含義，因此，如果你有一個較大且

長遠的夢想、目標或願望的話，你就能在追求過程中獲得較長時間的樂趣。

總結提示

二十至三十歲的青年正值花樣年華，能夠獲得的樂趣有很多，千萬不能故步自封，未老先衰。要知道生活的樂趣無處不在，只要你去發現並擁有它，它就能讓你的青春更精彩、更長久。

需要注意的是，青年朋友在做感興趣的事時，往往會樂此不疲，但如果持續時間過久，

超過了身心的負荷，就會出現一些副作用，甚至讓你感到暫時的「無趣」。因此，一定要適度控制，保證休息，做到細水長流。

九、三十歲的幸福地平線就在二十歲的腳下

也許二十歲的你已經規劃好了三十歲時的幸福目標，並已經朝著這個美好地平線勇敢進發了。可當你達到目的的之後，卻發現它並不如你想像中美好，甚至不如原先的地方，此時的你感到失望和懊悔。其實，你沒有意識到，幸福的地平線其實一直在你腳下。

過程與結果你看重哪個

小敏大學的專業是路橋規劃，畢業後去了一家設計公司。工作三年後她發現自己不適合這個工作，同時對財會產生了興趣，便報了個培訓班，學習了半年財會知識。之後她辭職進入到一家公司擔

任會計一職。工作一年半後，她對企業成本核算有了較深了解，於是又趕緊學習企業管理知識。一年後她再次辭職去了一家公司當上了經營管理員，結果工作比原先累不說，薪資也沒有原先高。小敏的母親說：「你一直就是這山望著那山高，現在你滿意了吧？」小敏笑著說：「我說不定以後還要換呢！等快退休了我還要出書當作家，把我的這些美好經歷都寫進去。」

劉行凱也是一位「這山望著那山高」的年輕人，如今他已經二十八歲了，之前換過很多工作。從行政職員，到人事助理，再到分公司副主任。後來他辭職去一家私企做了銷售，累積了一定資本後他開了家小公司，自己當上了老闆。公司開了兩年，生意並不是很好，劉行凱每天壓力也很大。對於現在的狀況他非常不滿，對朋友無奈的說道：「辭職前我原以為我的前途會一片光明，沒想到這就是我的光明，還不如我以前呢。」

案例中兩位年輕人都在自己的青春職業生涯中不斷轉變著角色，但為什麼最後獲得的感受如此不同呢？關鍵在於他們對待過程與結果的心態不同。小敏看重的是過程，而劉行凱看重的是結果。

過程與結果 幸福與不幸

年輕的你在奮鬥過程中是更看重過程還是更看重結果？

有人說結果比過程重要，因為沒有一個令人滿意的結果，過程再精彩也是白費，而且過程都是為了得到這個結果而服務的；也有人說，結果不重要，關鍵是看你在過程中收穫了什麼？對於幸福而言，我更贊成後者。

有位參加職前培訓的年輕人在第一節課結束後就問培訓師：「培

訓結束後怎麼考試？都是什麼樣的題型？」培訓師聽後很無奈。也許這就是傳統教育過於注重考試結果對青年人造成的不良影響。培訓才剛開始，學員關心的不是如何在培訓過程中學到東西，而是如何考試。這就是一種不注重過程，只看重結果的表現，也是一種急功近利的浮躁思想。

在社會上也是如此，雖然學歷證書從某種程度上能證明一個人的能力，但有些公司和個人卻把它看得過重，甚至成了唯一標準，以至於很多人想盡辦法去直接獲得這個「結果」。這也就是為什麼「辦證」廣告隨處可見，並且這又再次導致很多人盡量繞過漫長的艱苦奮鬥過程，忽略了獲得真才實學的價值。

關於幸福也是如此，很多人往往只在乎結果，卻忽略了過程其實才是更重要的。心理學專家指出，許多人找不到幸福感，出現種種不良心理障礙很多都因為只看結果，不看過程。當結果不如意時，他們就會失望悲觀，無力前行，甚至陷入不可自拔的泥淖。

案例中的劉行凱，只是把注意力集中在當前的結果上，認為還不如以前的境遇好，因此不停惆悵感慨；而小敏則不然，她並不在意當前的結果，而是更看重她奮鬥的過程，並把它當成一種美好的經歷，當成一種人生財富。因此，像她這樣的心態是很容易體會到幸福的。

幸福的地平線一直在你腳下

我們知道，時間無時無刻不在向前流淌，生活也是一個持續前進的過程。我們今天擁有的所謂「結果」，轉眼就成了過去，而前方還存在著無數未知的結果。因此，今天你所擁有的結果，實際上仍

然是未知明天的過程。

既然結果也是一種過程，也只是暫時的，因此我們就不要把這個結果看得過重，尤其是暫時不如意的結果。

案例中的小敏正是把不利的「結果」看作是人生過程中的一個小點，不但沒有在意，反而把它當做一個美好的點，認為它豐富了自己的經歷，以後還能成為寫作素材。這樣的話，她生活中的每一個小結果都是美好的。

時下流行一句話，叫「活在當下」，其實這種觀點也與我們所說的不謀而合。

活在當下，就是宣導大家既不要為昨天而悔恨惋惜，也不要為未知的明天擔憂，要時刻享受你當下擁有的每一份財富，做好你眼前的每一件事，即做好每一個過程，好的結果自然就出來了。

不少人一直遙望遠方的地平線，總覺得幸福在遠方，其實你此刻站立的地點就是你曾經眺望的地平線，只不過你始終看著遠方，沒有留意罷了。

即使你到了期望的地平線，發現它並不如你想像中美好，你也實在無法把它看得美好，至少你的前方還有一道地平線。

總結提示

年輕的我們不應該活在靜止的點中，而應該活在運動的線中，同時又要在運動的線中珍惜和把握好生活的每個點。

此外，從每個點的縱向去看，我們還擁有其他精彩的點和線，也要去好好珍惜和把握。

所有的這些點、線、面，就構成了我們複雜又精彩的生活。

第二章　為你的青春護航

── 維護心理健康

　　當年輕的你有了清晰的方向和目標，並不代表一切就萬事大吉了，因為實現目標還必須擁有一個健康的身心基礎。一個人身體和心理都健康才稱得上真正的健康，其中心理健康更是至關重要的。我們都知道心理意識決定行為，你心裡怎麼想你才會怎麼做，而且心理健康狀況和身體健康也是相互影響的。因此，廣大青年朋友一定要盡力維護自身的心理健康，讓其為你的十年青春護航。

一、年輕的你心理健康嗎

你知道什麼樣的心理狀態才是健康的嗎？你了解自己的心理狀況嗎？你的心理是否真的健康？讀完本章，相信你會找到答案。

年輕的身體，沉悶的心靈

程福瑞今年二十二歲，大三學生。按理說她這個年齡應該充滿了青春活力，可情況卻恰恰相反。

程福瑞整日無精打采，臉上很少有笑容，對很多事情都漠不關心，對於學習也是得過且過的應付態度，毫無積極性可言。

程福瑞平時話不多，不願意和同學及舍友多交流。偶爾有機會在大庭廣眾下說話總會支支吾吾，緊張臉紅，不知所措。雖然和大家相處沒什麼大障礙，但也沒什麼知心朋友。

除了吃飯、學習、睡覺，程福瑞平時沒什麼嗜好，也不像別的女生那樣喜歡漂亮衣服，只是簡單收拾打扮一下。她也不愛參加體能訓練，體育成績每年都不達標。

在大學期間，程福瑞沒有交男朋友，平時盡量與男生保持一定距離，男生跟她說話時，她總是簡短的回答幾句。曾經班上有位男生向她表示過一絲愛慕，她感到非常恐懼，此後對該男生避而遠之，再沒有說過一句話。

大三參加實習時，她最怕外出與社會上的人打交道，能避開則盡量避開。之後，由於實習成績不夠理想，又面臨著今後就業的壓力，程福瑞開始每日愁眉不展，晚上經常失眠，有時還躲在被窩裡偷偷的哭。

案例中的程福瑞，看似是性格天生比較內向，實際上，她的心理健康狀況在很多方面都存在著問題。

年輕的你必須了解心理健康的標準

世界衛生組織對健康所下的定義是：「健康不但是沒有疾病或虛弱，而且是身體上、精神上和社會適應上完好的狀態。」

程福瑞雖然沒有什麼疾病，也不能肯定她身體就虛弱，但她平時不愛參加體能訓練，年年體育成績不及格，這在某種程度上已經表明她在身體健康上並未達到完好的狀態，這對她精神上的完好程度也有一定影響。

達到精神上完好程度的基本標準是：精力充沛，能經常保持清醒的頭腦，精神專注，思想集中，對學習和工作都能保持較高的效率；有相對堅定的意志，穩定的情緒，愉快的精神。

「社會適應上的完好程度」就是指能否和諧的融入社會。年輕人終將要走入社會，面對社會。案例中的程福瑞在校時就缺乏與人溝通的能力，實習期間更是不敢與外人打交道，因此她就屬於心智尚不成熟，與社會適應程度差，所以說她的心理健康狀況也是比較差的。

隨著社會的進步與發展，越來越多的人認識到，人在擁有健康身體的前提下，還必須時刻保持心理健康，能和諧的與社會生活相融合，良好的適應社會生活環境，才算是真正的、全面的健康。

心理健康的人，能夠高效而愉快的適應環境的變化，人際關係良好，情緒穩定，思維活躍，觸覺敏銳，記憶良好，樂觀豁達，具有生命的活力，能夠充分發揮身心潛能。

　　然而，由於種種原因，現代人中有很多都處於心理狀況不健康的情況之下，具體表現在：精神萎靡不振、失眠、厭食、煩躁、焦慮、恐慌、易怒、悲觀、憂鬱、反應遲鈍、注意力不集中、健忘、性慾減退等等。本來出現這些症狀的多為中老年人，而近年來廣大二十至三十歲青年中出現某些症狀的人也越來越多，這勢必引起我們高度警惕。

心理健康的人需要具備的素養

　　一個人的素養是至關重要的，沒有好的素養，就很難在社會中立足與發展。一個人素養的好壞主要從他的行為和作風上展現出來，而行為和作風的背後正是這個人思想、認識、性格等的本質所在。一個擁有良好素養的人，其心理健康才能有所保證。

　　美國健康學者馬斯樂認為，一個心理健康的人應當具備下列素養：

1. 能較快的認識了解自己所在的現實環境。
2. 能自己獨立思考，不盲目從眾。
3. 能樂觀理智的接受自己和他人的優點、缺點。
4. 在所處的環境中能保持獨立和寧靜。
5. 懂得基本的哲學和道德的理論。
6. 對於平常事物，哪怕是每天例行的工作，都能經常保持興趣。
7. 能和少數人建立深厚的感情，有樂於助人的熱心。
8. 具有創造性觀念和幽默感。
9. 能承受歡樂與憂傷的考驗。

如果你具備了上述素養，就擁有了心理健康的堅實基礎。希望每位青年朋友都從現在開始對自己進行總結反省，並依照上述標準對照自己，進行心理健康的自我診斷，如果不具備某類素養，就得加緊培養和改善，彌補自身的不足。

總結提示

人的心理健康歸納起來包括七個方面：智力正常、情緒穩定、意志健全、行為協調、反應適度、人際關係協調、心理符合年齡。

如果青年朋友發現自身的心理狀態嚴重偏離心理健康標準，就要及時向心理醫生求助，以便早期診斷與早期治療。

二、認識自己的先天心理健康素養

一個人的先天心理健康素養很重要，它在維持和保證心理健康方面有著主要作用。下面我們就來認識一下自己的先天心理素養。

心理健康素養差要當心

海強讀大學時各方面成績都十分優秀，曾連續三年獲得學校獎學金，他自己也非常看重自己在別人眼中的印象，別人的評價對他影響很大。畢業工作後，他原以為能在工作中也表現得同樣出色，沒想到自己經常在工作中出錯，被公司很多人認為是草莓族。這讓海強難以接受，心裡十分不舒服，經常失眠。結果這又再次影響到他的工作，最後只好暫時離職。

曉峰今年二十八歲，是一位研究員，發表過不少著作，他自己

很有成就感。可他有一個習慣他自己也感覺很無奈，就是每次只要出差在外，他總是會失眠。這讓他身心都感到非常不舒服。因此，只要公司提到要出差，他就會非常恐懼。

　　文林以前上學時不論大考小考，每次考前都會非常擔心，也因此經常睡不好覺，但只要考試結束，他就能恢復正常。工作後也是如此，只要是讓他面對一些考察他工作能力的專案，考查前他都會和當年上學時反應一樣。有次公司舉行內部提拔考試，他由於過度擔心導致失眠，結果發揮失常，錯失了晉升機會。

　　上面三位都屬於心理健康素養比較差的典型，他們的工作和生活因此受到了不良影響。他們的表現其實各代表了心理健康素養包括的不同方面，下面我們來具體分析。

心理健康素養的四大主要方面

　　心理健康素養主要包括四方面：神經類型、心理承受力、心理適應性、焦慮特質等方面的狀況。

1. 神經類型

　　前蘇聯生理學家巴夫洛夫認為每個人的大腦天生都有兩種基本的過程：興奮和抑制。興奮是神經活動的激發，抑制是神經活動的減弱或消失，而它們又表現出或強或弱的兩種不同類型。

　　不少心理問題都和神經類型有關，例如：弱型的人，更敏感、內向、承受力弱，適應能力差；強型的人，不敏感、外向、承受力強，適應能力強。由於強型和弱型與遺傳的關係較大，很難加以改變，所以只有在日常生活中，不斷進行自我調節。

2. 心理承受力

心理承受力就是指一個人能承受多大來自環境和事件的壓力。前面的海強就屬於心理承受力較弱的人。很多心理疾病的產生，都是與心理承受力有關。承受力強的人，對一些事件能夠忍受，不會導致心理衝突；而承受力弱的人，對很小的事件就產生強烈的反應，導致比較嚴重的心理衝突，帶來心理矛盾，從而產生心理疾病。

3. 心理適應性

案例中的曉峰就屬於心理適應能力差的人。實際表明，由於這樣類型的人對環境的適應能力差，他們對新的環境中難以適應，容易導致身心系統的紊亂，帶來生理或心理的疾病。要解決這種情況，首先要從心態上解決，盡量消除對陌生環境的畏懼和厭煩感。

4. 焦慮特質

案例中的文林就屬於焦慮特質。我們先來說說焦慮。焦慮最初的表現包括一系列生理反應，如肌肉緊張、心跳加快、血壓增高、出汗、手腳發冷、皮膚蒼白、口乾舌燥等；同時出現一系列的心理反應，如苦惱、不安、擔憂等，甚至產生自我否定或膽怯的心理。焦慮反應加劇的表現多種多樣，如坐立不安、頭痛腦昏、注意力無法集中、思維處於僵滯狀態等。

焦慮有兩種類型：一種是情境性焦慮，就是遇到重要事件產生的焦慮。這幾乎每個人都會有，只是程度不同。二是特質性焦慮，這類人無論遇到什麼樣的事情，都容易產生焦慮，比如文林這樣的，這很容易產生心理疾病。

提高你的心理健康素養

　　上面的四方面雖然基本上來源於先天遺傳因素，但並不是無法改觀的。廣大青年朋友如果在這四方面存在一定問題，就一定要加以重視，盡快完善，下面告訴大家一些方法：

（1）**平時要多了解一些心理健康的知識**。廣大青年朋友可以多看多聽一些心理健康指導類書籍或講座，充分了解自己的性格特點以及出現的問題，然後有針對性利用知識進行改善。

（2）**平時要注意加強體育鍛鍊**。事實證明，體育鍛鍊不但能為心理健康發展提供堅實的物質基礎，而且可以培養良好的意志素養。尤其要多參加一些團隊性的體育活動，不但能鍛鍊自己與人合作的能力，而且能改變內向帶來的弊端，認識更多朋友。另外還能培養自己接受別人意見的能力。

（3）**擺正心態，不要把自己和某一事件看得過重**。只有以平靜、客觀的心態去面對自己和外在事物，才能避免過度擔憂導致的焦慮。

（4）**勇於並且堅持在生活實踐中接受磨練，不斷總結經驗**。逃避不是辦法，只有勇於面對，並及時事後總結，才能在挫折中成長。

總結提示

　　雖說性格決定命運，並且很多人說性格是天生的，但也有人說「環境造就人」。的確，一個人性格的形成與後天有很大關係，其中比較重要的就是環境因素，比如家庭環境，家庭被稱為「製

造人類性格的工廠」。除此之外還有學習環境、社會環境等，都
能對性格的形成產生重要影響。但是，影響性格的還一個重要因
素，那就是主觀心理因素。簡單說就是自己對自己的認識，這對
一個人的性格形成和發展也起著至關重要的作用。

三、跨越你青春的心理極限

什麼是心理極限？心理極限就是你心理承受能力的最大值，也
就是你能承受困難與壓力的最大心理限度。一個人心理承受能力的
大小直接影響著他的心理健康。因此年輕的我們必須想辦法不斷跨
越自己的心理極限。

你想當清高的孤家寡人嗎

聶飛是家中的獨生子，今年已經二十四歲了。從小他的自尊心
就很強，小時候大人開他玩笑，他不是衝上去打就是破口大罵。從
小學到大學，只要受到老師的表揚他就會得意忘形，可一旦受到老
師或同學的批評他就感覺無法接受，心裡極不舒服。

有時一點小事他能記恨在心好幾年。稍微大一點的事他常常要
麼與之爭吵要麼大打出手。如果怒火沒有得到充分發洩，他就感覺
自己受了天大的委屈，心中忿恨、沮喪、痛苦。不愉快的事件反覆
在他腦海中重播，不斷折磨著他。

聶飛曾經有幾個好朋友，但也都因為一些小事而分道揚鑣。
因為他感覺自己沒有被尊重，所以甘願與他們反目成仇，老死不
相往來。

參加工作後，聶飛時常感覺自己很清高，見不慣公司內的很多事。有次被上司稍微批評了幾句，就直接與之頂撞。幸好上司屬於比較大量的人，沒有與之計較，但聶飛卻被很多同事認為是一個不能接近的人。除了工作上一些必須的接觸外，大家平時都盡量對他避而遠之。

　　由於工作和生活中屢屢受挫，聶飛漸漸變得孤獨、憂鬱、焦慮、沉默寡言。不知不覺中，身體上的一些疾病也漸漸找到了他。

　　案例中的聶飛就屬於心理承受能力差的人。像他這樣的人如果不能及時得到幫助和治療，其後果是比較嚴重的。

心理承受力差易得病

　　案例中聶飛的性格如今很多獨生子女都普遍具有。他們大多從小被嬌生慣養，被過度保護，被溺愛。當他們的要求或願望得不到滿足時，就會出現逃避、抗拒、攻擊等反常反應。在學校時他們的適應能力相對較差，人際關係也不好。

　　這類成長背景的孩子成年後，往往一旦遇到不如意的事，就表現出蠻橫無禮、唯我獨尊，或者作出一些違反社會規範的反常舉動，藉以引起別人的關注。或者就是走向另一個極端，性格逐漸變得孤獨、內向、陰沉，不願與人交往，情感不易表露，憂鬱寡歡。聶飛就屬於這類情形。

　　還有一種情況，就是有些青少年從小家庭窮困或雙親不和，父母對他們要麼進行嚴厲的管制，要麼失望後乾脆放任不管，使他們在物質上、精神上的要求時常得不到滿足，這使得他們從小就具有了較強的防禦意識。

　　心理學家研究證明，在雙親情緒變化無常、教育缺少可持續性的家庭中長大的孩子，成年後往往會表現出優柔寡斷、膽小怯懦、反覆無常。

　　上述兩種成長背景下的青年，其人格發育相對不健全，因此性格上難免有缺陷。這就造成他們的心理承受能力先天就較差。這類性格的人在與外界的接觸中就難免會出現很多不良的心理情緒及心理疾病，進而也會產生不少身體上的疾病，對患者自身、患者家庭以及社會都會造成一定負擔。

　　那麼，有沒有辦法改觀呢？當然有。我們前面說過不良的性格可以逐步完善，只要採取有效的方法，我們是能夠跨越自己的心理極限的。

跨越心理極限不是夢

　　廣大青年朋友如何才能跨越自己的心理極限呢？我們可以參照如下方法：

1. **先要了解自我，正視自我。**找出自己的缺點和不足，正確看待別人。在學習、生活中遇到困難和挫折時，要多思考造成這樣情況的原因是什麼，我可以用什麼好的方法去解決。要意識到消沉和悲觀都是沒用的，應該振作精神，能解決的就解決，不能解決的暫時放一邊，時間一長就會忘掉它。

2. **要認識自己周圍的環境，並注意調整自己去適應環境。**有一句話說得好：「改變自己能改變的，適應自己不能改變的。」山不轉水轉，路不轉人轉，不要把周圍的外在事物按照你的主觀意願去看待。否則，當你無法改變時就會覺得心裡非常

矛盾、煩惱、沮喪、憤怒、痛苦。換一種健康的心態，也許就會出現轉機。

3. **多給自己一些磨練意志的機會，在挫折中總結經驗。** 只有適當的去「經風雨、見世面」，與不同的人多接觸，才不會總是以自我為中心，自己脆弱的心靈才能逐漸堅強起來，能夠承受更大的壓力。

4. **打開你的心靈，世界會更開闊。** 我們對生活要抱有積極樂觀態度，要學會微笑著去面對身邊的人和事，要豁達包容，豐富自身知識，廣交朋友，遠離閉塞。

5. **學會傾訴，學會心理按摩。** 可以根據情況向不同的人說出自己的苦惱和心裡話，比如父母、老師、兄弟姐妹、同學等等，這樣就能緩衝和釋放你脆弱心靈受到的壓力。如果有些是難以啟齒的祕密與煩惱，則可以選擇專業的心理醫生，把他們當做你的知心朋友。

總結提示

其實，不僅僅是心理承受能力差的人需要跨越心理極限，我們一般人也要不斷去跨越。因為我們每個人在性格上都不是完美的，也都或多或少存在著一定的缺陷和不足。在遇到一些特殊遭遇的時候，也難免會產生不良的心理情緒。如果這時不能及時進行調整，也可能產生相對的心理及生理疾病。因此，上述方法其實也同樣適合我們每個人。那麼，就讓我們一起不斷學習，不斷體驗，不斷跨越，不斷去實現我們青春的價值吧。

四、面對心理疾病年輕的你無須恐懼

　　生活中經常能聽到這樣的口角對話：「你這人腦子有病吧？」「你才有病呢！」實際上，他們說的「病」就是指心理疾病。但相對生理疾病而言，大多數人都不願意承認自己心理上有病。他們認為那很不光彩，即使自己可能真的有。其實這種想法是很不正確的。

正確看待心理疾病

　　郭強新今年二十七歲，工作已經四年。有天他無意中看了一本介紹心理疾病的書，突然發現自己具備書中所說的大多數症狀，一時間非常著急。他把這個情況告訴家裡人，家裡人覺得有點可笑，沒有當回事。他又告訴自己的好朋友，好朋友說不能相信書，相信的話誰都有病。這讓郭強新不知如何是好。

　　趙孟是一位經驗豐富的心理諮商師。有天，他的診所來了位前來諮詢的女士。這位女士說她懷疑自己得了強迫症。趙孟問為什麼。她說很多心煩的事她不想去想，但是自己好像控制不住，非要去想。趙孟笑著說：「這樣你覺得就是強迫症嗎？」這位女士又說：「那麼我就是得了憂鬱症，我整天都高興不起來，心情老是很煩悶。」這話同樣讓趙孟覺得有意思。他笑著對這位女士說：「不論是強迫症還是憂鬱症，都沒你想像的那麼簡單啊。」

　　吳安迪今年二十六歲，不久前失戀了。痛苦的他整天把自己關在家裡，不去上班也拒絕和外人聯繫，在家也少言寡語。這樣持續了有半年多，他父母以為自己的獨生子只是失戀後在鬧脾氣，問題不大。後來吳安迪吃飯也漸漸少了，身體漸漸虛弱下來。他父親說

要不帶他去醫院吧。母親則說：「去什麼樣的醫院啊，是一般看病的醫院還是精神病院啊。一般的醫院可不治心病，精神病院關的可都是些精神病啊。」

　　上面的案例表明，在現實生活中，很多人對心理疾病的認識還存在一定盲點。有些人懷疑自己罹患了心理疾病，可要麼不敢前去求助心理醫生，要麼對心理疾病進行自以為是的理解。其實這些態度都對患者能否獲得及時診斷治療有不良的影響。

警惕這幾類心理疾病

　　心理疾病有很多種，但我們經常聽說的以及常見的主要有五種：焦慮症、失眠症、憂鬱症、強迫症、精神分裂症。

　　世界衛生組織有一項統計資料表明：過去五十年間，全球自殺率上升了百分之六十，其中大部分自殺者都是因為心理健康受損，長期受到心理疾病的折磨，最終想以死解脫。上述的五種精神疾病都是導致自殺行為的主要「凶手」。

1 · 憂鬱症

　　導致自殺的心理疾病中，排名第一的就是憂鬱症。雖然憂鬱症患者不是全有自殺念頭和行為，但多數自殺的人都有較重的憂鬱情緒。

　　憂鬱症主要表現為情感低落、思維遲緩、言語動作減少等。憂鬱症嚴重困擾患者的生活和工作，給家庭和社會帶來沉重的負擔，大約有百分之十五的憂鬱症患者死於自殺。

　　其實憂鬱症是可以治癒或得到控制的，比如借助藥物療法、物理療法、心理療法等，根據生病程度進行治療，都能收到良好

的效果。

2．失眠症

失眠症表現為由於各種原因引起的長期入睡困難、睡眠深度或次數過短、早醒、睡眠時間不足或睡眠品質差等。

我們都知道長期失眠必定影響身體健康，但它也可能引發自殺行為。據美國心理研究人員調查發現，患有失眠、早醒等睡眠障礙疾病人群的自殺傾向是普通人群的三倍。長期睡眠不足會導致人體認知功能紊亂，幸福感降低，進而引發自殺衝動。

失眠症患者在找到經常失眠的原因並設法解決後，還可以在醫生的指導下，適當服用催眠藥，或者少喝妨礙睡眠的飲料，如咖啡和茶，同時也要減少飲酒，避免產生睡眠對酒精的依賴性。

3．精神分裂症

精神分裂症患者由於自身思慮過多及外在打擊等原因，出現了思想紊亂、幻覺、妄想等症狀，進而被迫走上了不歸路。

精神分裂症患者自殺的動機不止一種，有的是因為幻覺，比如受到了上帝的召喚等；有的是感覺自己被逼迫得走投無路，只有靠自殺來解決。精神分裂症患者不但容易自殺，也有一定殺人的傾向。

4．焦慮症

關於焦慮症我們前面已經簡單介紹過，它也是容易引起自殺的心理疾病之一。而且由於如今不少白領一族工作壓力巨大，患有這類心理疾病或傾向的人正與日俱增，大家應該提前做好心理防護。

5．強迫症

強迫症的基本症狀是強迫觀念和強迫動作，患者一般能意識到

自己這種強迫觀念和強迫動作是不必要的，比如反覆起床檢查門窗是否關好，卻不能自己控制。從而出現不安和煩惱情緒。

強迫症患者之所以自殺，一方面是因為不堪精神折磨，另一方面是因為久治不癒，於是思想變得極端，想透過毀滅自身的方式來終止強迫思想和強迫行為。

廣大青年朋友一定要警惕上述五類心理疾病，當然其他心理疾病也不能忽視，比如恐懼症、意識障礙、感知障礙、不良嗜好、怪癖症等，因為它們也很有可能轉化為上述五類疾病，而且它們自身的程度如果嚴重後也有可能引發自殺行為。只要發現自己有心理疾病的症狀，哪怕是輕微的，都要提高警覺，提前應對，最好及時找心理醫師進行診察。

心理疾病無需恐懼

心理疾病看似可怕，但我們無需恐懼。只要你掌握一些重要的原則與方法，心理疾病就會很難找上你，即使一不小心找到你，你也有辦法將它趕跑。

要樹立起正確的人生觀、世界觀及價值觀，培養出一種健全的人格。

如果能做到這些，你就會對人生、對社會有一個客觀積極的認識和反應，也就是我們常說的「站得高才能看得遠」。只有這樣，你的心胸才會開闊，才會較少受到人世間紛繁複雜事情的干擾，並具有一定的承受能力。

我們還要注意培養自己健全的人格。什麼是人格？簡單說就是一個人的能力、氣質、性格、修養等個性。一個人格健全的人，能

夠認清自我，把握自我，豁達，大度，充滿自信，對社會和人際關係有良好的適應能力，能夠及時調整自己的心態去面對現實。既能保持自己個性，又能與社會相融合。這樣你就能基本上增強自身精神疾病的免疫力。

要多與人交流，切忌將自己封閉孤立起來。

很多患有精神疾病最後導致自殺的人，大都是長期將自己封閉在一個狹小的空間裡，與外界隔絕。最後越想越極端，越想越矛盾，越想越痛苦，最終選擇了靠死亡來解脫。其實，只要我們打開心扉，與自己的親人、朋友，甚至街坊領居交流傾訴一下，即使他們不能徹底解決你的問題，至少你也得到了一定情緒上的宣洩。否則，不良的情緒就會像灰塵一樣，只會在你封閉的外在空間與心靈空間中越積越厚。

盡量在生活中做自己力所能及的事，不要抱不切實際的幻想。

不少人有些好高騖遠，沒有正確認識自己的能力，卻把目標定的很高，而且經常腦海中想像自己已經成功的場景。結果受到打擊後，情緒一落千丈，心情壓抑，茶不思飯不想，甚至對整個生活都失去了信心。實際上只要我們擺正心態，踏實穩健，即使我們做某些事失敗了，也可以透過其他興趣來恢復自信心。

豐富自己的文化生活，營造良好的生活環境。

如今人們對精神生活品質的要求越來越高。不斷去學習和汲取新的知識，這樣不但能豐富你的精神世界，提高自身對現實生活的感受，還可以增強自身的文化修養。經常有人說：「不學習不知道，一學才發現自己是那麼無知。」

除了學習各類知識，一些體育文化活動也要多參加，它們也能

使你的身體和心靈感到舒適與愉悅，並且變得更加強壯。最重要的是，它能讓你體會到生活中的諸多樂趣。

改善與他人的關係。我們無時無刻不生活在與人打交道的社會環境中，沒有良好的人際關係，必然會讓自身受到傷害。

要獲得良好的人際關係，也要從自己的心態出發。不要對他人抱有過高的奢望，也不要令他人對你抱有奢望。遇到爭議時，求同存異，而不能把他人的過失記恨在心，不要讓相互關係中的不協調因素影響相互間的接觸。

發現自己有心理問題一定要及時診斷，輕鬆面對。

我們前面說過，一旦發現或者僅僅是懷疑自己有心理疾病，就一定要及時診斷，切勿諱疾忌醫。即使診斷出自己患有某類精神疾病，也要輕鬆面對。因為大量事實證明，心理疾病透過系統正規的治療，是可以控制和治癒的。

總之，生活是漫長又複雜的，生活的意義是豐富多彩的，無論是你還未患上或已經患上心理疾病，我們都要想辦法認真、快樂的度過每一天。這樣心理疾病就會對你無可奈何。

總結提示

很多人產生心理疾病導致的生理症狀後，往往先去醫院的非精神科就診。比如在很多綜合醫院的神經內科等，經常能聽到病人向醫生訴說：「我最近感覺心慌」、「我最近睡不著，頭也疼得厲害」等等。然而，經過醫生各種儀器檢查後，卻查不出身體上有什麼問題。實際上，這些軀體症狀大多由於憂鬱、焦慮等心理問題引起。因此，廣大青年朋友如果有類似情況，應當直接去醫院

的精神科或是心理科就診。

五、 別讓「心病」變「身病」

近年來，患有心理疾病的二十至三十歲的青年人越來越多。心理疾病與生理疾病有著密切的關係。有時某些人因為患上了某種生理疾病，從而變得高度緊張、恐懼、焦慮，結果導致了心理疾病；而有時是因為某些人心理上先出現了問題，進而引發了生理疾病。

「心病」可導致「身病」

某醫院宣傳癌症的專欄上有這樣一組漫畫。

第一幅：一位年輕的白領男士坐在家中看書，眼睛瞪得很大，神色緊張，面帶恐懼，腦袋上方寫著他的想法 ——「啊！癌症！」

第二幅：該白領神色慌張的拉走了正在戶外逛街的妻子和女兒，嘴中喊道：「陽光致癌！」妻子和女兒感到意外和莫名其妙。

第三幅：白領一把奪過女兒準備放入口中的烤鴨腿，並嚴厲的告誡她：「燒烤致癌！」女兒哇哇大哭起來。

第四幅：白領從理髮店強行拽走了正在燙髮的妻子，嘴中說道：「燙髮致癌！」妻子一臉怒氣，理髮師一臉茫然。

第五幅：白領坐在家裡的沙發上看電視，電視中噴出很多這個癌症那個癌症的字樣，朝他一頓狂轟亂炸。白領雙手扶在頭上，眼睛因恐懼瞪得更大了。

第六幅：白領躺在醫院的病床上，萎靡不振，表情痛苦。醫生對一旁白領的妻子和女兒解釋道：「恐懼致癌。」

這組漫畫生動有趣的告誡大家，面對看似可怕的疾病不必過於緊張恐懼，自己嚇自己，否則你反而有可能得上這種病。同時，它也表明了心理因素也能導致生理疾病。

把握自己 完善性格

　　早在古代就在中醫理論中表明：人的七情 —— 喜、怒、憂、思、悲、恐、驚，是七種正常的情緒反應。但如果七情過度，也就是說精神長期受到刺激，情緒持續反應過度，那麼就會影響到內臟功能，出現心智紊亂，氣血不暢，從而導致身體上的疾病。

　　在我們當今的社會，大約有三分之一的人因為壓力過大、生活過度緊張而引發了心臟病、高血壓、消化系統功能失調等一系列疾病。常見的神經性消化不良、失眠、便祕、頭痛及部分胃病、麻痺都由恐懼、焦慮引起。因此「心病」引發「身病」的現象不容我們小視。

　　前面我們說過人的性格問題，其實性格無時無刻不和你的心理情緒掛鉤。因此就會出現由於性格問題產生心理問題，心理問題再發展為心理疾病，心理疾病再導致生理疾病的連鎖反應。

　　據醫學研究表明，很多生理疾病就和性格造成的心理因素有關。例如患有消化性潰瘍的人一般都有這樣的特徵：依賴性強、感情經常受挫、對人有敵意、愛壓抑自己、常雄心勃勃；患偏頭痛的人，一般都有情緒不穩定、刻板、好爭論、嫉妒心強、有完美主義傾向等個性特點；患慢性結腸炎的人，一般多具有優柔寡斷、缺少獨立性與靈活性、自卑、有不安全感、順從聽話、墨守成規等個性特點。

　　因此，如果廣大青年朋友意識到自己在性格上或平時的心理情

緒上有不健康的表現，就要及時應對，以防止其進一步引發生理疾病。

提防心病可能引起的幾種「大病」

1・心理因素與癌症

前面醫院的宣傳漫畫就說明了這個問題。近年來，有不少癌症患者在得病前都具有較長時間的負面情緒，或者受到過重大的情緒打擊。

據醫學家調查發現，很多癌症患者時常情緒低落、人際關係不好、不滿當前的生活現狀。他們還發現，一般內科病人因為心理因素才發病的只有少數，而癌症患者發病前具有緊張恐懼等因素的比一般病人要多很多。這就說明，緊張恐懼的情緒很容易引發癌症。因為緊張恐懼情緒抑制了身體對惡性細胞的免疫力。

2・心理因素與心臟病

心臟病發生的原因很多，心理因素也是其中之一。

長期反覆的消極情緒，在心臟病發生的因素中占有重要地位。國外科學家曾用小白鼠做過實驗，使用一定手段使小白鼠不斷受到刺激而產生防禦性反應。持續了三小時以後，小白鼠血壓升高、心率失調，出現嚴重的心臟衰竭或血管梗塞。這足以證明心理因素能夠導致心臟病。

性格對心臟病的發生也有一定關係。研究表明，具有急躁、忙碌、爭強好勝、易激動發怒等個性特徵的人很容易得上冠心病。因此，有這類性格特徵的青年朋友一定要盡量改變自己的不良性情。

3‧心理因素與糖尿病

多數糖尿病患者的糖尿是因為胰島素分泌不足造成的，而胰島素分泌不足除了它的生理病理原因外，有時也受心理因素的影響。

長期的情緒緊張會使人的內分泌失調，這樣就會讓胰臟分泌胰島素的功能受到影響，從而導致血糖增高，尿糖水平也會隨之增高，這樣就造成了糖尿病。

因此，無論生活上有什麼不良遭遇，工作或學習中有什麼競爭壓力，與人相處時有什麼不快，我們都要控制調節自己的情緒，避免精神過度緊張或憤怒，這樣也就降低了患上糖尿病的機率。

4‧心理疾病與神經衰弱

神經衰弱是一種大腦神經系統功能失調的疾病，患者主要表現為注意力不集中、記憶力減退、容易激動、失眠多夢或嗜睡、萎靡不振、四肢軟弱無力等。

造成神經衰弱主要就是因為人們長期精神過於緊張，思想負擔過重，思想矛盾較深，以及過度疲勞等。而造成這些的原因有很多，比如工作不順心、人際關係緊張、生活苦悶、戀愛受挫、居住環境差、家庭破裂、就業困難、經濟負擔過重等。這些原因造成了人的精神長期處於緊張狀態，進而導致神經衰弱。而神經衰弱又會反過來加重精神緊張等負面情緒。

總結提示

誰都不想有負面的情緒，可有時卻感覺這不由我們做主。因為我們必然要與外在的世界接觸，而外在客觀世界發生的很多事我們無法控制。其實，還是有一部分事物是我們能改變的，正所

謂事在人為。對於無法改變的事物，我們就要試著改變我們自己，讓我們去適應它。這樣，我們就能既堅強又順其自然，大多數心理疾病和生理疾病都會遠離我們。

六、心理障礙阻攔不了年輕的你

我們在生活中有時會見到一些「怪人」，他們的很多言行往往與普通人不太一樣，有時與周圍的一切格格不入，有時甚至被人稱為不正常。其實他們中不少人就屬於有一定心理障礙的人。

心理障礙讓人有些「怪」

小溫以優異的成績進入了某國立大學。進入大學後，他原為可以好好輕鬆一下了，沒想到該大學的學習氣氛依舊很緊張。同學們每天不停忙著考試，下課後都直奔圖書館或自習教室。平時期末考試為了能獲得獎學金或者以後增加就業籌碼，競爭也十分激烈。這讓小溫不得不也跟著緊張起來。由於是國立大學，高手眾多，小溫很難再找到高中時的優越地位，這不但讓他心理有些不平衡，而且時常感覺壓力巨大。後來，小溫開始變得越來越焦慮，晚上常常想很多事，睡不好覺。再後來，他乾脆放棄了競爭，開始混日子，整日沉溺在滑手機的網路世界中。與同學也不多交流，常常想著網路中的事一個人獨自傻笑，成了大家眼中的「怪人」。到了畢業時，看著同學們紛紛有了令人羨慕的工作，小溫考慮到自己毫無競爭優勢，又再次變得焦慮起來，並開始後悔當初太早放棄，同時又不敢邁出校門去面對社會的考驗，一時非常痛苦。

平路在大學時就是個「老好人」，平時很樂於幫助別人。比如誰向他借什麼東西，他都基本不拒絕。因此他的風評一直不錯。可後來平路發現有些不自覺的人總是利用他這一點當工具人，總是向他借東西，而且經常有借無還。礙於情面，小東西不還平路一般不好意思主動開口要，怕別人覺得他斤斤計較。稍大的東西他想要，但還是因為面子而時常猶豫不決。有時要了回來，又覺得自己的形象肯定大打了折扣，於是心理又矛盾起來。為此他時常不知所措，有時甚至會莫名其妙的喊一聲出來。後來，只要一聽到「借」這個詞，平路就有些害怕。後來走上了工作職位，每當別人請他幫忙時，他心裡依舊時常在答應和拒絕間掙扎鬥爭，以至於自己變得既優柔寡斷，又矛盾苦惱。

　　平路和小溫都屬於有一定心理障礙的青年朋友。其實很多人都難免會有自己的心理障礙。但如果得不到合理的解決，心理障礙也可能導致嚴重的心理疾病。

心理障礙有害身心健康

　　心理障礙到底是什麼呢？簡單說就是一種不正常的、與社會不相協調的心理和行為。這種心理和行為不但會傷害心理有障礙的人自己，還有可能傷害到別人。

　　心理障礙還不等於心理疾病，它只是心理活動中出現的較輕的一種創傷，但如果長期處於這種不良的心境，就很可能導致心理疾病。

　　心理障礙是怎麼產生的呢？其實主要還是由一個人的性格、心理習慣以及周圍環境事件造成的。

小溫後來變得不愛與人交流，從這一點可以看出他本身的性格是偏向於內向的。他在高中時成績優秀，肯定時常有不少優越感，進而也容易產生唯我獨尊的驕傲和自滿心理。後來到了國立大學這個新環境，由於高手雲集，學習競爭激烈，他一方面感到學業壓力大，一方面感到昔日榮耀不再，心理落差幅度很大，焦慮之後他選擇了放棄，進入到了一個自我封閉的虛擬空間。

但是，每個人遲早要接受社會的洗禮，小溫也不例外。當他發現自己在面對就業競爭時沒有太大資本，開始重新變得焦慮。而這種焦慮由於面對的壓力更大，因此程度也必定比之前更深。如果處理不好，對他心理上造成的傷害也必定更深。

心理障礙一般都是在受到了一些特殊事件的刺激後產生的，有一定的時間段。它屬於正常心理活動中暫時性的、局部的不正常狀態，比如案例中的平路，除了在對是否拒絕別人這類事上表現出比較不正常外，總體上看他都算一個健康的人，也是一個好人，只不過好得有點過，結果把自己委屈壞了。

當人們遭遇大一些的挫折，比如失戀、落榜等，或者要做一個重大的選擇時，一般都會表現出情緒焦慮、恐懼或者憂鬱。有的表現沮喪、膽怯、自暴自棄，或者表現出憤怒，甚至衝動報復。如果心理障礙者長期得不到調適，或不能從中解脫出來的話，就很容易導致精神疾病的產生。

另外，人際關係的衝突也會造成心理障礙。人際關係衝突，比如與人爭吵甚至動手容易使人情緒波動很大，情緒失調後不少人又開始內疚、自責或者自卑、自憐等。這種不良心境可能會造成興趣減退 生活規律紊亂、行為異常、性格偏執等等，這時候就有必要找

心理諮商醫生尋求幫助了。

輕鬆掃除你的心理障礙

　　既然人人幾乎都存在一定心理障礙，而且相對容易克服，因此心理障礙患者並不孤獨，也大可不必驚慌、恐懼。

　　很多青年朋友患了心理障礙之後，第一個情緒反應，往往是自卑，覺得自己突然成了軟弱無能的那類人。其實，一個人是否患心理障礙，往往由不得個人的意志來決定，而是和一個人童年及青少年時期的成長環境，和他的性格有很大關係。換句話說，是「命運」造成的。它只是反映了一個人的成長環境和背景，不代表一個人是否堅強，或者是否有價值。

　　像平路這種情況相對比較好解決。首先就是要調整心態。很多人不好意思拒絕別人，和自身的性格和心態有關。他們過於在乎別人對自己的看法，而且擔心這次拒絕了別人，下次自己有事就不好開口了。實際上，只要你這個人的人品沒有問題，別人是不會因為一點小事就對你產生負面評價的。如果有人真的在乎，那麼有問題的是他，而不是你。

　　小溫的情況也要先從他自己的心態入手。在他比較輝煌的時候，他應該理智清醒的看待自己，要知道強中更有強中手，不要驕傲自滿，唯我獨尊。這樣到了高手雲集的新環境你才不會心理落差過大。在遇到壓力時，也要樂觀面對，平靜自然的發揮出自己的真實水準就好。切勿盲目比較，總想把別人比下去，不切實際的把目標定得很高，搞得自己連連敗北而心灰意冷；更不能揠苗助長、急於求成，達不到目標就自暴自棄。

總結提示

有些朋友得知自己患了心理障礙後，還會感到悲觀失望，他們往往認為自己很不幸。其實，心理障礙是可以治癒的。大部分心理障礙都可以透過治療得到緩解和治癒。只不過緩解和治療需要付出一定的精神、經濟和時間代價而已。

在自我調節方面患者可以參照本書相關章節的原則和方法。必要時可以求助心理醫生。

所以，患了心理障礙既不可悲，也不可怕，你只是不得不去面對自己的患了心理障礙的「命運」罷了，而這個「命運」，你自己是可以改變的。

七、不良的行為習慣令年輕的心靈沉淪

二十至三十歲的青年朋友往往意志薄弱，容易受到不良環境的影響，從而養成一些不良行為習慣。長此以往，必然導致年輕心靈的沉淪。

墮入深淵的青春

小超以優異的學測成績進入某所大學。高中時的小超由於家長和老師管教嚴格，沒有任何不良嗜好。而大學環境寬鬆，父母也不在身邊，這讓小超束縛已久的心靈瞬間成了脫韁野馬，放縱馳騁。

受宿舍一些同學的影響，小超學會了吸菸，而且漸漸上了癮。有幾個同學平時愛出去喝酒，總是喜歡叫上小超，不知不覺中，小超成了一個小酒鬼。有一次，小超在外邊喝得有點多，回到學校後

與同學發生了口角，差點打起來。後來學校值班人員出面才平息了風波，之後有關主管得知此事，給了小超一個記過處分。

小超並沒有記取經驗教訓，反而對學校產生了敵對情緒，漸漸開始遲到、曠課，將大把時間花在了上網打遊戲。在日常其他生活方面，小超也開始放縱自己：花錢揮霍、愛睡覺、邋遢……

由於長時間在網路上遊蕩，小超又受到了淫穢色情網站的誘惑，整日心猿意馬，蠢蠢欲動。後來，他已經不滿足在校園裡瞎混了，開始出去逛酒吧，甚至去找過小姐，並在社會上結識了一幫狐朋狗友。

小超的學業成績一落千丈，每當父母問起他情況時，他總是撒謊掩飾。但是，紙終究包不住火。由於在學校的種種不良表現，他終於在大三時被學校勒令退學。父母得知情況後大驚失色，傷心不已。回到家的小超被憤怒的父親狠狠打了一耳光。小超長這麼大從未被家長打過，一時無法接受，選擇了離家出走。

一名曾經很優秀的青年學生由於染上了不良生活習慣，一步步走向墮落的深淵，令寶貴的青春毀於一旦，這讓我們引以為戒。

警惕不良的行為習慣

在二十多歲青年朋友中，心理變化最大的，莫過於那些剛剛步入大學校園的學測幸運兒們。他們對新鮮的環境最為期待，也最為陌生。很多青年學子到了寬鬆的新環境中，便放鬆了警惕，以為可以「海闊憑魚躍，天高任鳥飛」了，結果在一些不良的誘惑面前，漸漸迷失了自我，染上了一些不良習慣。自己開始走下坡路了，卻渾然不知。

　　年輕的學子們尚未經過社會的歷練，在為人處世方面經驗欠缺，這導致他們的心理承受能力相對較差。比如案例中的小超，因為一些口角就要與人動手，雖然酒精起了一些作用，但歸根結柢還是自己為人處世能力太差，不能掌控自己的情緒。之後受到處分又開始自暴自棄，也是心理承受能力差的表現。

　　正是由於他們的心智尚未成熟，因此時常表現出思想情緒不穩定，在家庭、學校以及社會不良環境的影響下，容易沾染一些不良的行為習慣。例如：在生活習慣方面：作息無規律、愛睡懶覺、不講衛生、不愛鍛鍊、偏食挑食、抽菸喝酒、沉迷網路、愛說謊話；在學習方面：精神渙散、厭學曠課、應付考試、愛看閒書；在法紀方面：打架鬥毆、常去不正當娛樂場所、痴迷淫穢色情內容，甚至加入違法犯罪集團。

　　不良的行為習慣一旦養成，糾正起來可就非常困難了。輕者影響身心健康，重者就會失足墮落，危害社會，最終鋃鐺入獄。因此，廣大青年朋友一定要時刻審視自己的行為習慣，如有苗頭，盡快糾正。

讓你的青春健康靚麗

廣大青年朋友要培養良好的行為習慣，要注意以下幾點：

1. **樹立正確的生活態度**。青年朋友要時常問自己一些問題，例如我要追求的目標是什麼？我該怎麼做才能實現這個目標？我想要過什麼樣的生活？我應該讓家人過上什麼樣的生活？搞清楚了這些問題，你的生活態度也就初步樹立起來了。小超之所以在大學渾渾噩噩，和他進校前沒有樹立正確的生活

態度是分不開的。

2. **未雨綢繆，防微杜漸**。廣大青年朋友應該牢記這句話：「勿以善小而不為，勿以惡小而為之」。不好的行為習慣往往不是一朝一夕形成的，而是潛移默化、日積月累、逐步形成的。正所謂「冰凍三尺非一日之寒」。因此，只有平時事事認真，處處嚴謹，以生活中眾多好習慣來替代壞習慣，才能避免陷入泥沼。

3. **交友要謹慎**。小超的墮落基本上正是因為這點。交友不慎，就會近墨者黑，沾染上那些不良人士的壞習慣。因此，無論是在大學校園，還是今後走向社會，我們都要高度重視這個問題，要仔細辨別哪些人值得交，哪些人該避而遠之。

4. **加強身心的雙重鍛鍊**。身體健康能促進心理健康，這已經是不爭的事實。另外，多參加體育鍛鍊，還能磨練人的意志，增強我們對付懶惰、怕吃苦等不良心理的能力。對於已經養成的不良習慣，一定要以頑強的毅力來攻克，切不能對自己放鬆和遷就，造成「三天打漁，兩天晒網」「一曝十寒」的狀況。

總結提示

　　培養良好習慣，遠離不良習慣是一個長期的過程。好習慣一旦養成，壞習慣也就很難鑽漏洞了。廣大青年如果想時刻保持這種意識，可以給自己定一個制度或計畫，並將它們張貼在顯要的位置，也可請好友對你進行監督，這些都會對我們大有幫助。

八、面對就業，年輕的你無需焦慮

如今，社會就業形勢日益嚴峻，就業成了很多青年朋友的頭等大事。在巨大的壓力面前，不少人整日焦慮。實際上，年輕的你完全有辦法輕鬆面對。

火燒畢業證的大學生

鄭克峰，幾年前大學畢業，因求職一年屢受挫敗，激憤之下，他一把火燒掉了大學畢業證書，並將該過程用手機拍攝下來，上傳到了網路上，一時引起不小震動。

鄭克峰二十八歲，曾經的理想是當一名教師。幾年前畢業後，他曾任過代課老師，三年後被辭退。之後，他返回家鄉，白天找學生補習，晚上夜市擺攤賣燒烤，勉強度日。

「找工作太難了，我沒什麼背景，家裡又困難，每次投履歷都是石沉大海。後來一想起求職就非常焦慮和痛苦，吃不下飯，睡不著覺」鄭克峰說道，「我年少時的抱負和夢想如今全都破滅了。父母失業，上大學花光了家裡的積蓄，想過貸款創業，但不夠資格。」

「要大學畢業證有什麼用？很多地方連面試的機會都不給，幾年大學算是白讀了。」說到火燒畢業證的目的，鄭克峰表示，他不是想作秀，也不是想博得同情，就是想發洩心裡的長期焦慮導致的壓抑和無奈。當然也想藉此引起社會對巨大壓力下失業大學生的關注。

他的影片被傳到網上後，立即在各大網站流傳開來，尤其引起諸多在校大學生的關注和反思，成為校園熱門話題。

的確，寒窗苦讀多年才能拿到大學畢業證，按理說應該異常珍

惜。可讀完大學卻難以找到工作，這種心理壓力是部分大學生難以承受的。

就業焦慮不得不防

近年來，由於高校擴招，世界金融危機的影響等原因，廣大畢業生就業形勢日益嚴峻，焦慮的情緒在眾多畢業生中彌漫開來，不少人患上了「就業焦慮症」。

畢業生在找到工作之前表現出長期的焦躁不安，這種心理障礙就是就業焦慮。從心理上看，就業焦慮的突出展現就是「怕」字當頭。怕什麼？自然是怕找不到工作，或者找不到理想中的工作。尤其是那些像鄭克峰一樣有多次求職受挫經歷的青年朋友，心中更是怕之又怕，從而導致過度焦慮，背上了沉重的精神負擔，有的和小鄭一樣，也用極端的方法來發洩不滿。

除了對能否找到理想工作而焦慮外，一般來自邊遠地區的同學大都為不想回到本地而焦慮；女同學則焦慮自己不如男生有優勢；還有些同學由於目標不明確，竟然為不知道自己到底該往何處去，到底該找什麼樣的工作而焦慮。

就業焦慮對廣大青年朋友的身心健康極為不利。從心理症狀上看，患有就業焦慮症的青年朋友整日焦躁不安、憂心忡忡、心情壓抑，意志消沉，注意力渙散，幾乎對周圍一切事物都失去了興趣；從生理上看，就業焦慮者時常萎靡頹廢、疲憊不堪，重者常常血壓升高，伴有頭痛、腹瀉、失眠等症狀；在思想行動上，他們變得謹小慎微、思緒煩亂、裹足不前、食不甘味，臥不安席，無所適從。

就業焦慮干擾了廣大畢業生的正常生活，不但影響他們的身心

健康，也成了就業本身的絆腳石，必須及早採取應對措施。

輕裝上陣 擺脫焦慮

廣大青年畢業生朋友可以採取以下方法來緩解和擺脫就業焦慮症狀：

1. **客觀認識自我**。很多青年畢業生之所以面對就業感到焦慮，就是因為對自我認識不足。自我認識不足主要表現為對自己的能力、性格、興趣等沒有確切把握，不知道自己到底有幾斤幾兩重，要麼對自己估計過高，總是找不到理想工作，要麼過於自卑，認為自己肯定找不到好工作。所以，廣大畢業生朋友對自己有一個實事求是、恰如其分的評價，才能最終獲得成功。

2. **對就業形勢有全面的了解**。很多青年朋友雖然對自己的認識比較理智，但對當前的就業形勢卻了解不夠。我們應該從社會現實出發，充分把握市場需求現狀，避免將目標定得過高。比如有的畢業生打破頭也要擠入當前的熱門行業中，而且必須在發達都市工作，結果無形中多了大量競爭對手；有的嫌棄某個行業薪水較低，雖然門檻不高卻不願涉足，結果幾年後該行業發展迅速，成了熱門行業，自己追悔莫及；還有的畢業生堅持立足本專業所處的行業，但是又不願從事與該行業相關聯的其他專業，更不願從最底層做起，失去了綜合發展的機會。這些都屬於對就業形勢了解不全面，上述種種盲點，對廣大青年學子極為不利。

3. **適度宣洩**。案例中鄭克峰火燒畢業證的做法就是一種宣洩焦

慮的方式，但這種方式並不可取。較好的方法是向家長、老師、摯友傾訴你的苦悶，使不良的情緒得到疏導，這樣不但可以獲得更多的情感支持和理解，也增加了獲得解決問題新思路的機會，有助於我們增強克服挫折與困難的信心。我們也可以透過打球、健身、跑步、爬山等運動量較大的活動來緩解壓抑心理，恢復心理平衡。

總結提示

　　人生沒有過不去的坎坷，天無絕人之路。焦慮不但有害身心健康，而且會使我們劃地為牢。很多畢業生在就業受挫後消沉苦悶、怨天尤人，他們原本以為就業應當是一帆風順的，但結果卻出乎意料。我們在就業不順時，一定要善於分析思考，從中找出規律性的東西，歸納出理性的看法，這樣才能順利走出就業盲點，輕鬆驅散焦慮情緒。

第三章　年輕的路上撒滿陽光

—— 塑造樂觀心態

　　二十至三十歲的青年朋友由於學習、工作、生活等各方面的壓力，也許會變得煩悶、消極、悲觀甚至痛苦。雖然這個年紀的你已不再是無憂無慮的少年兒童，雖然現實有時的確很無奈，但年輕的你依舊有辦法樂觀起來，在追求夢想目標的青春路上攜手陽光，快樂前行。只有這樣，你才能順利到達幸福終點站。

一、樂觀讓年輕的你更強大

有一句話說得好：「讓無力者有力，讓悲觀者前行。」一個人如果悲觀，就會沒有繼續前進的力量。因此，年輕的我們只有隨時隨地保持樂觀，才能渾身充滿力量，用自己的強大去面對人生的每一次考驗。

悲觀與樂觀的結果大不相同

歐陽畢業後在一家公司做銷售。進入公司前，歐陽雄心勃勃，信心十足，還給自己定下了三年內要賺多少萬的目標。可是工作沒多久，他就開始變得悲觀起來。首先，銷售工作很累，一早起來就得打電話拜訪客戶，然後大多數時間都要在外面跑，不論風吹日晒，雨雪風霜。這還不算什麼，最主要這個工作要經常受到別人冷漠拒絕的打擊。客氣一點的人還好，可能會對你說：「對不起，我們暫時不需要。」不客氣的通常直接說：「誰讓你進來的？我們這不允許像你們這樣的人隨便進來！」這讓歐陽時常感覺地位卑微、生活艱辛、世態炎涼、人情冷漠，一時間對該職業的前景感到悲觀，工作熱情也越來越低。由於業績長時間上不去，歐陽又面臨著淘汰的危險。一看飯碗即將不保，生活的壓力立刻朝他襲來。歐陽開始懷疑自己的能力和價值，隨即對生活的態度也悲觀起來，整日愁眉苦臉，鬱鬱寡歡。

王新也是一家公司的年輕銷售，但他卻和歐陽有著截然不同的心態。在外面奔波時，雖然比較苦，王新卻想，這剛好鍛鍊身體了，自己要是坐辦公室早就發福了。而且在外面很自由，想去哪就

去哪，像鳥一樣自由。面對客戶的拒絕，王新也不害怕。首先他覺得遭到拒絕自己又少不了一塊肉，要是不被拒絕這個工作也就沒什麼挑戰性了。有時遇見不尊重他的人，王新就想：「這是他們的問題，不是我的，他們可能也有他們的理由和難處。和像他們這樣素養低的人打交道，正好可以磨練自己的性情，培養自己的耐力。在一開始業績不太好時，王新就這樣鼓勵自己：「我比剛來時進步多了，不過還需要多向有經驗的人學習，這樣我肯定能越來越好。」果然，兩年後，王新成了公司的銷售經理。

歐陽是悲觀的，王新是樂觀的，兩種不同心態產生的結果截然不同。因此，選擇哪種心態去面對困難對廣大青年朋友是非常關鍵的。

樂觀是一種積極的處世態度

詞典上對樂觀的解釋是：精神愉快，對事物的發展充滿信心。

有人說樂觀是天生的。的確，樂觀和性格因素分不開，它是一種積極的性格。但它同時也是一種生活態度，一種心態。一個性格天生愛悲觀的人如果轉變了心態，同樣可以成為一個樂觀的人。

樂觀的人無論在什麼情況下都能保持良好的心態。即使境遇再差，他們都相信壞事情總會過去，陽光總會到來。

有這樣一個小故事。一個樂天派從幾十層的高樓上墜了下來，情況萬分危機。可在下墜的過程中，每經過幾層窗戶，他都大聲對下面準備營救的人喊道：「瞧，我到現在還沒事！」結果，他平安獲救了。

有的人整日嘻嘻哈哈，日子過得很開心。即使經濟狀況相對糟

糕，失去了一些看似寶貴的東西，他們照樣能笑口常開，很是令人羨慕。有人問一個樂觀者：難道你就沒有一點點煩心的事？他回答：有啊，只不過我的心態比較樂觀而已。由此可見，樂觀是一種良好的心態。

廣大青年朋友從小到大都會經歷無數大大小小的事情，其中有各種快樂與悲傷、順境與逆境、理想與現實等等，這些都會造成不同的心情。順心的時候，開心是自然的；不順心的時候，想要開心可能比較困難。但我們都希望開心的時候更多一些，要做到這一點，關鍵還是試著改變心態，學會樂觀的面對每天所發生的一切。

樂觀本身就是一種成功

樂觀的人無疑多數時候都是精神愉快的，而精神愉快的人工作起來幹勁十足的，效率是高的，解決困難和問題的辦法也算蠻多的；同時，與人相處的關係也是好的，朋友圈子也蠻大的。如果他們能一直這麼生活下去，他們的一生肯定是幸福的。能獲得幸福的人生當然就是最大的成功。

案例中的歐陽，在工作中遇到了一些挫折和困難，開始變得悲觀憂鬱，甚至對生活失去了信心。如果他不能順利走出這個陰影，也許後面迎接他的是更多的不幸。這樣。他的一生不但很難獲取某個方面的小成功，而且也很難獲得幸福人生這個大成功。

王新和歐陽的心態截然相反，相同的困難在王新那裡不但不能讓他悲觀，反而能成為他獲取成功的動力，甚至反而能讓他開心。在這個過程中他是快樂的，而這個快樂情緒又帶給他工作上的好成績，讓他取得了一定事業上的成功。他這種心態如果在生活其他

方面也能同樣保持，那他的人生必定歡樂常伴，終將收穫幸福這個大成功。

所以，只要你能將心態由悲觀轉為樂觀，你就等於成功了一半。如果你能在生活中始終保持樂觀心態，你就獲得了幸福這個最大成功。如果樂觀的心態讓你達到了你想要的其他成功，你的幸福感就會更強，你的成功也就會變得更大。

總結提示

· 廣大青年朋友要明白，所有的健康與美麗、平衡與和諧、成功與幸福，都是樂觀的心理狀態帶來的。有了樂觀的心態，你的心中就會時常存有喜悅與希望，這也是幸福的必備要素。

· 悲觀不但於事無補，而且會對你的成功起反作用，還可以導致心理及生理疾病。而積極樂觀的心態不但能有助於你的成功，而且可以讓你遠離疾病和戰勝疾病，使年輕的你更健康、更強大。

二、為什麼非盯著消極的一面呢

風雨過後有彩虹，烏雲背後是藍天。樂觀者在每次危難中都看到了機會，而悲觀者在每個機會中都看到了危難。選擇哪種心態去生活，由你自己決定。

樂觀悲觀只在一念之間

有位哲學家走路時不小心跌了一跤，摔掉了一顆牙。沒想到他馬上爬起來拿著那顆掉了的牙哈哈人笑，並人聲說：「感謝上帝！」。

旁人見了很納悶，問他為什麼。哲學家說：「因為我慶幸自己只是摔掉了一顆牙，而不是摔掉了兩顆或者更多牙。」有次哲學家的錢被小偷偷走了，他也同樣反應。別人又問他為什麼，他說：「幸好那傢伙只是謀我的財，而沒有要我的命。你說我能不高興和感謝上帝嗎？」

　　古時一位秀才在趕考前做了三個夢：第一個是夢到自己在高牆上種菜；第二個夢見自己在下雨天開著傘，可頭上還戴了斗笠；第三個夢到跟心愛的人背靠背躺在一起。第二天早上，秀才找到一位算命先生，讓他幫忙解夢。算命先生聽完描述，不停搖頭說：「你還是別去考了，回家吧。」秀才請算命先生說明緣由。先生說：「你想啊，高牆上種菜這不是白費力嗎？打開雨傘還戴著斗笠這不是多此一舉嗎？跟心愛的人躺在一張床上，卻背靠著背，這不是沒戲嗎？」考生一聽，覺得有道理，頓時心灰意冷，便回店收拾包袱準備回家。店老闆覺得納悶，問秀才為什麼還沒考試就提前回家了。秀才說完原因後，老闆笑著說：「我倒覺得你應該留下考試。你想想看，高牆上種菜就是高種，這說明你會高中啊；開了傘又戴著斗笠說明你準備充分，有備無患；你跟心愛的人背靠背躺著，說明你馬上就要翻身了啊！」秀才聽完，覺得很有道理，頓時精神為之一振，信心十足的參加了考試，結果中了第二名。

　　同樣的事，從不同的角度去看就會有不同的心態。樂觀的心態能變消極為積極，不僅能幫助我們獲得心靈上的一片晴空，還能對我們實現自己的目標有很大幫助。

善於發現事物積極的一面

法國著名雕塑家羅丹說過：「美是到處都有的，對於我們的眼睛，不是缺少美，而是缺少發現。」這句話其實同樣適用於樂觀心態。

我們知道，任何事物都是一個矛盾體，有著正反對立的兩面。因此，同一件事，有積極的一面，也有消極的一面。既然有兩面性，你可以任意選擇，那麼為什麼我們非要死盯著消極的一面不放呢？

雖然有些事情的確不容樂觀，但是只要你願意去發現，用心去發現，是完全可以找到它積極的一面的。

悲觀的人習慣於盯著消極的一面看問題，這和他們在成長中經常遭受挫折與打擊分不開。他們的自信心在一次又一次失敗面前屢受創傷。因此，每當遇到一個新問題，他們就條件反射一般先看到了事情的消極面，而且時常把困難想得過於嚴重，同時對自己的能力又表示懷疑。這樣一來，他們就在還沒有正式上戰場前就先敗下陣來，之後又陷入到悲觀的負面情緒中。這樣只會造成一種惡性循環，讓人感覺「禍不單行」，事情越來越糟，心態越來越悲觀。

如果我們多看事物積極的一面，我們的心態就會跟著積極樂觀起來。即使在面對不容樂觀的困難時也會「笑著面對」。我們的眼光也會更加開闊，思維也會更加靈活。結果往往會發現很多問題其實並不是像想像中那麼難解決，結果很多問題隨後也就「迎刃而解」了。

發現事物的積極面你就能樂觀

很多悲觀的朋友常說：「我也想樂觀起來啊，可是實在沒什麼值得我快樂的。」可見，要想樂觀，需要借助一定的客觀條件。但我們如果心胸豁達，思維積極，善於發現事物積極的一面，這個積極面就能讓我們笑口常開。有這麼一個小故事，古代有一個老婆婆，膝下有兩個女兒。大女兒靠做扇子、賣扇子為生，二女兒靠做雨傘、賣雨傘糊口。老婆婆非常疼愛倆閨女，一到陰天下雨，她就替大女兒煩惱，愁她的扇子賣不出去；可到了晴空萬里、豔陽高照的時候，她又替二女兒煩惱，愁她的雨傘沒銷路……就這樣雨天也愁，晴天也愁，整日裡愁眉不展，長吁短歎。鄰村的智叟見狀，問其原因，老婆婆據實相告。智叟聽後哈哈大笑，說區區小事、何至於此，只要稍加調整，包你笑口常開。老婆婆急討妙策，智叟說，每到陰天下雨時你就想，我二女兒的生意好了，發財了，你的心情就好了；等到晴空萬里、豔陽高照時，你就想，我大女兒的扇子有銷路，大賣了，你的心情又好了。這樣一來，無論颳風下雨還是豔陽高照，你都會天天開心了。老婆婆照此方法一試，果然靈光，從此便笑口常開。

由此說明，樂觀情緒很多時候源自積極的思維、積極的心態。那麼，如何去發現事物積極的一面呢？我們可以參考以下幾點：

1. **學會一分為二的看問題**。哲學是一門能讓人更加智慧的學科。哲學中有關矛盾的理論剛好可以教會大家如何去一分為二的看待問題。這樣以後你遇到很多事情時，就不會片面的只盯住消極的一面，而會全面的看待問題。這一點我們就可以學學前面故事中那個哲學家。

2. **不要靜止的看待問題**。很多青年朋友容易悲觀，就是因為總是認為消極的一面是很難改變的，於是心情也一直停留在消極階段。要知道，事情都是會不斷變化發展的，再多的不如意遲早都會過去。今天的不如意也許正是你明天獲得快樂的經驗財富。

3. **多憧憬一下自己的未來**。前面我們說過，不斷追求幸福快樂是人類的本性，只要心中有希望，你就會積極樂觀。所以我們要經常憧憬自己美好的未來，才能保持不斷進取的精神狀態。這樣一來，即使你看到了事情消極的一面，你也會相信這些困難終將被克服，曙光就在前方，明天會更好。

4. **學會多層面看問題**。我們知道，生活的層面是很豐富的，也許你在某個領域遭受挫折，但並不代表你在其他方面一無是處。例如：你在某個工作上始終做不好，但也許剛好這個工作不適合你，你可以去從事更適合你的，能讓你更快樂、更有成就感的工作。

5. **學會向人傾訴，尋求意見和幫助**。當局者迷，旁觀者清。當你處在困境中時，有時的確很難看到事情積極的一面，但如果你將困惑說給親人、朋友等可以信賴的人聽，很可能他們就會告訴你事情積極的一面在哪裡，解決消極現狀的辦法在哪裡，讓你豁然開朗。而且，傾訴本身也能讓你的悲觀情緒得到緩解。

綜合運用上面的原則和方法，你就能發現令你樂觀起來的理由。

總結提示

　　二十至三十歲的廣大青年朋友在遇到任何困難時都不應該悲觀，因為即使你很難發現困難中有能讓你樂觀的理由，但至少你還年輕，還有很多機會，還有很多希望。因此，無論如何，一定要保持住年輕的資本，這其中最重要的就是健康。有了健康的體魄，你就擁有了一個戰勝任何困難的基礎。

三、生活永遠不會欺騙你

　　很多青年朋友在現實生活中受到了挫折與打擊之後，往往感覺生活欺騙了自己，認為自己曾經執著追求的夢想只是一種幻象，而重新面對現實生活時又感到悲觀厭世、憂心忡忡。實際上，生活永遠是生活，並不會像一個人一樣去欺騙你。

假如生活欺騙了你

　　俄國著名詩人普希金那首膾炙人口的詩歌 —— 《假如生活欺騙了你》想必很多青年朋友都比較熟悉。

「假如生活欺騙了你」
假如生活欺騙了你，
不要悲傷，不要心急！
憂鬱的日子裡需要鎮靜：
相信吧，快樂的日子將會來臨。
心裡永遠嚮往著未來；
現在卻常是憂鬱。

一切都是瞬息，

一切都將會過去；

而那過去了的，

就會成為親切的眷戀。

儘管這首詩已經給不少對生活悲觀失望的朋友很多心靈上的安慰與解脫，可以讓大家從某種程度上變得樂觀，但對於現實中的生活，我們還可以從中挖掘出新的啟示。

生活既是美好的又是現實的

本書第一章時我們說過，生活主要包括生存和發展兩大方面。生存是維持生命的基礎，是第一位的。有些人為了生存整日奔波，無暇顧及發展；有些人生存問題已經解決了，但為了提高生活的品質，豐富自己的精神文化生活，因此有了更多的願望與追求。

然而，由於種種原因，現實生活常常事與願違，有時甚至夢想沒有追到，反而生存狀態比以前還差。這就讓很多朋友在面對生活的打擊時感到悲觀和失望，甚至覺得生活欺騙了自己。其實，生活就是生活，它實實在在的擺在我們面前，並不會欺騙任何人。

欺騙是指某些人用虛假的言行隱瞞真相，使人上當，而生活顯然不會如此。之所以有人會產生被生活欺騙的感覺，就是因為很多人沒有看到生活的現實真相，被一些看似華麗美好的表面現象所迷惑，由此產生了想得到這種華麗美好的欲望，於是有些盲目又奮不顧身的朝著這個方向去追求。結果有些人到達了目的的，卻發現自己苦苦追求的並不是自己想像中的樣子，甚至相差甚遠，於是產生了被欺騙的感覺。

還有些朋友只是看到了生活目標美好的外表，卻並沒有看到其背後包含著的困難與艱辛，而追求了一番之後才發現自己要麼無法承受過程中的艱苦，或者即使自己很努力，但本身的能力始終達不到，於是也產生了被欺騙的感覺。

由此可見，生活的各方各面只是客觀的存在於那裡，並不會因為人們的主觀看法而改變。簡單說就是，不是生活有問題，而往往是人們自身有問題。

清醒樂觀的心態能幫你掃除欺騙感

既然生活本身沒有問題，我們就要從自身找問題、找原因，然後想辦法解決問題。要做到這點，我們可以從以下幾方面著手。

1. **在行動前要理智的對自己的目標進行調查分析，不要把未來想像得過於美好。**因為期望越大，往往失望也越大，一定要看清華麗背後是否隱藏著你本身並不願意看到的東西。例如有些青年學生畢業後直接下海，希望成為成功的企業家，結果發現商場如戰場，裡面有些違背誠信與道德的地方，結果對生活的看法有了巨大的改變。要麼不願繼續堅持下去，中途退出，要麼感到很迷惘，悲觀又沒有新的方向。

2. **要注意看清目標背後的困難，做好充分準備。**機會總是青睞有準備的頭腦，廣大青年朋友一定要做到未雨綢繆。如果一個人只看到前方目標的光彩，卻沒有做好應對困難的準備，那麼當困難來臨時，往往就會倉皇失措。如果無法克服這個困難，產生悲觀失望也就在所難免了。除此之外，即使暫時失敗，也要有提前的心理準備，想好之後該怎麼度過困難，

而不能一味的悲觀，不敢繼續前行。

3. **周密謹慎，穩中求勝，避免受人欺騙。**生活不會欺騙你，但生活中某些人有可能會。因此，在追求目標的過程中一定要多留幾個心眼，不要輕易相信不熟悉的人。即使相對熟悉的人也要進一步觀察了解。假使一時不小心上當受騙，也不要將罪過推到到整個生活上面，對整個生活失去信心。

4. **要把挫折和失敗當做生活的財富。**生活是複雜的，遭遇挫折和困難也是在所難免的，也許你失去了一些東西，但是你同時獲得了經驗與教訓，這就是你獲得下一個成功的基礎，常言道：「失敗乃成功之母」，正是這個道理。

總結提示

廣大青年朋友要知道，生活是現實的，夢想也並不虛幻，關鍵看你如何設立你的夢想與目標，並做好周密的計畫。夢想與目標也是生活的一部分，如果由於計畫失誤，夢想離我們越來越遠，我們要麼再設定其他更貼合實際的目標，要麼再透過其他管道實現夢想。要知道，條條大路通羅馬，不必非要一條道走到底。生活不會欺騙你，生活中到處都有希望與機會，只要你清醒又樂觀的去把握。

四、逐步化解你的悲傷

人在一生中會由於種種原因而感到悲傷，這個世界不存在沒有經歷悲傷的人。悲傷的程度和悲傷持續的時間因不同的人、不同的事而不同，但不管怎樣，悲傷的情緒不能一直停留在廣大青年朋友

的心中，我們需得想辦法逐步化解掉這種不良情緒。

悲傷是一種心碎的痛苦

薛濤的父親在他大二時由於一場意外事故而去世，這對薛濤來說是一個巨大的打擊。他父親生前曾是某公司的中層主管，因此理所當然也是一家的經濟支柱。父親去世後，原本開朗的薛濤立刻像變了個人似的，長時間沉浸在悲傷的情緒中，臉上很難再見到昔日的笑容，不但寡言少語，而且經常坐著發呆，也不願意參加藝文及體育活動。他的老師、同學、朋友、親戚等雖然都對他進行安慰勸導，效果也不是很明顯。薛濤感覺自己不但失去了深愛的父親，而且失去了原本優越的生活條件。以前對他家比較尊敬、熱情的鄰居現在也變得冷淡了，所有這些都讓薛濤難以接受，長時間無法走出悲傷的陰影。

二十七歲的李樺由於工作的需要，長期在外應酬，結果患上了慢性胃炎，經常胃痛、胃酸，可身體卻漸漸肥胖起來。醫生告訴他要注意調理才能逐步恢復健康，可由於工作原因，李樺還得繼續喝酒應酬，而且每天早出晚歸，也幾乎沒時間鍛鍊。每當胃不舒服或照鏡子時，他就會想起當年上大學時的自己，不僅身體健壯，吃辣椒喝涼水胃都一點沒事，而且身材很好，現在竟變成了這般田地。一想到這些，他就感到悲傷失落，開始懷疑自己這樣拿身體健康為賭注來拚搏到底值不值。可一時又找不到合適的解決辦法，只能繼續生活在時不時為自己感到悲哀的矛盾情緒中。

薛濤和李樺都有各自的不幸，產生悲傷情緒也就在所難免，但我們不能長期被悲傷籠罩，那樣不但毫無作用，而且對我們的身心

健康極為不利。

過度悲傷是健康的大敵

每個人在短暫又漫長的一生中都會遭受到許多無法避免的痛苦與悲傷。比如：失去親人、朋友、工作、健康、心愛的物品等等，這些都可能讓你或者和你關係密切的人感到哀痛。與此同時，孤獨感、被隔離感、痛苦悔恨的記憶等情緒也都交相出現。這些因為遭受各類損失而給人帶來的打擊情緒都可以劃到悲傷的範圍中。

人們常常將情感寄託在自己認為比較重要的人和事上，當你把很大分量的情感投入到某人或某物上，但又失去了他們時，你的情感就必然會經歷一段悲傷哀愁的歷程，久久不能恢復到平靜的狀態。案例中的兩位主角就是如此。

悲傷的情緒會對我們的生活產生較大的影響，引起我們思想、情緒、行為及生理上的一系列變化。例如：悲傷會讓我們變得消極，容易胡思亂想，不願活動，行動遲緩。身體上的不良反應有：胸口煩悶、腸胃空空但又不願進食、喉嚨乾燥、對噪音更敏感、呼吸困難並易喘、渾身肌肉無力。

可見，悲傷的情緒對我們的身心健康影響是很大的。醫學研究證明，悲傷者的患病和死亡比率都比一般人高很多。如果重要的親人去世，在半年內悲傷者最明顯的症狀就是虛弱。

不過悲傷也有一定的積極作用。當悲傷者表現出痛苦、失落、孤獨等跡象時，就容易得到他人的安慰與關懷。他人可以適當的填補悲傷者的情感空擋，進一步增進彼此的感情。而悲傷者自己由於感覺失去了一部分珍貴的東西，也會設法尋找其他的取代物，以填

補失去過後的那一段空白。換句話說就是，悲傷有時會促使你將情感寄託在新的人和事物上，從而化解你的一部分悲傷與哀愁。

悲傷可以逐步化解

假如年輕的你由於一些不幸陷入了悲傷的陰影中，其他人的情感支持和安慰或許對你有一定幫助，可是我們自己也必須學會應付悲傷情緒的技巧。下面就給大家介紹幾種比較有效的方法：

1. **該釋放就盡情釋放。** 當我們意識到自己遭受了某種損失，應該允許自己的心理、生理機制感受和釋放悲傷。如果你感到有必要或難以自制，你就大聲哭出來，甚至可以捶胸頓足，直到不想哭為止。哭的同時，你可以把你能想到的各類相關損失都聯想一遍，然後透過哭泣一同發洩出來。這樣，你的悲傷程度在哭泣過後就能得到很大程度的消減。

2. **將悲傷控制在一定的限度之內。** 凡事都講究適度平衡，如果過了限度，平衡就會被打破，悲傷也是如此。案例中的薛濤長時間不能走出陰影，基本上因為他把失去父親的影響看得過重，認為今後的生活也不再舒適了，甚至會覺得活著也沒有多大的意思了，結果往往越想越痛苦。這樣的想法一方面很片面，另一方面就是過了度。如果發生這種情況，就要立刻停止消極悲觀的想法，應該換個角度去想如何才能讓不良的現狀改觀，爭取化悲痛為力量。

3. **給自己制定一個每日活動日程表，讓自己多從事一些健康有益的活動。** 有了事情做，一方面可以充實自己，舒展心情，另一方面可以避免自己胡思亂想。例如：坐車出去轉轉，到

公園田野散散步，清掃整理凌亂的房間，洗洗衣服做做飯，看些輕鬆愉快的電視節目或者書籍，拜訪同學朋友等等。很多心理醫生在治療悲傷失意的患者時，往往規勸他們盡快投入到正常的工作中，最好再制定一個工作目標計畫，規定自己在明確的期限內完成，而不能整日悶在家裡一個人發呆，結果都達到了良好的效果。

4. **想辦法彌補可以挽回的損失。**失去親人無法挽回，但你可以將更多的情感投入到其他人身上。比如薛濤父親在世時薛濤的生活比較舒適，也許很多時候他只顧著玩樂，而忽略了對母親的關愛。父親去世後，他就應該更加關愛母親，並想辦法振作起來，讓她過得更好。李樺由於工作原因身體狀況每況愈下，但是並不是完全沒辦法解決，只要採取一定措施，還是能保持健康的。比如喝酒前喝些牛奶保護胃，適當補充一些保健藥品，利用零星的時間進行鍛鍊等等，這些都能讓他的身體狀況得到改觀。

總結提示

時間是治療心靈創傷的良藥，在短時間內徹底擺脫悲傷是不切實際的，不過我們可以逐步來化解。面對悲傷情緒，我們不用刻意迴避，因為迴避畢竟不是辦法。剛經歷悲傷失意情感的患者，每天可以定下一個固定的時間段去感受悲傷。在這個時間段內，你可以順其自然的去回憶讓你悲傷的所有事物，將自己沉浸在其中。但是，一邊感受的同時，也要一邊發洩，比如前面所說的哭泣。也可以透過各種方式向親人和朋友去傾訴，說出所有心

中感受。這樣，我們就可以相對順利的度過悲傷的難關。

五、縫合殘破心靈，擁有隱形翅膀

　　某些青年朋友可能因為一些不幸的意外事件身體受到了傷害，造成了不同程度的傷殘，或者出生就先天殘疾。這些不幸青年朋友的心靈最容易受到傷害，產生悲觀消極的心理狀況。除了社會需要給他們更多的關愛外，他們自身也要擺正心態，學會自我調整，避免一生將自己籠罩在不幸的烏雲之中。

不同的心態　不同的命運

　　二十五歲的彭偉是某工程公司的品管員，在一次工程驗收過程中，他不小心跌進深溝，導致左腿殘疾。這個打擊對於年輕的他來說無非是晴天霹靂。之後，他被公司安排到一個清閒的職位，整日得過且過，借酒澆愁，認為自己的一生從此完了。因為殘疾，他一直沒有找到合適的伴侶。公司有人給他介紹幾個，他也一直心不在焉，他心想自己都這樣了，哪還有信心再去組建和負擔一個家庭。他決定一個人熬到退休，然後拿著一點退休金和傷殘補助金，慢慢度過自己的悲慘餘生。

　　金輝兩歲時因小兒麻痺症幾乎完全癱瘓，透過治療與鍛鍊，他雖然再次站了起來，但右腿仍留下了終生的遺憾。小時候學校某些同學的嘲弄與冷落，曾讓他產生了嚴重的自卑心理。後來中學班導的積極鼓勵開啟了他緊閉的心門，令他找到了生活的方向。之後，他憑藉著驚人的毅力，先後獲得學士、碩士學位。如今二十九歲的

他已經成為了一家小型建材企業的負責人，同時他還是某著名大學的一名在職博士班的學生。

談到創業經歷，金輝說：「做生意很少有一帆風順的，到處都是意想不到的困難。我之所以有今天這點成功，就是我常常忘記自己是個身心障礙者，而且從不畏懼困難，還把每個困難都當做一次成長的機會。」他告訴我們，為了解決企業技術難題，他曾經拖著病腿在冰天雪地做實驗，一待就是幾個月。常年的付出終於得到了回報，現在他成了本地小有名氣的企業家，而且經常為災區和貧困小學捐款，自己的家庭也非常幸福美滿。

兩位主角有著類似的不幸遭遇，但二者的心態不同，結果也就自然不同。該以誰為榜樣，大家一定心中有數了。

不能讓心靈也隨著身體殘破不全

遭遇殘疾雖然是不幸的，但殘疾是社會發展中不可避免要付出的一種代價。殘疾人也有著和正常人一樣的尊嚴和權利，他們同樣是社會財富的創造者。社會各界多年來對殘疾人的溫飽、升學、就業、婚姻等問題比較重視，但他們的心理健康有時卻被忽視了。

現代社會生活節奏快，競爭激烈，思想觀念不斷更新，這些都讓不少人無所適從。對於一些心靈脆弱的殘疾朋友來說就更容易發生各種心理障礙和精神疾病。

殘疾朋友在社會生活中更容易遭遇到不同的挫折。對於挫折，有的更加自卑，有的焦慮，有的退化，有的冷漠，有的固執，還有的妥協等等。

這裡說的退化是指當一個人受到長時間或重大的挫折時，他的

行為有可能會像小孩子一樣哭鬧甚至喊娘等，依賴性增強，獨立性減弱。有的事甚至要完全依賴他人幫助完成。

妥協是指人們受到挫折後為了緩解情緒緊張焦慮的狀態，而被動讓步，如案例中的彭偉。這樣也可以得到暫時性的自我安慰。

上述這些對待挫折的反應，在殘疾人朋友中有可能同時出現，也可能反覆出現。

殘疾朋友最容易出現的就是強烈的自卑心理，他們因為喪失了健全人的生活能力，常常認為會被人瞧不起，低人一等，因而性格變得孤僻、膽怯，意志消沉，容易喪失生活的信心。

其次，殘疾朋友中不少人較深程度的抱怨父母、抱怨主管、抱怨命運，時常覺得天下雖大卻難以容身，人潮人海中唯自己多餘。

人為事故或原因造成的殘疾朋友，受挫感特別強烈，有的甚至會因此而改變他的整個精神面貌和性格。案例中的彭偉就是典型的例子。

所有這些，都是不健康的心理狀態。因此，我們必須想辦法擺脫這種困境，避免心靈也跟著不幸的身體一道殘缺不全。

塑造自己隱形的翅膀

案例中的金輝是我們很好的學習榜樣，雖然身體先天殘疾，但卻意志堅定，自強不息，最終展現出了自身的社會價值。雖然不可能我們每個人都獲得像他那樣的成就，但是他的頑強精神我們每個人都需要並且也有可能具備的，要達到這點，我們應該做到以下幾點：

1. **勇於面對身體受損的事實**。事實已經如此了，無論抱怨還是

自我消沉都於事無補，而且還會傷害到別人和自己。與其這樣，不如振作起來，重新開始新的生活。

2. **擺脫自卑心理，不用理會那些酸民的看法。**這個世界還是好人居多，某些人瞧不起殘疾人源於他們自身知識、道德水準不高。自卑只會讓你更抬不起頭，自強才是最好的選擇。尺有所短，寸有所長，每個個體都有自身存在的價值和意義。只要能揚其所長，殘疾人照樣可以創造事業的輝煌。

3. **不自卑，但不要給自己過高的期望值。**像金輝那樣成功的殘疾朋友畢竟是少數，多數殘疾朋友也只是普通人。如果對自己期望過高，把奮鬥目標也定得過高，一旦自身能力又達不到的話，就會使人喪失信心和勇氣。

4. **對自己的要求也不能太低。**如果對自己要求過低，或者依賴於過多的保護，會使部分殘疾朋友產生過度的依賴心理，而且有可能不求上進。

5. **不要將自己封閉起來，要多與外界溝通。**不論是和家人、朋友，還是社會上的正常人，都要盡量保持溝通。不要因為覺得別人可能會瞧不起自己而徹底與世隔絕。平時也可以多參加一些力所能及的文體活動，不但強健身體，而且可以認識更多的人，得到更多人的關愛。

6. **不要過於敏感，一味拒絕好心人的幫助。**某些殘疾朋友自尊心比較強，一旦別人幫助他就認為別人是在可憐自己，從而冷漠拒絕。雖然他們有能力獨立完成一件事情，但是不應該過於敏感，要把別人的幫助當做善意和愛心的表現。如果對方的確展現出不敬或者施捨的意思，也不要放在心上，可以

用適當的語氣告訴對方你有能力獨立完成，從而獲得對方的尊重。

做到了上述幾點，我們就擁有了一雙隱形的翅膀，不但能避免心靈上再度受到創傷，也能順利飛出不幸的沼澤地。

總結提示

青年朋友如果遭遇到一些不幸，千萬不可對生活失去信心，只要你擺正心態，同時奮發向上，照樣能獲得屬於自己的幸福生活。否則，只會在不幸上再加上一層不幸。肢體殘疾不表示就可以迴避一系列責任，比如家庭責任、社會責任等。恰恰相反，如果自己的生命能更多的擔負起責任，就能充分感受到自己生命的充實與美麗。

六、悔恨對年輕的你毫無用處

不少年輕朋友容易為自己所做過的事，所說的話等感到懊悔。有時這種懊悔的情緒長時間揮之不去，而且時常伴隨著強烈的自責與悔恨，甚至感覺很痛苦。這樣的情緒同樣是不利於身心健康的。

我當初為什麼要那樣！

年輕的小鐘熱衷於股票投資，這使他長時間在後悔的情緒中掙扎。有時他深思熟慮後買了一支股票，結果買進後股票就長跌不漲，於是他開始後悔當初為何選擇了這檔股票。當他忍痛割肉低價拋掉了這檔股票後，這檔股票又唰唰漲了起來，於是他又責怪自己為什麼這麼沉不住氣、不多等等。有時他在股票漲了以後賣出去賺

了些錢，但又後悔自己本來可以再等它漲高一點再賣。他就這樣，時常後悔買了也後悔沒買，後悔賣了也後悔沒賣，甚至陷入無論買賣都後悔的境地。最後實在受不了這種折騰，只得放棄了這項投資愛好。

于欣畢業於某國立大學，畢業後進入到一家國企工作。兩年後，他遇到一次公開面試中層主管的機會，但是年輕的他過於清高，認為這只是一種形式主義，而且自己也有去更好企業的打算，便沒有認真對待。結果錯失了一次好機會。幾年後，他仍然在這家公司工作，仍然只是一個普通的技術員，而當年學歷及能力不如他的人很多都升到了更高的職位。這時他才感到極度後悔，並時常進行自責，結果反倒有些自甘墮落的心理，喪失了繼續進取的信心。

在社會經濟快速發展的今天，廣大青年朋友面臨的選擇越來越多。在選擇的過程中，很多人經常會出現案例中兩位主角的後悔情緒。在日常生活的各方各面，無論大事小事，能讓人感到懊悔的事也很多。後悔作為人們一種常見的情緒正深刻的影響著人們的行為。

後悔的危害不容忽視

後悔，一般發生在事情的結果與心裡的預想出現了差距的時候，當我們看到一個人不停的自責自怨時，那他必定是感到後悔了。

很多人因為自己的疏忽大意而造成了大錯，或者由於決策失誤錯失了良機，這時他們往往都會懊悔不已，高度自責，有的甚至捶胸頓足，痛苦不堪。

當一個人做過某件事情，認識到或者想像出如果之前選擇的是另外一種處理方式，結果會更好時，後悔情緒就產生了。比如案例

中的小鐘和於欣，他們都是在後來認識到如果當初是另一種選擇，結果肯定比現在更好，於是產生了後悔情緒。而有些人雖然沒有看到已經發生的客觀事實，但是卻能根據自己的經驗想像或推測出一種結果，可能這種結果並不會真的出現，他照樣會感到懊悔。

後悔不僅是一種負面的情緒，也是一種不健康的心理，它對很多人脆弱的心靈進行著長時間的打擊和摧殘，會讓很多人失去信心，以至最後放棄。

長時間沉浸在後悔的情緒之中也會影響著我們的身心健康，容易讓人變得緊張、焦慮，給我們的生活工作學習造成巨大的不良影響。

那麼，後悔這種常見的情緒有沒有辦法克服呢？當然有，我們在具體分析了人們產生後悔的原因後，就能找到對策。

沒有後悔藥也能對付後悔

俗話說：「這世上沒有後悔藥賣。」雖然沒有藥品可以直接治療後悔這種不良情緒，但我們有辦法盡量預防後悔心理的產生。即使令人後悔的事發生了，我們也有很多心靈解藥可以應付它。

我們先來分析產生後悔情緒的原因，然後再對症下藥。

產生後悔情緒的原因大概有兩種：第一種是在做決定之前，雖然對可能出現的消極後果有一定的預料，但由於疏忽大意，沒有採取必要的預防措施，在已經接近正確選擇的時候，因一念之差發生了錯誤。這樣的人一般事後會感到非常後悔。

另一種情況經常發生在盲目樂觀者身上。他們在制訂方案時，對將來可能發生的困難、危險等都未加考慮，或者意識到了但不願

去面對，而有意去迴避。結果困難或錯誤到來時只能臨時抱佛腳的補救一下，但最終還是收效不大，因而產生了後悔的情緒。

其實，只要我們稍加注意，是可以提前預見損失，避免後悔的。

首先，選擇前多考慮幾種最壞結果的可能性。很多人決定前沒有多思考產生不良結果的可能性到底有多少，只是比較膚淺的想到了一個或幾個，也沒有採取必要的預防措施。當出乎意料的不良結果來臨時，他們往往驚慌失措。如果是一個代價很大、後果嚴重的結果時，他們往往感到山窮水盡，不但極度後悔，而且感到悲觀、甚至絕望。因此，不僅自己要多考慮，還可以多向周圍的人諮詢。

其次，自己要有主見，不要過度依賴別人的建議。雖然我們在做決定前可以多向周圍的人諮詢，但當獲得了眾多的建議後，最終拿主意的還是自己。尤其是很多人遇到困難喜歡向專家諮詢，當專家給予了看似權威的建議後，他們就會產生一種順從感或別無選擇感，認為專家的意見就是唯一合理的意見，而輕易放棄了其他選擇。如果專家的意見同樣導致了不良的後果，他們不但感到後悔，而且會埋怨專家的不專業。

再次，當發現一些不良後果的徵兆時，要趕緊採取補救措施。有些青年朋友儘管已經意識到自己的選擇可能帶來損失及後悔，但認為損失並不會馬上出現，於是低估了後果的嚴重性，沒有採取補救和應對措施，最後追悔莫及。所以一旦發現苗頭不對，就要趕緊想辦法補救，盡量減少損失。

最後，要沉得住氣，不要過早放棄。如果後果並不是很嚴重，或者還有補救的可能，就要想辦法多堅持一段時間，因為有時曙光可能就在你放棄的不久後出現。否則，你就又會因為過早放棄

而後悔。

總結提示

　　要預防後悔，就要有較高品質的選擇。這種選擇是一種中性的、耐心的選擇。它既不被選擇前的有利條件沖昏頭腦，也不被選擇後的不利環境所嚇倒，始終懷有希望，又始終不掉以輕心。這其實也是一種責任感的展現。

　　要迅速擺脫後悔，有三副心靈良藥：一、世事難預料，當時有當時的理由；二、事情已發生，後悔也沒用，權當是付學費，增加閱歷；三、後悔傷身心，不如吸取教訓繼續向你認為對的方向前行，如同某首歌唱的那樣，「大不了從頭再來」。

七、 二十多歲不要提前預支煩惱

　　很多青年朋友在困難和壓力面前，常常為自己的將來煩惱，以至於越想越煩惱，越想越擔憂，越想越沒信心，甚至越想越痛苦。其實，這些都是完全沒有必要的。

為明天擔憂的年輕人

　　海青即將走出大學校門，去迎接社會的考驗，可每當她想到這些就輾轉難眠。首先，她考慮到自己是女生，學的又是理工專業，在找工作方面沒有男生有優勢。其次，自己的學校名氣很一般，她擔心競爭不過好大學的畢業生。最後，她想留在當前這座大都市發展，但又怕競爭過於激烈，沒有自己的一席之地。而去別的都市她又不熟悉，回家鄉又有些不甘心……所有這些困難和問題整日在她

腦海中打轉，以至於她越想越悲觀，幾乎不願意出去找工作了。有天她給家裡人打電話說情況時竟嚎啕大哭起來。

李成在他二十八歲時被公司裁員了，由於他之前沒什麼學歷，做的工作也主要是值班，因此也可以說是沒有什麼技能專長。所有這些劣勢都讓他面臨著巨大的壓力，在沒有正式走出家門找新工作前，他也是整日憂心忡忡，甚至茶不思飯不想。出去找工作受到幾次打擊後，他的情緒更糟了，晚上也幾乎睡不著覺。妻子讓他趕緊再去學一門技術，然後再去找工作，他也一時不知學什麼好。他覺得現在社會競爭激烈，就是去撿破爛可能都撿不過人家，幾乎喪失了對未來生活的信心。

案例中兩位主角都屬於提前為明天擔憂的人，因此也就等於提前預支了煩惱與痛苦。這種心態對廣大青年朋友是極為不利的。

預支煩惱令人消極

的確，在現實生活中，很多人面對即將到來的困難時不免擔憂。但是，過度的擔憂不但對身心健康沒有好處，而且會打擊人們的積極性，令人變得消極、膽怯、不敢前行。

人們總希望提前想好應對困難的對策，但往往又由於困難過多，自己能想出的辦法太少，或者懷疑自己想出的辦法不能解決困難，於是產生了憂慮、煩惱的情緒。如果困難比較大，甚至可能會影響到你一生的前途，這種憂慮的程度就更大了。如果再有一定的時間限制，就更是會令人心急如焚，這種情況也最容易導致人們產生心理疾病。

案例中海青所擔憂的問題的確都是一些現實的問題，這些很有

可能發生的困難，令年輕的她擔心害怕也是合情合理的。但如果只是一味擔憂，而不去採取積極的應對措施，那麼這種擔憂除了會繼續折磨她自己以外，再達不到任何有益的作用。也許很多擔憂並不會出現，如果是這樣，你就等於預支了煩惱，這顯然是一筆很不划算的買賣。

李成提前擔憂也有他的客觀原因，而且他在嘗試失敗之後又產生了新的擔憂。而後來的擔憂卻讓他連嘗試都不敢了，這就更加展現出過度擔憂的消極作用，而且也相當於預支了明天的煩惱。

既然預支煩惱會令我們喪失信心和積極性，我們就要想辦法擺脫這種不良習慣。這就要求我們不但要首先擺正心態，而且要積極的採取一定措施，這樣廣大青年朋友就能自然而然不為明天擔憂了，也就不存在預支煩惱的情況了。

你要做的是準備而不是擔憂

二十至三十歲的青年朋友如果想要避免或減少擔憂，不提前預支煩惱，就要做到以下幾點：

1. **你可以感覺緊迫，但不要為之煩惱。**當困難就擺在我們面前時，我們當然不能對之不理不睬，應該抓緊時間想辦法去解決這個問題。即使短時間內想不出辦法，也不代表你永遠想不出辦法，因此不必為之煩惱。海青即將畢業出去找工作，這的確是一件要緊的事，但是她需要做的就是如何盡快把她的各種劣勢化為優勢，而不是一味的在那裡為自己的前途擔心受怕，那樣是達不到任何積極作用的，只能令結果越來越糟。

2. **辦法總比困難多，車到山前必有路。** 人生就是一個不斷發現問題和解決問題的過程，一個困難可以有很多種解決辦法，因此不必被眼前的困難嚇倒，為它預支煩惱。海青就應該結合自身情況與現實情況，想辦法找出多種對策。這個辦法不行，還有下一個。即使所有的辦法都不行，妥協回家也不見得就是最壞的辦法。

3. **與其愁眉苦臉的想辦法，不如理智樂觀的去想。** 人在煩惱憂慮時的想法是帶有一定消極情緒的，因此思維也會受到很大的限制。而人在積極樂觀的時候，思維就會變得更加活躍，思考的廣度和深度也會大大增加。

4. **不去嘗試只會一輩子擔憂煩惱。** 李成離職後出去找工作，遭受了一些挫折，結果變得連再度嘗試都不敢了。如果他繼續這樣，那他依然會一直沒有工作，依然會一直失業在家煩惱。如果一旦想好了，就要勇敢去嘗試，即使再度失敗，也要做好下一次嘗試的準備。只有前進才有希望。

掌握了上述四點，你就能相對輕鬆的去應對各種困難與挫折，而原本看似無法解決的困難也變得簡單容易多了。

總結提示

煩惱也是人之常情，只要不過度，不長時間深陷其中，危害也是不大的，因此廣大青年朋友也不必過於恐懼。但俗話說得好：「人無遠慮，必有近憂。」因此，即使在我們沒有面臨困難的時候，也要有一定的危機意識，要做好長遠的打算，未雨綢繆。這樣即使某些困難到來時，我們也不至於過度擔憂。

第四章　衝動的年紀張弛有度

——學會自我控制

　　二十至三十歲是容易衝動的年紀，是容易放縱的年紀，也是面對誘惑不知所措的年紀。如果我們學不會控制自己，就會導致心理失衡，滋生一系列不健康心理，從而犯下不必要的錯誤，形成你成功道路上的阻礙。本章會讓你始終做自己的主人，既不在人生的航程中偏離航向，也不會誤入歧途，跌進漩渦。

一、戴上了魔戒，誰是誰的主人

大家一定還記得魔幻電影《魔戒》的精彩故事情節。各界生靈的命運與焦點都集中在一枚充滿了強大魔力的戒指身上。無論是為了占有還是毀滅這枚戒指，犧牲了無數的生命，多少人在這枚魔戒的誘惑下露出了人性的種種弱點：自私、貪婪、欺騙、妒忌……實際上，魔戒基本上就代表著人類的欲望。

風華正茂豈能誤入歧途

國外某地，警方接到市民舉報，得知某居民樓內可能存在非法傳銷組織（老鼠會）。警方立即採取措施，突擊進入到該據點，一舉逮捕了這個傳銷組織。其中有近四十人受到了逮捕。令執法人員驚訝的是，這裡面有不少人都是二十多歲的青年，其中一名「講師」還是一名畢業校園不久的大學生。

執法人員來到該傳銷據點時，四十多個青年正坐在板凳上專心聽講，並不時爆發出「我需要成功，我一定會成功」的狂熱口號。在一面白板面前，站著一個男青年，他邊用筆在白板上寫著字，邊大聲喊道：「不怕一切困難，大力發展下線，成功就在眼前！」執法人員隨即當場逮捕了四十多人。

經訊問，授課的男青年馬某二十四歲，不久前剛從一所大學畢業。他告訴警方：「兩個月前，有人讓我來這裡做房地產管理，沒想到被帶到了傳銷課。本來我一看情況不對，想離開，後來他們告訴我做好了收益可觀，三十歲以後都不用奮鬥了。唉，我當時怎麼就這麼傻呢？」說完，他懊悔的流下了眼淚。

　　古往今來，不知多少人都是被貪婪的欲望所驅使，最終誤入歧途。廣大青年朋友社會閱歷尚且不足，更要提防這點，否則就會貽誤風華正茂的青春時光，甚至一生。

貪婪的欲望是一枚邪惡的魔戒

　　什麼是貪婪？貪婪就是一種採用不正當手段去攫取遠遠超過自身需求的欲望。每個人都有欲望，適度的、正常的、健康的欲望是我們能夠接受的，也是我們生活的動力之一，但如果過了度，成了「貪婪」，那就是一件對自己、對他人、對社會、對環境都不利的事，而它們的不利又會反過來損害我們的身心健康。

　　案例中誤入歧途的馬某，就是被過度的金錢欲望蒙蔽了雙眼，這就成了貪婪，以至於為了貪婪的欲望不去多考慮自己達到目的手段是否合法，最終不可避免的要受到法律的制裁。

　　現實生活中的很多人為什麼會不節制、不負責、愛虛榮、懶惰，甚至低俗腐敗，就是因為貪好、貪多、貪舒服、貪眼前私利。這個「貪」就是「過度」的欲望，就是貪婪。

　　電影《魔戒》中不少主角，一旦受到魔戒的誘惑，或者帶上了魔戒，就變得不再是原來的自己，就受到了貪婪欲望的控制。其實，這就是在暗示人們要學會控制自己的欲望，做自己真正的主人，不為外物的誘惑所動搖。

　　貪婪本身就是一種不健康的心理狀態，並且還會引發其他不健康心理，甚至心理疾病。比如：貪婪往往導致自私、嫉妒、虛偽等心理。如果得不到滿足，就又會產生煩悶、憤怒、失落、驚恐、焦慮等不良情緒及症狀。

因此，如果年輕的你不學會控制自己的欲望，就有可能陷入貪婪的泥淖，也就相當於受到了邪惡魔戒的蠱惑，會逐漸迷失自己，不但會給自己帶來痛苦和災難，也連累到你身邊的人。

徹底摧毀控制你的邪惡魔戒

　　電影中魔戒必須送到末日火山銷毀才能拯救整個中土世界的命運。現實生活中，我們也必須找到並想辦法摧毀套在自己心靈上的魔戒，才能牢牢把握自己的命運。如何才能做到這點呢？

　　首先，要時常檢視自己。要知道自己的心靈是否也被貪婪欲望的魔戒控制，就必須經常檢視自己。要經常對自己的心態和行為進行自我觀察和總結，然後以社會公德和做人準則為參照，對自己的心理和行為進行評判，看自己的欲望是否過了度，是否還由此引發了其他的不健康心理。如果發現自己又欲望過度或貪婪的傾向，就要及時懸崖勒馬。

　　其次，要不斷學習，提高自身素養與修養，懂得知足常樂。思想修為高的人很少會因為一己私利而變得貪婪。很多因貪婪誤入歧途的人，大多因為受到了社會不良風氣的影響，從而忽視了自身素養的提高。同時他們對貪婪對人的各種危害也了解俄不足。不少人一開始是小貪，隨著欲望的不斷膨脹，逐漸變得越來越貪婪。現實中很多被繩之以法的貪官汙吏不都是這樣一步一步自我毀滅的嗎？

　　最後，要從身邊的小細節入手，逐步養成良好習慣。不少誤入歧途鑄成大錯的人，往往在日常生活的小細節中就表現出貪心的壞習慣。比如愛占小便宜，喜歡參加小賭博等等。這些不好的習慣雖然貪婪程度較低，但畢竟還是屬於貪婪，如果長時間存在意識中，

一旦時機成熟，就會誘導人們鑄成大錯。

總結提示

　　貪婪是一種過了度的欲望，是一種不正常、不健康的欲望，因此它打破了心理需求的平衡。心理需求一旦失衡，就會誘發更多的不良情緒與身心疾病。最主要的是貪婪這種不健康心理不但會影響貪婪者自己，如果導致了重大不良後果，對家人、朋友、社會乃至整個國家都有重大危害。因此，廣大青年朋友一定要謹防這枚邪惡的魔戒在不知不覺中控制了你。

二、二十歲學會節制，三十歲幸福長流

　　上一節我們告訴大家要合理控制自己的欲望，避免因為貪婪而誤入歧途。這個貪婪是比較「大」的貪婪，主要表現在生活中一些比較重要的選擇上。其實在我們日常生活的各方各面，還存在許多「小貪婪」。這些小貪婪看似不起眼，但卻在不經意中悄悄啃噬著我們的身心健康。

盡情玩樂的他突然感覺活著沒意思了

　　羅力今年二十六歲，是某公司高級白領。在某個週六上午的十一點鐘，羅力起床了。當他坐在床邊點燃一根香菸後，心頭莫名其妙的再次湧現了以前那種失落的情緒。看著窗外明媚的陽光，他覺得活著好像也沒多大意思。「為什麼每次都這樣呢？」羅力有點想不通。

　　也許你以為羅力可能受了什麼打擊，或者就是生活不如意，工

作壓力大等等,其實都不是,相反,他過得甚至比很多人還好。那麼,到底是什麼原因讓他覺得活著沒意思呢?我們還是先來看看頭一天晚上他都做了些什麼吧。

週五一下班,羅力照例約了四位同事,一起去小吃街用餐。龍蝦、螃蟹、燒烤、啤酒,應有盡有。

吃飽喝足後,他們又一起去 KTV 唱歌。羅力最喜歡唱歌,那天晚上借著酒醉他幾乎所有會唱的歌全唱了一遍。

K 完歌後,有朋友提議去舞廳跳舞,於是他們又奔向那裡。由於在 KTV 時,羅力又喝了不少啤酒,此時他已經感覺有點醉茫茫了,但他還是堅持在舞廳裡狂歡了兩個小時。期間大夥又喝了一瓶洋酒,抽了三包菸。

出來後,大家一聲臭汗。有人提議去洗澡,羅力四處閒逛、舌頭發軟的說:「好啊!」此時已經是凌晨兩點多了。至於後面是怎麼回家的,他已經想不起來了。

之後,就是開頭的那一幕,羅力坐在床邊,感覺失落、傷感、活著沒意思。「為什麼每次都這樣?莫非真的是頭一天玩得太高興了?高興得讓第二天都變得沒意思了?」他心想。

古人說得好,物極必反。羅力正是由於頭一天玩得有點過了,才會導致之後的不良情緒。

過於放縱有害身心健康

維持身心健康的關鍵主要是講究適度與平衡。如果過了度,打破了平衡,那麼不但身體健康得不到保證,心理情緒也會受到不良的影響。

當今社會物質文化生活都極為豐富，不少人在吃喝玩樂中感受著生活的樂趣。可是，其中不少人像羅力一樣放縱得有點過了頭，最後身體一天不如一天，富貴病越來越多，年紀輕輕便大腹便便，「三高」飆升，體力精力也都大不如前。這也就算了，如果心理上也出現羅力那樣的消極情緒，長此以往，勢必失去繼續追求幸福生活的動力。

為什麼那麼多人不懂得節制呢？和前面說的貪婪的原因一樣，還是過度的欲望在作怪。

民以食為天，誰都希望吃飽吃好，可俗話說「病從口入」，如今的很多人就是因為吃得太「好」了，才引來了一身的病。很多人明知過度飲食不好，但依舊「明知故犯」，不以為然，只圖吃得飽、吃得香、吃得舒服，健康可以暫且放到一邊，只要一下毒不死就行。

娛樂方面，如今去各種娛樂場所享受生活的人越來越多。其實適度去這類場所娛樂還是有利於身心健康的，但如果像羅力那樣放縱得過了頭的話，就會適得其反。現今在自己家庭中娛樂的人也常常經受不住誘惑，最典型的就是長時間沉迷於網路，以至於不但身體健康狀況越來越差，而且很多人對現實世界的生活也越來越感到厭倦。

所以，在日常生活中，二十多歲的青年朋友一定要學會節制，學會控制自己各方面的欲望，這樣才能在保證三十歲以後幸福細水長流。

在年輕的頭腦中培養節制意識

既然學會節制對我們益處良多，那麼如何才能培養出良好的節

制意識呢？我們需要注意以下幾點：

　　首先，從日常的飲食習慣做起。飲食方面，首先飲食的量要注意七八分飽對身體最好，切勿每餐都吃到很飽甚至感覺到撐才罷手。其次，不要貪嘴，整日大魚大肉，要多吃些粗糧、蔬菜、水果等。不要因為自己口味重就不注意減少鹽、味精等調味料的攝取量。白開水是最好的飲料，適度喝茶也對身體有利，切勿把瓶裝飲料作為主要的水分攝取量。

　　其次，培養健康高雅的娛樂習慣。廣大青年培養喜歡時尚刺激的娛樂方式，比如像羅力那樣出去舞廳、唱歌，或在家打打網路遊戲，這些活動偶爾參加可以，但不妨也去多嘗試一些有益於身心健康的娛樂方式，比如郊遊、打球、下棋等。這樣會使你的生活更加豐富有趣。

　　再次，在美化自己的消費上要適可而止。愛美之心，人皆有之。尤其很多青年女性朋友更是如此。但如今年輕女性朋友中的「月光族」越來越多，她們大量的買衣服、買化妝品、做美容美髮，漸漸養成了一種大手花錢，不愛計畫的習慣，以至於很多朋友到了三十歲時還沒有什麼積蓄。

　　最後，平時多看些使人健康、成功的書籍和影視作品。這樣很容易使健康成功人士在你的頭腦中形成一個榜樣，給你一個注意節制的動力。你為了也達到他們的高度，就會自然而然去注意節制，漸漸養成一個良好的習慣。

總結提示

　　改掉一個壞習慣，養成一個好習慣並不是一件容易的事，因

此要培養出節制的意識必須從生活中每一件小事做起，而且要注意堅持。一旦好的習慣形成，節制的意識就正式進入到你的腦海中了。

三、冷卻年輕心中憤怒的火山

二十至三十歲的青年朋友血氣方剛，容易衝動，因此常常「發火」也在所難免。很多人也知道發怒不是一件好事，可就是難以控制住自己。這一節我們不但會全面的告訴你憤怒的危害，而且會告訴你控制怒火的祕訣。

差一點就喝到的甜咖啡

某青年畢業後被分配到一個海上油田鑽井隊。上班第一天，領班讓他在短時間內登上幾十米高的鑽井架，把一個包好的盒子送到最頂層的主管那裡。青年抱著盒子一溜小跑，快步登上那又高又窄的舷梯。當他滿頭大漢氣喘吁吁的上到頂層，把盒子交給主管後，主管只在上面簽下自己的名字，然後讓他再送回去。

年輕人快步跑下舷梯，把盒子交給領班。領班同樣在上面簽下自己的名字，讓他再送上去給主管。年輕人看了看領班，稍微猶豫了一下，隨即轉身登上了舷梯。

當他第二次登上鑽井架頂層，把盒子交給主管時，已經雙腿發顫、渾身是汗了。主管卻和上次一樣，只在盒子上簽下自己的名字，讓他再送回去。年輕人擦擦臉上的汗水，轉身下舷梯把盒子送了回來。沒想到領班簽過字，再讓他送上去。這時年輕人有些生氣

了。他看看領班平靜的臉，盡力忍住沒有發作，又抬頭看了看那剛剛走下的舷梯，只得抱起盒子，艱難的一個臺階一個臺階再次爬了上去。當他第三次把盒子遞給主管時，主管看著他，一臉傲慢的說：「把盒子打開。」年輕人撕開外面的包裝，打開盒子，只見裡面是兩個玻璃罐，一罐是咖啡，一罐是糖。年輕人感覺自己被戲弄了，憤怒的抬起頭，雙眼噴著怒火直射向主管。

「去沖泡咖啡。」這位傲慢的主管依舊平靜的說道。

這時年輕人再也忍不住了，「叭」的一下把盒子摔在了地上：「我不做了！」說完，他看看倒在地上的盒子，感到心裡似乎痛快了許多。

這時，這位傲慢的主管站了起來，直視他說：「剛才你做的這些，叫作承受極限訓練。因為我們在海上作業，隨時會遇到危險，這就要求每位隊員一定要有極強的承受能力，能承受各種危險的考驗。可惜，前面三次你都透過了，只差最後一點點，你沒有喝到自己沖泡的咖啡。現在，你可以走了。」

怒火猶如人體內一枚定時炸彈，如果處理不好，隨時隨地會釀成禍患，還會錯失很多有利的機會。

憤怒火山噴出的是地獄之火

憤怒是一種很常見的較強烈的負面情緒，也是一種原始的情緒。我們知道動物也會發怒。當它們遇到遭受攻擊、爭奪食物或配偶等情況時，就會表現出憤怒的情緒和行為。

我們人類也類似，當我們受到侮辱、欺負、阻撓、以及侵犯，或者被強迫去做一些自己不願意做的事情時，就會引發一種緊張而

不愉快的情緒，這種情緒就是憤怒。

案例中的年輕人想完成上司安排的任務，他原以為自己的幾次行動已經達到了目的，結果卻三番兩次受到人為的阻礙，他認為這是對他的一種侮辱和戲弄，於是產生了憤怒情緒，並且將這種情緒指向了有意給他造成阻礙的人。

憤怒這種情緒在我們是嬰兒時就出現了，例如：如果父母親約束寶寶身體的活動，強制寶寶睡覺，限制他的活動範圍，不給他玩具玩等等，小傢伙就會憤怒。在我們青少年時期，如果我們的願望達不到，或者與同伴爭執等，也常常引起憤怒。

當年輕的我們成人之後，漸漸形成了一定的道德準則，對自己就有了一定的道德修養約束，這時憤怒的程度就有些不同了，可以從輕微不滿、生氣、激憤到大怒等等。案例中的年輕人大學畢業，有一定的道德修養，但終究因為年齡、性格和承受極限等原因導致了最後憤怒火山的爆發。

憤怒是一種極為不良的可怕情緒，當憤怒猛烈爆發的時候，會有很大的摧毀力，不但會傷害到別人，也會傷害到你自己。

「怒」是歷代養生家最忌諱的一種情緒，它是情志致病的禍首。人們常聽說「怒傷肝」，其實，怒不僅傷肝，還傷心、傷胃、傷腦等。

憤怒聚集到一定程度後也需要宣洩，但是，這種宣洩不是指對人「大發雷霆」，這樣雖然能暫時排解一下，但實際上對身體並不利，因為人們在發火時依舊處於憤怒的狀態，而且時常越發越火，此時人的血壓升高、心跳加速，尤其對患有高血壓、心臟病的人危害更大。

另外，發火對他人也是一種傷害。發完火後，有些人漸漸養成了一有不快就朝人發火的習慣，對人對己都不利。還有些人發完火後又感到很內疚、懊悔，這同樣是一種不良的情緒。

讓你的憤怒火山冷卻

廣大青年朋友怎樣才能冷卻自己心中的憤怒火山呢？下面幾種方法可以供大家借鑒：

1・意識控制法

當怒火剛從心頭燃起時，就提醒自己，發怒對自己對別人都不好，也不能解決任何問題，反而會使問題更糟，於是冷靜理智的控制住自己的怒氣。

2・將心比心法

在即將發火前想一想為什麼對方會那麼說、那麼做，自己是不是也有錯，是不是對方故意要針對自己。如果是自己的錯，對方也不是故意的，只是合情合理的原因，就沒有必要發火。

3・豁達包容法

即使對方真犯了錯，也要盡量包容，不要發火。這和俗話說：「不和小孩子一般見識」是一個道理。並且，你可以用平和的心態對犯錯的人進行說服教育，而不必「人錯你也錯」。

4・迴避法

如果是那種「朽木不可雕」或者同時有可能「反咬一口」的人，應當盡量避而遠之，做到眼不見，心不煩，「不用別人的錯誤來懲罰自己」，怒氣自然消除大半。這也是一種自我保護的制怒方法。

5．傾訴法

如果憤怒的情緒還是一直在心頭，又不能發，怎麼辦？可以找個冷靜理智、博學多識的朋友，向他傾訴。這樣既可以宣洩憤怒，也便於找到解決的辦法。

6．提高自身法

有些怒火其實是由於自己的修養和素養比較低造成的。比如自己有自私心理、虛榮心強、自尊心過強、心胸狹窄、感情脆弱等，這就需要自己總結反省了，與其發怒傷身，不如「化怒氣為動力」，投入到高層次的學習與追求上，不但轉移了注意力，消減了怒火，還提高了自身。

總結提示

憤怒和其他消極情緒想比是比較難以控制的，因為它常常來勢比較凶猛，爆發比較猛烈，廣大二十多歲的朋友又大多是熱血青年，因此時常來不及過多思考就噴發出了怒火。因此，我們要不斷提高自己的心理承受能力，在面對平時生活中的一系列小事時就要注意鍛鍊自己的控制能力，這樣，之後面對較大突發事件時，也能泰然處之。

四、懶惰，青年朋友的大敵

從小時候起，我們就知道懶惰是一種壞習慣，是人們邁向各類成功的典型阻礙。可是，很多二十多歲的青年朋友雖然已經成人，卻依舊改不了這個壞習慣。現在，就讓我們來細數懶惰的危害，然後找到克服懶惰的辦法。

懶惰毀滅了他的天分

大龍是家裡的獨生子，小時候就很聰明，小學時整天玩樂成績也一直名列前茅。可他有一個致命的毛病，就是特別懶。他從來不幫家裡做什麼家事，就喜歡玩。家裡人因為對他過度寵愛，也很少批評他。即使批評了他也當作是耳邊風。

到了中學，大龍依舊很懶散，沒有加入到勤奮學習的行列中，因此學業成績一下掉了下來。父母有些擔憂了，開始做他的溝通。之後大龍略有改變，但是勤奮了兩天他就覺得累，便又開始偷懶了。

慶幸的是，大龍的體育成績不錯，個子又高，最後被學校作為籃球特招生保送進了大學。

到了大學後，大龍進入了大學籃球隊，由於學校對體育特招生的成績要求不嚴，因此在課程上，大龍又開始盡情的偷懶。

一般成績不行，體育成績不錯也可以，可是大龍到了大學後剛開始覺得新鮮，還天天參加訓練。後來因為覺得太累，便漸漸偷懶不去訓練了。結果喪失了參加大學生籃球聯賽的機會。

大三時，由於學校球隊又招來了新球員，大龍便徹底沒有球可打了。可是他還是沒有清醒，繼續懶惰，不注重課業學習，到後來甚至連課程也不去上，考試也不去了。

大學四年結束後，大龍沒有拿到畢業證，也沒有公司因為需要體育而請他。他只好在家人的多方奔走下，隨便找了一份工作。

進入職場後，大龍並沒有改掉懶惰的習慣，依舊整日得過且過，心不在焉。後來因為一次工作上的重大失誤，被公司開除了。

後來，家裡人出了點錢為他開了家小商店，大龍就在這個小商店中打發著餘下的時間。

　　大龍之所以落到最後那個下場，罪魁禍首就是他的懶惰。

懶惰是潛藏在你身邊的成功殺手

　　從心理學上來說，懶惰是一種對事物厭倦的情緒。它的表現形式有很多，比如過於散漫、不願行動、應付差事、游移不定等等。很多人的懶惰突出表現在日常學習、工作、生活方面。

　　在學習和工作上懶惰好理解，在日常生活的很多小細節上，雖然有可能直接看不出是懶惰，但實際上它們都是懶惰所造成的。

　　一個生性懶惰的人，不能愉快的同親人或他人交談，儘管他有這個想法，但就是常常懶得去實施，結果溝通的能力越來越差；懶惰的人日常起居沒有規律，也不講究衛生；不愛從事體力類活動，愛胡思亂想，心情也時常不愉快；

　　懶惰的人有很多想做的事，但很少見他付諸行動，或者就是行動了但不能堅持下來。對周圍發生的很多事都漠不關心，經常遲到、翹課、曠職且不以為然。

　　面對自己的惰性，有的人渾渾噩噩，意識不到這是懶惰；有的人寄望於明天，總是幻想明天的美好，結果不斷的明日復明日；更多的人雖然很想克服這種行為習慣，卻不知道如何下手，只好得過且過，日復一日。

　　古往今來，不知有多少懶惰的人不願過多耗費自己的體力和腦力，結果使得自己的天賦被白白浪費。案例中的大龍，本來在文化學習上比較聰明，但由於懶惰，成績落到了後面。在籃球方面他也有天賦，可還是因為懶惰錯失了大好機會。其實他只要稍微勤奮一點，就會獲得更好的生活，結果，機會溜走後便很難再回來。

那麼，如果才能克服懶惰這個壞習慣呢？我們下面就告訴你方法。

與懶惰這個大敵鬥爭到底

現實生活中，多數人天生具有惰性，很多人都在盡可能的逃避工作。這是因為他們大部分沒有目標和負責任的精神，寧可期望別人來指揮他們，也不肯主動去努力奮鬥。有些人定下了宏偉的目標，又缺乏執行的勇氣，這都是懶惰造成的惡果。

要擊敗懶惰這位大敵，我們需要做到以下幾點。

1. **多看一些懶惰致人失敗的負面教材，提高自己的警惕性。**案例中的大龍一定令很多人為他感到遺憾，年輕的你如果不想重蹈覆轍，就一定要勤奮起來，抓住生活中的每一次機會。

2. **盡量不要與懶惰的人為伍，避免受其影響。**近朱者赤，近墨者黑，很多人本來還是很勤奮的，可就是因為受到了其他懶惰人的影響，從而逐漸變得懶惰。有一句話說得好，看你是否成功，先看你經常和哪些人混在一起。

3. **多與家人朋友溝通，要學會聽取他們的忠告。**當初的大龍如果早早聽取父母的忠告，也就不會落到後來的地步了。所以，年輕的你切勿過於自我和叛逆，要學會多聽取父母家人的意見。

4. **將你期望達到的大目標劃分為多個難度較小的目標，一件一件去做好身邊的小事。**不少人養成懶惰習慣就是因為沒有明確的目標，或者目標定得太高，而自己又一下達不到，然後就乾脆不去做了。其實他們常常忽視了一些小事，不懂得從

小做起，不懂得每天進步一點就是成功。總覺得事情太小，懶得去做。結果養成這種不良習慣後，以後遇見了大事想做卻做不了；或者本來能做，但一看到面對的一些困難，便早早放棄了。

5. **絕不要給自己找藉口**。很多人很想做一件事，但卻遲遲不肯入手，總是告訴自己明天再弄，幾天後再說，或者就是最近太忙，忙完了就專心去做，結果就這樣明日復明日的荒廢了大好時光，也錯過了很多機會。如果一個人存心為懶惰找藉口去拖延，他就能找出成千上萬個理由來說服自己為什麼事情無法完成，而對事情應該完成的理由卻想得少之又少。其實他們應該多想的是「只要我趕快去做，並且更加努力，不斷總結經驗教訓，我就能完成任何事」。

以上幾點如果你都能做到的話，只要堅持一段時間，你便會發現自己很少會因為做了某件事而感到遺憾。而自己在別人眼裡也逐漸變成了一個勤奮的人。你還會發現，以堅強的毅力、樂觀的情緒、腳踏實地去做好每一件事，由易到難不斷達到目標，是我們每一個人都可以做到的。

總結提示

克服懶惰和克服任何一種壞毛病一樣，是一件很困難的事。但只要你下定決心與懶惰鬥爭到底，與之徹底決裂，並在實際生活中從小事做起，持之以恆，那麼，燦爛的明天就是屬於你的。

五、年輕的你要的是榮譽不是虛榮

很多年輕朋友把榮譽看得比較重，也有的朋友虛榮心比較強。有人認為把榮譽看得過重也是一種虛榮心的表現。到底榮譽與虛榮有什麼區別？我們將在這一節告訴你答案。

榮譽與虛榮

柏楊在大學時對自己各方面的要求都非常高，可以說是真正的「德智體」全面發展。他連續兩年獲得了獎學金，體育成績全部以優異成績達標，為人處世也非常周到，還是班上的學習委員。大三時由於其他同學的趕超，他沒有獲得獎學金，為此心情非常失落。舍友們都來安慰他，效果也不明顯。有位舍友說：「至於這樣嗎？這個榮譽對你真的那麼重要嗎？我看你是有點虛榮心在作怪啊。」

二十五歲的小齊已經工作三年了，是一名普通的技術員。本來在公司他的工作相對輕鬆，但是他卻盡量不讓自己閒著。由於勤奮，他已經連續三年被評為公司的「優秀員工」。沒想到他的努力惹來了一些人的嫉妒。有人說他是想往上爬，有的人說他要這個榮譽是為了獲得獎金，也有人說獎金沒幾個錢，他就是愛慕虛榮。

謝暉畢業後在一家廣告公司上班。本來她是一個比較樸素的人，可是進了公司之後，她發現很多同事的穿著都比較時髦，覺得如果不跟隨一下可能會被別人笑話。於是她也照著她們的方式開始打扮起來。很快，她就融入了那些時尚女同事的圈子，並且常跟隨她們去一些高檔的場所消費。可是謝暉才工作沒多久，幾次消費過後便阮囊羞澀了。當謝暉向男朋友要錢的時候，男朋友非常生氣，

他說：「你這不是工作上的需要，你這是虛榮心在作祟！」

虛榮與榮譽有時的確不好區分，但只要我們深入分析，還是很容易將二者區分開來的。

虛榮是虛假的榮譽

榮譽，也是一個我們經常聽到的詞語，而且我們都知道它是褒義詞。很多人都希望獲得榮譽，也在不停爭取榮譽。榮譽基本上就意味著受人尊重。

榮譽一般指由於成就和地位而得到的廣為流傳的名譽和尊榮。柏楊和小齊獲得的榮譽就分別代表了他們學習和工作上取得的成績。

榮譽一般都是一個組織給予的，比方說柏楊所在的大學和小齊所在的公司。而且榮譽是組織給予的比較正式評價，而不是隨意的評價。所以，一旦獲得了真正的榮譽，一般都會受到別人的尊重。

那虛榮又是什麼呢？虛榮在字典裡的解釋是：表面上的榮耀，虛假的名譽。虛榮是對自身的外表、學識、作用、財產或成就表現出的妄自尊大。這就一下把榮譽與虛榮區分開了。

心理學上認為：虛榮心是一種扭曲了的自尊心，是自尊心的過度表現，是一種追求虛表的性格缺陷，是人們為了取得榮譽和引起普遍的注意而表現出來的一種不正常的社會情感。

在日常生活中，人人都有自尊心，人們都希望得到社會的承認，自尊心強的人，對自己的聲譽、威望等等比較關心，而虛榮心強的人一般的自尊心也很強。

虛榮心強的人一般都不願意腳踏實地的去做事，而是經常利用撒謊、投機等不正常的手段去獲取名譽。他們好面子、講排場、愛

比較；在社交上喜歡出風頭；在人格上又比較自負、嫉妒心重；在工作和學習上不夠刻苦。

虛榮對人的身心危害同樣是很大的，歸納起來有以下幾方面：

1. 虛榮心強的人必然為了面子而活，為了別人而活，長此以往，必然失去自我，嬌柔做作。

2. 虛榮心強的人為了滿足虛榮可以不惜以健康為代價，比如某些女孩不吃飯也要省錢買衣服。

3. 虛榮心強的人為了滿足虛榮難免費盡心機、奔波勞累，身心常常為其所累。

4. 虛榮心強的人為了滿足虛榮不惜放棄真的感情，包括親情、友情、愛情。

5. 過度虛榮導致其他不良心理產生，比如愛自欺欺人、愛說謊、自私、嫉妒、多疑、擔憂、悲觀等。

所以，我們要爭取的是真正的榮譽，而不是害人的虛榮。

扔掉虛榮的外衣

廣大青年朋友如何才能擺脫虛榮心的危害呢？我們可以參照以下方法：

第一，加強學習，提高自身品德修養。我們可以多看些有關書籍及相關報導，了解那些取得榮譽的成功人士具備的是哪一種素養，然後以他們為自己學習的榜樣。要以真才實學為資本，而不是投機取巧，也不是單靠物質的標榜。

第二，回歸生活的本質，在平凡中體會真實。追求榮譽是好事，但是我們不可能隨時隨地都能獲得榮譽，都能讓人一直尊重。

只要在平凡的生活中腳踏實地，一樣能有所作為，能贏得別人的敬意。

第三，多向勤儉樸實的父母、長輩、老師、朋友學習取經，尊崇傳統美德。廣大年輕朋友在物質生活高度發達的今天，難免受到虛榮心的誘惑，但是千萬不能迷失自己。應該向周圍勤儉樸實的人學習，你會突然發現，其實他們基本上比那些外表華麗的虛榮人士更幸福，更成功。

第四，堅持做自己，不要受他人膚淺看法的影響。我們要盡量遠離那些愛慕虛榮的人，如果因為工作等原因不得不妥協，至少心中明確不會與之為伍。案例中的謝暉本來是樸實的人，但後來卻潛移默化中受到了別人虛榮心的感染，自己也變得虛榮起來。

虛榮很容易讓年輕的我們迷失方向，為了一些空頭的名譽徒勞奔波。即使你的虛榮心得到了一定滿足，但它卻是個無底洞，還會榨取你更多。

總結提示

輕微的面子是正常的，它能維護人的自尊，保持人的外表形象，給人留下良好印象，方便工作生活，給人一定的動力。但過度的面子就是虛榮，是我們應該極力避免的。

榮譽值得我們去盡量爭取的，但是如果爭取不到，也不要過於在意，否則它就會成為你的心理負擔。有了榮譽以後也不能妄自尊大，作為炫耀的資本，否則，你的榮譽就真的要變成虛榮了。

六、十年磨一劍，打造你的堅定意志

二十至三十歲這十年是廣大青年朋友修練自身的關鍵十年，可不少朋友卻在這條艱辛的道路上要麼左右動搖，要麼早早放棄。實際上，當年輕的你有了明確的目標與方向，就應該堅持不懈的走下去。這時候，有一個堅定的意志就是支撐你構建成功大廈的堅強柱石。

曲折的成功之路

二十九歲的吳樂如今已經是一家物流公司的負責人，談到他的成功之路，卻是異常的艱辛曲折。

吳樂之前是一位農資物品銷售，每天早上八點，他離開住處，去拜訪各類客戶。面對一次又一次的冷面拒絕，甚至惡言譏諷，吳樂依舊日復一日的前往，並沒有像很多人那樣選擇放棄。這樣一連堅持了四個月後，他幾乎走遍了全城所有的客戶公司，有些公司甚至都去了四五次。吳樂受到的挫折越多，他的決心反而越加堅定。

皇天不負有心人，終於，某些客戶被他執著的精神所打動，開始購買他推銷的產品。可吳樂並沒有因為一點小成績而興奮過頭，他決心打開更廣闊的客戶市場。

每當奔波了一天回到住處後，吳樂雖然身心疲憊，但依然堅持各項業務的學習，並及時整理客戶資料，經常看著書便直接睡著了。就這樣，他成了公司一名出色的銷售，四年內賺取了四百萬的薪資。可是他並沒有就此停止進取的腳步，而開始進一步考慮自主創業。

在從事銷售工作中，他對物流行業比較熟悉。於是辭職用僅有的積蓄成立了一家物流公司。出人意料的是，由於競爭激烈，公司一開始就面臨著虧損的狀況。多年練就的堅定意志使吳樂面對這個挫折時毫不懼怕。他認真分析了各項原因，找出了問題的癥結所在，迅速解決了問題，漸漸扭轉了局面。

之後，吳樂不知又遇到了多少挫折與困難，但他依然臨危不亂，泰然處之。不少朋友勸他見好就收，不要再輕易冒險，可他為了實現自己預定的目標，堅定的將困難一個個化解開來。後來不少人問他成功的祕訣是什麼，他笑著說：「還是那句老掉牙的話，要想成功，意志一定要堅定，自己要能把持得住自己。」

意志堅定的人不同於凡人，因為意志堅定的人不但能夠控制自己的生命，而且能夠擔負起重大的責任。

堅定的意志是成功的柱石

意志就是決定達到某種目的而產生的一種心理狀態。每個人都想實現自己的目的，並且要為之做出決定，決定之後就會付諸行動，在行動過程中又會再次遇到各類新情況，這就又需要做出新的選擇與行動。在這一系列過程中，都必須靠個人的意志來支配。而你的意志是否堅定，就是你能否達到目的的關鍵。

一個沒有原則和堅定意志的人，就如同一艘沒有羅盤的船一樣，會隨著風的變化而隨時改變自己的航向，這樣你的一生都將一事無成。因此，做一個意志堅定的人，你才能成功。

古往今來，凡是成就了大事的人，一定都是那些意志堅定的人，比如案例中的吳樂。因為意志堅定的人對自己的目標，自己的

行動，都有堅定的信心。他們堅信自己能夠做好眼前的工作，堅信自己能夠應付前方的阻礙，改變眼前的困境。他們具備隨時面對困境的堅定意志，毫不畏懼和退縮，這使得他們充滿了走向成功的希望和力量。

　　其實我們中很多人比吳樂要幸運得多，在現實生活中很少有人在推銷自己的產品或想法時會遇到成百上千次的拒絕。其實拒絕本身並不可怕，可怕的是遇到幾次挫折後就畏縮不前，唉聲歎氣，甚至懷疑自己永遠不會獲得成功。

　　果戈里曾經說過：「在沒有開始履行自己的使命以前，要有鋼鐵般的意志和耐心，不要害怕險峻的、漫長的幾乎沒有盡頭的階梯。」

打造你年輕的意志之劍

　　成功之神只為意志堅定的人開闢道路，那麼，二十多歲的青年朋友如何才能打造出一把年輕的意志之劍來披荊斬棘呢？

1. **要明確自己的目標和方向。**很多青年朋友時常知難而退，實際上是因為他們自己沒有一個明確的目標和方向，不知道自己到底想要什麼。如果連這點都不清楚，又談什麼為了目標而意志堅定的前行呢？吳樂在有了一定積蓄以後，依然明確自己想要的是什麼，那就是創辦自己的企業，因為他認為這樣才能充分展現自己的人生價值，才能收穫他想要的成功和快樂。

2. **要堅定自己的信念。**華盛頓被稱為美國的開國之父，他在第二屆總統任期屆滿時，上下都呼籲他繼續連任，可是他還是以無比堅韌的意志堅持卸任，完成了他人生中一次具有重要

意義的進程，為美國的制度建設做出了卓越貢獻。直到今天，美國人仍為之驕傲。

3. **不要懼怕前方的困難。**意志堅定的人從不會畏懼艱難，即使前面阻止他前進的障礙物又多又強大，他都會想辦法排除障礙物，然後繼續前進。跌倒也好，前路迷茫也罷，都不能阻止他前進的腳步。

4. **不要當「騎牆派」，要有自己的主見。**「騎牆派」就如同一個騎在牆上的人，不確定自己到底要傾向於哪一邊。拿破崙・希爾曾指出「騎牆派」思想是最危險不過的。當左邊得勢的時候，他就歸向左邊；等到右邊風行的時候，他又附和了右邊。這樣就成了一個沒有主見、沒有思想的人。在遇到不能解決的事情時，廣大青年朋友不能因為聽到別人三言兩語就猶豫不決，也不要因為別人的勸阻就輕易放棄原來的計畫。

5. **無論事情大小，都不能半途而廢。**廣大青年朋友可以透過日常生活中每一小事來磨練自己的意志，讓自己逐步具備堅定的意志。如果一個人在小事上都軟弱無力，那麼，他做任何事都可能因一時的阻礙而過早放棄，從而造成終身遺憾。

如果廣大青年朋友能夠擁有堅定的意志力量，能夠把自己所期望的在心靈上牢牢把握住，然後向著這個理想目標堅持不懈的努力。那麼，他一定可以戰勝一切艱難險阻，達到理想中的最高峰。

總結提示

麥當勞創始人雷・克洛克的座右銘是：「走你的路，世界上什麼也代替不了堅忍不拔的意志力。才幹代替不了，那些雖有才

幹但卻一事無成者，我們見得多了；天資代替不了，天生聰穎而一無所獲者幾乎成了笑談；教育也代替不了，受過教育的流浪漢在這個世界上比比皆是。唯有堅忍不拔，堅定信心，才能無往而不勝。」

- 廣大青年朋友具有堅定不拔的意志和能夠經受挫折的決心固然異常可貴，但在現實中有時會因力有限而受到阻礙，這時候靠什麼來擺脫困境？只有借助你堅定的意志，這樣才能最終達到目標，走向成功。

七、年輕的我們容易嫉妒

不少青年朋友常常在很多方面爭強好勝，但又總有敗下陣來的時候，這時，有些人的嫉妒心理就悄悄滋長了。

誰被嫉妒打敗了

李瓊和方梅在同一家公司工作，兩人既是同事，又是生活中的好姐妹。

起先，她倆都是這家公司的一般員工，與其他姐妹一起，做著最底層的工作。那時，大家相互間有說有笑，情深意切，彼此關心幫助，其樂融融。尤其李瓊和方梅，關係更是如同親生姐妹一般。

兩人關係的轉捩點出現在李瓊升遷的那一天。李瓊由於工作賣力，成績突出，形象氣質也比較好，兩年後被公司提拔為高級雇員，收入一下比其他姐妹高出很多。有些姐妹為李瓊感到高興，有些姐妹則開始疏遠李瓊，而這裡面表現最突出的就是方梅。

李瓊成為高級僱員後，方梅心裡很不平衡。她認為李瓊太自私，而且虛偽。平時表現得和大家無異，實際上是在製造一種假象，自己卻暗中較勁，想壓過她們。方梅把這個觀點告訴了其他姐妹，立刻引發一陣共鳴。於是，她們暗中商量，要把李瓊踢出她們的「大家庭」。

一開始，方梅她們借一些穿著打扮的話題來諷刺挖苦李瓊，李瓊並沒有太在意，後來見她們越來越過分，就出言反駁幾句。這下可好，以方梅為首的昔日姐妹們徹底孤立了她，並開始編造一些謠言，在公司裡暗中詆毀李瓊。

後來，李瓊實在受不了了，決定離開公司。主管問她原因，她不肯說。後來主管經過調查了解，得知了事實真相。最終，李瓊留下了，她曾經的好姐妹方梅卻被開除了。

李瓊因方梅的嫉妒而受到傷害，方梅卻因為自己的嫉妒而自食其果。嫉妒打敗了哪一方，我們一目了然。

嫉妒能撕毀你年輕的心靈

我們都知道嫉妒是一個貶義詞，實際上它也是一種不健康的心理。

當人們為了獲得一定的利益和權力時，難免會產生競爭。於是就有人會對那些幸運者懷有一種冷漠、貶低、排斥、甚至是敵視、算計的心理。這種心理就是嫉妒，而案例中的方梅就是這種心理的犧牲者。

我們常說的「紅眼病」、「吃醋」等都屬於嫉妒心理。嫉妒的感覺實際上是一種壓力，這種壓力來自哪裡呢？最先來自比較的心理。

比較不成功就會讓比較者感到失望和不平衡，之後會產生一種羞愧和受挫感，最終發展成不滿、憎恨、攻擊等思想及行為。

嫉妒的人愛與他人進行比較，當發現自己在才能、名譽、地位或境遇等方面不如別人時，就會產生上述各類心理交織在一起的複雜情緒狀態。

嫉妒的人先是對自己的不幸深感無奈，但又不甘於這種無奈，於是內心就潛伏著一種對他人的成功進行破壞的念頭。如案例中的方梅和眾人一起暗中搞小動作詆毀李瓊，就是想讓她的幸運重新變為不幸，甚至比她們更不幸，這樣她們的心裡才能有一些滿足感。

莎士比亞說：「您要留心嫉妒啊，那是一個綠眼的妖魔！」嫉妒的人是可恨的，同時又是可憐的。喜歡嫉妒的人往往自卑、陰暗，享受不到陽光的美好，體會不了人生的樂趣。

長時間的嫉妒會引起軀體上的不良反應，它是摧毀人性和健康的毒藥。嫉妒心理會引發焦慮、恐懼、悲哀、猜疑、羞恥、自咎、消沉、憎惡、敵意、怨恨、報復等不愉快的情緒。

因此，年輕的我們一定端正心態，切勿被嫉妒的魔掌所控制。

讓嫉妒的妖魔遠離我們年輕的心靈

既然嫉妒如同一隻綠眼的妖魔，而年輕的我們控制能力又較弱，因此要想辦法讓這個妖魔遠離我們年輕的心靈。以下方法可以幫助我們克服嫉妒心理：

1. **開闊心胸，提高修養**。嫉妒的人思想封閉，心胸狹隘，鼠目寸光，因此，我們應該不斷提高自身道德修養，不斷的開闊自己的視野，學會真誠相待，與人為善。

2. **冷靜分析自己，找到差距原因。**比較導致嫉妒，但是比較也不見得都是壞事，它可以成為你提高自身的動力。但是提高自身不應當帶著嫉妒的心理。當嫉妒心理萌發時，我們要積極主動的調整自己的意識和行為，要客觀、冷靜的分析自己，找出差距在哪裡，然後去改善提高。

3. **揚長避短，把握平衡。**每個人都各有所長，一個人不可能在任何方面、任何時候都比別人強或者弱，要客觀看待別人的長處，也要找到自己的長處，要尋找和開拓有利於充分發揮自身潛能的新領域，不拿自己的劣勢和別人的優勢比較，這樣能基本上補償先前沒有滿足的欲望，縮小與嫉妒對象的差距，從而達到減弱乃至消除嫉妒心理的目的。

4. **轉移注意力，做有意義的事。**與其陰險的嫉妒算計，自食其果，不如積極參與各種有益的活動，這樣不但能使自己身心愉悅，嫉妒的毒素也不會孳生、蔓延開來。

能做到以上四點，年輕的你就能將嫉妒的妖魔遠遠甩在心靈的身後了。

總結提示

嫉妒是一種心靈的病態，是狹隘與平庸的表現，但在受到別人的嫉妒時我們又該如何應對呢？最關鍵的就是要豁達大度、光明磊落、泰然處之。對於小的諷刺挖苦，我們不去斤斤計較，仍舊保持坦誠的態度與人相處；對於過分的小人，只要你平時行得正坐得端，關鍵時刻大膽澄清事實，正義就會永遠站在你的一邊。

八、讓跳動的青春遠離浮躁

浮躁，這個詞如今越發流行，無論歌曲還是小說，都以它命名過。將浮躁用在如今很多年輕人身上，則是再恰當不過了。

拒絕浮躁

這是一個古老的佛學故事。

在一個炎熱的三伏天，一座禪院的草地枯黃了一大片。「師父，快撒些種子吧，這樣好難看啊。」年輕的徒弟催促道。

「等天涼了以後，」師父揮揮手，「隨時。」

轉眼到了中秋，師傅買來一包種子種子，叫徒弟去播種。秋風突然吹起，種子隨風飄舞，「不好了，許多種子被吹飛了，怎麼辦？」小和尚喊道。

「沒關係，吹去者多半中空，落下來也不會發芽，」師父說，「隨性。」

好不容易撒完了種子，卻有幾隻小鳥飛來啄食，小和尚又急了，想去把鳥趕跑。

「沒關係，種子本來就有多準備了，吃不完，」師父悠閒的翻著經書，「隨遇。」

半夜，突降一場大雨，徒弟衝進禪房，驚呼道：「師父，這下完了，種子被沖走了！」「沖到哪裡，就在哪裡發芽，」師父正在打坐，眼皮抬都沒抬，「隨緣。」

半個多月過去了，光禿禿的禪院長出了一棵棵青苗，一些未播種的院角也泛出絲絲綠意。徒弟高興得直拍手。

師傅站在禪房前，點點頭：「隨喜。」

在這個故事中，徒弟的心態總是浮躁的，他的情緒常常被事物的表層現象所左右，而師傅的平常心看似隨意，其實卻是洞察了世間玄機後的沉穩豁達。

浮躁是年輕人獲得成功的強大阻礙

浮躁，在字典裡的解釋為：「急躁，不沉穩，情緒漂浮不定」。這正是當今很多年輕人的寫照。

如今，「做事要奔著有『錢』途」、「想出名要趁早」等狹隘的功利觀、價值觀讓很多年輕人急躁、迷茫、傲慢、沮喪、不安、憂慮，動不動就見異思遷，半途而廢，這些都是浮躁的表現。

二十至三十歲的青年朋友中有不少人都陷入到浮躁心態的沼澤中，其中很大一個原因就是生活既節奏太「快」了。處在高科技和資訊產業時代，它比任何時代都強調一個「快」字。人們都在追求速度，效率和解決方法的捷徑，而忽略了坐下來心平靜氣的思考和面對面交流。

日趨嚴峻的壓力與競爭，鋪天蓋地的速食文化，讓人們開始急功近利。看看我們的身邊，到處是吸引眼球的焦點新聞、熱鬧非凡的選秀節目，五花八門的熱門排行……人們追求的是新奇、誇張、炫目，甚至變態。為了名利，很多人不惜出賣尊嚴與形象。她們是浮躁的，而捧紅她們的人同樣是浮躁的。

浮躁的人做事無恆心，不安分守己，總想投機取巧，而且情緒極不穩定，喜怒無常，是一種病態心理表現。浮躁者往往心神不寧，面對急劇變化的社會形勢，不知所措，心中無底，對前途沒有

信心。他們常常用情緒取代理智，盲目而動。行動之前缺乏思考，只要能達到目的，怎麼直接怎麼來，哪怕是違背良心、違法亂紀。

廣大青年朋友要想真正實現自己的人生價值，獲得成功，收穫幸福，一定要戒除浮躁心理。因為古今中外，真正的成功者都是那些戒驕戒躁，能以平常心之韁牢牢的駕馭雄心壯志這匹烈馬的人。

讓浮躁回歸安寧

年輕的我們怎樣才能戒除浮躁的心理呢？

1. **在實踐中磨練你的耐心。**如今的年輕人最缺耐心，缺乏耐心等於自動丟掉了成功的機會。要想成功，我們就要在生活中踏踏實實做好每一件小事，要學會安下心來，集中精力，全身心投入到如何做好這件事上。

2. **獨自反省，平靜交流。**只有獨自一人深處安靜的時間和空間，我們才能找回在浮躁中迷失的自我。而與家人、朋友面對面的平靜交流我們才能發現情感是如此的重要。這既能讓你放鬆心情，調節快速的生活節奏，也能為你帶來更強大的生命動力，讓你擁有更多的生活熱情。

3. **明確自己的人生價值。**之前我們說過，名利上的成功並不等於實現了人生價值，真正的幸福在於各類情感的滿足，在生活中發現無限的樂趣，時刻充滿希望。因此，我們可以多看一些有積極意義的電影或書籍，從中學會生活的藝術。

4. **遇事要善於思考。**現在的年輕人都喜歡跟著感覺走，而忽略了從現實出發。這就是遇事缺乏冷靜思考造成的。廣大青年朋友看問題要站得高、看得遠，要學會務實、踏實，學會做

一個實實在在的人。

5. **不要太看重結果**。急於求成、不願面對困難的浮躁心理，往往是只看重最後成果，而不願面對漫長又艱辛的過程造成的。很多人一時半會看不到結果，便覺得自己做的事沒有意義，於是過早選擇了放棄。這種浮躁的心理是永遠到達不到成功彼岸的，因此，我們應該注重奮鬥的過程，在過程中把每一步扎實走好，這才是最重要的。

如果一個人，真的能放下急功近利的浮躁，順應自然之道，認認真真的做好力所能及的事情，而不是片面的急於索取，他在任何困境中都會穩如泰山。

總結提示

著名作家賈平凹在其作品《浮躁》中這樣寫道：「我們的一生是同浮躁鬥爭的一生。」因此，廣大青年朋友不光要在年輕時戒除浮躁，還要把浮躁當做我們一生的敵人，要時刻保持穩健、淡定的心態。在人生的道路上，有時我們需要在心中添把火，以燃起希望；而有時則需要在心中灑點水，以澆滅急於求成的欲望。

第五章　無畏的心靈無所不能

── 牢牢把握自信

年輕的你自信嗎？有沒有感到沒自信甚至自卑的時候？或者你本身就是一個自卑的人？沒關係，在這一章裡我們會深入挖掘自信和自卑都源自哪裡，此外還會告訴你各種獲得自信遠離自卑的妙招，相信你一定會受益匪淺。

一、擁有年輕自信，開創青春奇蹟

　　年輕的我們要開創青春的奇蹟，就必須擁有自信。一個沒自信的人，在做大多數事情時都懷疑自己的能力達不到，做不好，認為自己不行。這樣的人同樣無法取得成功。

自信的女強人

　　我們來看看金融界女強人韓穎的故事：

　　韓穎在某公司做汽車修理工。

　　高大的卡車輪胎比韓穎的肩膀都高，經常累得她筋疲力盡，可是她相信別人做得到，自己也做得到。

　　下班回到家，韓穎把握時間學習會計學。周圍曾有朋友告訴她會計要學好比較難，可是她說：「我覺得自己可以。」

　　後來，因為在工作方面業績突出，韓穎被調入海洋石油總公司。由於她在會計方面的努力收到了良好成效。二十七歲時，她有機會進入到廈門大學，學習西方會計專業。

　　三年的學習期間，本來對外語一竅不通的她，因為不斷的刻苦學習，不但迅速掌握了英語，還編譯了一本一百四十萬字的《英漢、漢英雙解會計詞典》，成為當時會計工具書。

　　三十四歲時，韓穎毅然辭去原來公司捧了九年的鐵飯碗，進入到惠普大陸公司，在財務部工作。面對很多人的異議，她笑著說：「人生什麼時候改變都不會太晚，我相信自己的能力。」

　　憑藉著自己的自信，韓穎三十八歲出任惠普公司大陸區財務經理，四十一歲時擔任公司財務長和業務發展總監，四十七歲當選亞

洲最佳 CFO，又成為英國著名的雜誌《ASIA CFO》的封面人物，被該雜誌評為「亞洲 CFO 融資最佳成就獎」。

從一個普通工人到世界著名雜誌封面人物，韓穎憑藉的就是自信與毅力。

擁有自信你便無所不能

顧名思義，自信就是自己相信自己。自信的人始終相信自己做得到，這在他們心中已經形成了一種信念，有了這種信念，就能大大促進你的成功。

自信的人對自己的能非常確信，深信自己一定能做成某件事，實現所追求的目標。女強人韓穎之所以成功，就是將這個信念始終保存在自己的腦海中。

自信本身就是一種積極的心態，是一種對自己評價上的積極態度。積極的心態使人充滿活力，可以樂觀的去戰勝任何困難，同時在攻克困難的過程中體會到奮鬥與追求的快樂。故事中的韓穎，每當周圍的人向她「潑冷水」時，她都沒有因此放棄或沮喪，自始至終保持著一個積極的心態，這就是自信帶來的魅力。

一個沒有自信積極性的人，通常都是軟弱的、做事不徹底的、做事低效率的人，自然也就是能力較低的人。這樣的人不能把自己的工作做得出色，因此很難有較高的提升空間。

除了工作之外，在人際交往上也要充滿自信，因為只有你相信自己，他人才會相信你。一個人連自己都不相信的人，很難給人以安全感和可靠感，也就很難拓寬自己的交際圈，獲得更多的機會。

廣大青年朋友只有建立了自己的自信，才能無所畏懼的開始行

動，而且在行動過程中不會也能始終保持自信，不會輕易停止，這樣我們就一步步駛向了成功的彼岸。

自信需要行動來證明

雖然我們知道了自信的好處，但如何才能去獲取自信呢？

首先，自信不能只停留在想像上。 要成為一名自信者，就要像自信者一樣去行動。如果只是停留在表面的形式上，那麼這種自信是毫無意義的。韓穎每次表現出自信的時候，都沒有見她只是在那誇誇其談，而是真正的將自己相信能做到的事付諸了行動。

其次，從小的言談舉止中建立你的自信。 很多青年朋友由於性格等原因，在平時的說話中都表現出來很沒自信，更不用說去做什麼事了。所以，我們要學會在日常生活中自信的講話，自信的做事，這樣我們的自信就能真正確立起來。在進入到複雜的社會中時，我們每一個自信的表情、手勢、言談，都能真正在心中培養起我們的自信。

最後，不斷增加你自信的砝碼。 我們要自信就要有一定的資本，不然你表現出來的自信就是一種虛假的自信，要麼是在騙別人，要麼是在騙自己。要有這種資本，就要像韓穎一樣，不斷提升自己。她之所以敢於一次又一次告訴別人相信自己能行，就是憑藉她一次又一次努力爭來的結果。

總結提示

二十至三十歲的廣大青年朋友無論在學習上，還是在工作上，都必須塑造自己的自信形象。否則，學習上總是懷疑自己的能力，知難而退，永遠不會有提高；工作上不敢說自己能夠勝任，

永遠不會得到上司的重用和賞識。只有在黃金十年中逐步建立起自己的自信，並且始終保持這種自信，才能在三十歲之後成為一個真正的強者。

二、自信源自你自己

不少青年朋友認為只有得到了別人的肯定以後，才能獲得自信的感受。實際上，自信不能依賴於別人，自信源自你自己。

年輕的你是獨一無二的

一位青年對智者說：「我總覺得自己很多事都做不好，別人都看不起我，這可怎麼辦？」智者回答說：「孩子，如果你願意幫我一個忙，讓我先解決自己的困難，我就能幫你解決你的困難了。」青年猶豫了片刻答應了。

智者從手指上取下一枚戒指交給青年，說道：「你到市場上把這枚戒指賣了，我需要錢來還債。賣得錢越多越好，不過最少不要低於一個金幣。」

青年拿著戒指來到市場開始叫賣，對眾人說戒指最少不能低於一個金幣。沒想到很多人都笑他頭腦發昏，只有一位善良的老人告訴他，他要的價格太高了。青年不甘心，在市場上四處走動兜售戒指，可依舊沒有一個人肯出一個金幣來購買。青年只好喪氣的回到智者身邊。

「老師，對不起，」青年說道，「我沒有幫你賣出戒指，可能它不值這個價錢吧。」

智者笑著說：「沒關係，這樣，你再去一趟珠寶店，我想珠寶商應該更清楚它的價值。你告訴珠寶商，說我想賣掉這枚戒指，問他能出多少錢，問完價格後你再帶戒指回來。」

青年來到珠寶店，珠寶商仔細看完戒指後說：「告訴你的老師，如果他急著想賣這枚戒指，我最多可以出六十個金幣。」「六十個金幣？」青年很吃驚。「對，」珠寶商說，「如果不著急的話，我可以出八十個金幣。」

青年興奮的跑回去，把珠寶商的話告訴了智者。智者笑著說：「其實你就像這枚戒指，是獨一無二的，只有真正懂的人才能評判你的價值。」

我們的生活就像一個大市場，裡面有形形色色的人，我們不能期望隨便一個毫無經驗的人來肯定我們的價值，更不能期望所有人都能肯定我們的價值，要想獲得自信，我們首先要自己肯定自己的價值。

要想自信先真正認識自己

如果一個人不能正確又全面的認識自己，就會像故事中的青年一樣，把希望寄託在別人的看法上，認為自己做什麼都不行。

要想自信，我們就必須學會認識自己。我們可以先從自己的性格入手。很多沒自信的人一般性格比較內向，他們和不怎麼熟悉的人說話很少，但對關係要好的朋友就有談不完的話題。這類性格的人往往比較羞怯，比較在意別人的看法。

這類性格的人常常覺得善於交際的人比較虛偽，不但內心之中不願與之為伍，自己也不願成為那樣的人。從而漸漸變得越更加內

向、保守。這就導致他們缺少與人交流與溝通的經驗。當遇到一些大庭廣眾的場合必須發言時，便會變得極沒自信，常常不知所措，緊張焦躁。

不少內向的人，尤其是二十多歲的青年朋友還比較清高，經常會把一些真實想法有意無意的表露在臉上。例如有的人他不怎麼喜歡，或者說跟他沒太多共同語言，他們對這類人就會在心中下意識的與之隔離開來，但在必須要與之主動交談時，他們就不知該怎麼去面對了。有時客套的微笑他們也覺得是一種虛偽，以至於連微笑這種能力也變得生疏甚至不會了。

沒自信的人一般也特別敏感，時常把別人不經意的言行都當做是在針對自己。例如他們偶爾聽到身邊有人無意說起某些人能力太差，他就會誤認為這個人就是自己。再比如他們吃飯時如果有人無意中正在看他們，他們就會覺得是否自己的吃相有什麼問題，於是心裡覺得很不自在，吃飯的動作也變得不自然了。

內向性格的人最通常的沒自信表現就是不喜歡、不敢於主動表現自己。他們深怕自己的表現被別人笑話，會在別人心中留下不好的印象。例如：有些人不敢主動發言，不敢當眾表演才藝等。有時和別人辯論，自己本來有一個堅持的觀點，但卻害怕自己的觀點有問題，或者太膚淺，因此當自己把觀點說出口時就已經流露出沒自信了。

如果廣大青年朋友在性格方面也存在上述問題，那麼就要趕緊設法去改變，否則你是不大可能擁有自信的。

認識自身價值 改善內向性格

　　發現自己的長處，認識自身價值，是獲得自信的基礎。上述故事中的青年以前就是沒有認識到自己的長處，而是將自身價值交給別人來評判，所以表現出很沒自信。而性格內向、敏感的人，如果不學會改變自身的不足，也無法建立起真正的自信。要改變這種情況，我們需要注意以下幾點：

1. **尋找「立體的我」。**每個人在不同的環境中都有自己不同的面，比如內向的人在熟悉的朋友面前就不再內向了，而且也會表現出很多自信的方面。所以我們在評價自己的時候，要尋找「立體的我」，這樣我們就會意外發現自己原來有很多優點與長處，並不是一無是處，就能基本上提高自信。

2. **不要太在意別人的評價。**很多沒自信的青年朋友幾乎在意所有人的看法，無論對方是權威專家還是門外漢。這樣要想自信起來是不太可能的，因為你永遠無法做得令每個人都滿意（也沒這個必要）。即使是權威的專家，他們也有出錯的時候，如果因為他們一次否定的評價，你就完全喪失自信心，這是極為不利的。即使專家評價得正確，你也應該相信自己有能力改善自身，最終達到要求。

3. **不要懼怕失敗。**很多青年朋友失敗幾次就開始懷疑自己的能力，其實我們應該記住愛迪生所說的那句名言：「沒有失敗，只有離成功更近一點」。因此，即使失敗，我們仍然要大膽去嘗試，接受每一次挑戰。我們可以在過去成功的經歷中體驗信心，也可以繼續去做更多的事，並力爭把事情做成，從中受到更多的鼓舞。

4. **從練習正視別人開始**。有些性格內向的青年朋友說話時不習慣正視別人，如果連這點都做不到，在其他方面也是無法收穫自信的。一個人的眼神可以透露出許多資訊。如果你不正視別人，別人往往會想：「他想要隱藏什麼？他害怕什麼呢？他是不是會對我不利？」其實正視別人並不難，如果你能把不太熟悉的人當做是自己的家人或朋友，嘗試著說話時看著對方的眼睛，就等於告訴別人：「我很誠實，而且光明正大。我相信我告訴你的話是真的，我並不心虛，我相信自己，請你也相信我。」

如果能把握住上述四點原則，年輕的你就能逐步建立起強大的自信心。

總結提示

別人的肯定可以在某種程度上增加你的自信心，但自信歸根結底還是源自我們每個人自己。我們每個人是相同的，也是不同的。既然是相同的，別人可以做到的，你也可以；既然是不同的，年輕的你就是獨一無二的，你就是你，一個特別的你，沒必要總是拿別人的標準來衡量自己，也不需要始終活在別人的評價中。你有自己獨特的價值和魅力，只要你全面認識了自我，你就能收穫自信。

三、自信不等於自我安慰

某些青年朋友知道自信的人常說「我可以，我做得到」，因此在自己沒自信時也這麼告訴自己。這固然是一件好事，但有時這種「自

信」只是一種自我安慰罷了，並沒有達到實際的作用，甚至是達到了負作用。

喜歡自我安慰的大男孩

丁磊今年二十五歲，很多剛認識他的人都認為他是一個充滿自信的人，因為他經常把「我可以」、「我做得到」掛在嘴邊。

上大學時，很多同學抱怨高等數學太難，丁磊心裡也這麼認為，可他卻對同學說：「沒那麼難，我感覺我可以輕鬆搞定。」可是，期末考試後，他高等數學掛了。同學笑著問他不是你覺得可以搞定嗎？他說：「是可以，只不過這次的題有些變態而已。」

體育達標時，很多同學對一千公尺長跑比較恐懼。丁磊的體育成績向來比較差，他卻說：「沒什麼可怕的，稍微鍛鍊幾週就可以，我相信我可以達標。」後來，他和幾個同學晚上一起去操場鍛鍊，跑了幾圈便堅持不下來了。他告訴同學：「其實我做得到，只是今天狀態不佳，我回去調整幾天就好了。」回去之後，丁磊心中還是沒底，他反覆告訴自己：「我做得到的，只是時間問題而已。」可是在後面的時間裡他並沒有再去操場鍛鍊，一千公尺考試最終也沒有過關。

畢業工作之後，上司給丁磊安排過幾項較難的任務，每次上司問他有沒有把握完成任務，他都大聲告訴主管：「能！」之後他也的確努力去做了，結果還是有好幾項任務沒有成功。上司問他原因時，他都說出了種種理由。有一次聽完他的理由，上司不高興的說：「以後沒把握做到的事，別輕易說自己可以做到！」這次之後，丁磊依然不停的對自己說：「我做得到的，我可以的。」可是心裡依舊不那麼相信自己。

不太了解丁磊的人透過他的言語，都覺得他是一個自信的人，實際上他並沒有把自信真正裝進心裡，很多時候他都是在自我安慰。

自我安慰是把雙刃劍

一說到自我安慰，很多人就想到了阿 Q 以及他的精神勝利法── 「阿 Q 精神」。阿 Q 精神的定義是：在現實生活中處於失敗者地位，但不正視現實，用盲目的自尊自大、自輕自賤、欺凌弱者、健忘、忌諱缺點、以醜為榮等等妙法來自欺、自慰、自我陶醉於虛幻的精神勝利之中。

案例中的丁磊時常將「我可以，我做得到」掛在嘴邊，他在某種程度上帶有一點阿 Q 精神，但又不完全是。

丁磊從大學開始在某些方面比較失敗，但也不能就此將他定義為一個徹底的失敗者。他有時的確沒有正視現實，而是總想法給自己找一些藉口來搪塞。這使他在失敗之後獲得了一定程度上的心理安慰。其實這也是一種心理調節方式，不然他會因為失敗而時常煩惱乃至心灰意冷、自暴自棄。

隨著時代的變遷，如今的社會環境和人們的價值觀發生了一些改變，「阿 Q 精神」在心理方面有了新的用途，那就是人們可以透過「將不愉快的事情合理化」來獲得心態上的平靜。

現代生活中，有些人排斥柴米油鹽之類的常規生活，指責知足常樂的心理。他們在工作、學習和人際交往中追求完美和公正，憤世嫉俗。當自己的自信心受到一次次打擊時，便認為命運不公，從而痛苦不堪，甚至做出了一些不理智、不冷靜的舉動，對社會、家庭和個人造成了傷害。這時候如果他們能學會現代的「阿 Q 精神」進

行自我安慰，會基本上緩解自身的痛苦。

　　可是自我安慰有時又能帶來一定負面影響，那就是像案例中的丁磊一樣，只是將「我做得到」的自信掛在嘴邊，失敗後又不停給自己找藉口，還將這個藉口告訴別人。這樣不但不能在心中真正建立起自信心，而且給別人留下一個誇誇其談、不可靠的印象。

　　所以說，自我安慰是一把雙刃劍，我們必須當心它消極作用的一面，避免它傷害到我們的自信心。

讓自我安慰的理由站住腳你才能自信

　　案例中的丁磊在失敗時給自己找了很多理由藉口，這裡面某些藉口似乎還是有些道理的，但最終還是因為沒有站住腳才讓他的「我做得到」化為了空談。那麼如何才能讓自己的理由站住腳呢？

　　首先，不能光說不練。丁磊一開始告訴同學能輕鬆搞定令人頭疼的高等數學，結果考試沒有通過，這基本上是因為他沒有做出足夠的行動來應戰，而是將原因推到了題目太難。如果他之後依舊不採取措施，他在面臨下一次考試時的「我做得到」也將成為同學的笑柄。

　　其次，要堅持到底。在準備體育達標的過程中，丁磊雖然付諸了一些行動，但卻過早的知難而退了，而且也給自己找了個「狀態不好」的藉口，實際上這個藉口除了帶點自我安慰的意思外，基本上是自欺欺人。如果他能繼續堅持，在「狀態好」時繼續鍛鍊，他收穫成功自信的可能性還是很大的。

　　再次，真正沒自信時不如坦誠說出實話。參加工作後的丁磊希望贏得上司的賞識，在面對自己沒有把握完成的任務時依然說自己

做得到，結果適得其反。實際上，用合理的方式告訴別人自己對事情確實沒有把握，並不會讓人覺得你沒自信。比如丁磊可以對上司說：「這個任務有一定難度，我不敢保證能順利完成，但我一定會盡力。」這樣就能收到更好的效果。

最後，不斷總結經驗教訓，提高自身能力才是真理。案例故事的最後，丁磊在被上司訓斥後口中說自己做得到，心裡卻已經沒自信了，這時他要做的就是吸取之前所有的經驗教訓，不斷提高自身能力。能力提高了，成功的把握性就會更大，獲得真正的自信也就不難了。

總結提示

「我可以，我做得到」必須心口如一才是真正的自信，而要做到這點只有靠堅持不懈的實際行動來獲得足夠的實力。當你有了真正的自信，即使後來在某些事情上失敗了，你告訴自己的「我做得到」也能給你自信，同時還能達到自我安慰的作用。

自我安慰不是無所事事、不思進取、坐以待斃，也不是懦弱無能、畏縮不前。自我安慰是給自己一個心理空間，放鬆調整，之後便能集中精力，輕裝上陣，再次贏得屬於你的自信。

四、過於自信是年輕人的大敵

從自信的角度來看，其實有三種人：沒自信的人，自信的人，過於自信的人。沒自信的人很難取得成功，而過於自信同樣對廣大青年朋友不利。

過於自信的苦果

二十八歲的小秦事業小有所成，已經屬於有車有房一族。

某天，他駕駛著自己的轎車去參加朋友的聚會。在聚會上，有朋友向他敬酒，他推辭說開車來的，不能喝酒。朋友說，喝一點沒關係。小秦還是謝絕了。朋友又說：「我知道你的開車技術超棒，這點小酒能難倒你嗎？」小秦說：「其實我對自己的開車技術還是很有信心的，只不過怕路上警察而已。」朋友一聽笑了：「原來你是怕這個，沒關係，這一帶的警察我全認識，要是查到你，給我打電話就行，我來幫你擺平。」小秦聽到這話，心中的顧慮一下打消了，於是陪著朋友喝了幾杯。

等他出門時，已經有點頭暈了。此時他那位朋友有點擔心他了，問他能不做得到，要不行就找別人幫他把車開回去。小秦說不用，這點小酒不算什麼，他開慢點就可以了。

開車回家的路上，由於酒精導致的興奮，小秦並沒有把車開慢，反而開得比平時還快。在行駛到一處急拐彎的位置時，由於猝不及防，與迎面開來的另一輛車發生了碰撞，釀成了車毀人亡的悲劇。

事後小秦的朋友懊悔不已。小秦的妻子也哭著說：「他這人就是向來對很多事太自信了，這下可好了，留下我們孤兒寡母的，今後可怎麼辦啊⋯⋯」

小秦的悲劇就是他的過於自信和忽視法律造成的。在日常生活中，過於自信的人很多，他們犯的不少錯誤也都和過於自信有關。

過於自信的人往往高估自己

之前我們說過，凡事都要有個度，自信也不例外。一個人的自信如果過了度，就會走向反面，變成自負，就會造成不良的後果。

比如在一場考試中，如果一個人覺得自己可以得到九十分，結果卻只有六十分，那這個人就高估了自己的能力，進入了過於自信的盲點。案例中的小秦，開車技術確實不錯，因為朋友也稱讚過他，但那是在正常的情況下。如果是酒後開車，那情況就大為不同了，不知有多少交通事故都是酒後醉駕造成的，而小秦就是高估了自己在喝酒後駕車的能力。當然，按照交通法規定，嚴禁酒後駕車。小秦的朋友慫恿小秦喝酒，釀成慘劇；小秦明知有此規定，還逞能，結果連自己的性命也搭了進去，這個教訓是值得深思的。

過於自信是很多人的通病，主要表現在人們對自己的評價上，而且過於自信一般情況下很難讓人察覺到，除非造成了嚴重後果，他們才會覺醒。這就是過於自信的缺點常常不被人重視和及時糾正的原因。而小秦這種嚴重後果讓他連覺醒的機會都沒有了。

心理學家研究發現，在和別人作比較時，人們常常對自己的知識或能力過於自信。例如：假如要評價自己的駕駛水準在一群人中的位置，百分之九十的人都說自己的駕駛技術在平均水準以上，很少有人說自己比平均水準要差。可事實上，如果有百分之五十的人的駕駛技術高於平均水準，就一定會有百分之五十的人的駕駛技術低於平均水準。所以那百分之九十的人中有不少都屬於高估了自己的能力，屬於過於自信。

在法律上有一種叫做過於自信的過失。過於自信的過失是指一個人已經知道自己這樣做有可能發生危險，但是對自己的能力過於

自信，結果導致了危險事故的發生。案例中的小秦就是屬於這種情況。如果事故發生後，小秦安然無恙，卻造成了其他人的傷亡，那麼小秦就屬於過於自信的過失犯罪了。那麼悲劇就會發生在無辜的人身上。

可見，過於自信的危害是比較大的，廣大青年朋友如果有這個缺點，就一定要趕緊克服。

戰勝過於自信這個大敵

過於自信就是自負，所謂志大才疏、紙上談兵者也。自負的人一旦擔綱大任，很容易出麻煩，出現大的紕漏。如三國演義中的馬謖，誇誇其談，自命不凡，卻是金玉其外，敗絮其中，中看不中用。結果失了街亭，連自己的頭也一起失去了。那麼，如何才能戰勝過於自信這個危險的敵人呢？我們需要注意以下幾點：

首先，要有自知之明。「人貴有自知之明」。我們先把自知之明分開來講。自知，就是自己了解自己。明，就是明白事物的能力。整體來講就是透澈的了解自己，尤其是了解自己的缺點，清楚自己的情況，對自己的能力有正確的估計。如果人們能擁有自知之明，就會把自己的自信安排在合理的範圍內，避免過於自信。

其次，要掌握「知識的知識」。一個人要做出好的決策，不但需要了解有關於事實，了解事件之間相互聯繫的各種知識，還需要「知識的知識」，也就是需要知道我們自己的知識都有哪些局限，知道哪些知識是準確無誤的，哪些是值得懷疑的。造成過於自信的一個很重要原因，就是不少人很難預料到事情會以什麼樣的方式發展，從而導致對事情可能的發展結果過於自信。

最後，要在心中建立起責任感。過於自信的人往往缺乏一定的責任感，比如案例中的小秦，他在事故發生前只是對自己的駕車技術信心十足，如果他能考慮到萬一發生事故，不僅有可能傷害到別人，還有可能傷害到自己及家人，就不會那麼莽撞的行事了，也就不會產生之後的悲劇了。

廣大青年朋友一定要學會時刻反省自己，看看自己之前的思想和行為是否屬於過於自信，因此，要時常總結評估自己的能力，做到有自知之明。

總結提示

年輕的你一定要正確估價自己，清楚自己的半斤八兩，實事求是，量力而行。切不可亂誇海口，胡亂應承，結果賠了夫人又折兵，成為現代版的馬謖。

成功歷來是給有準備的人預備的。要想出人頭地、擔綱大任，必須充實自己，使自己文武兼備、才藝雙全，才能技壓群芳，脫穎而出。

五、敢於創新讓年輕的你更自信

很多人的自信往往都是建立在以往經驗的基礎上，尤其對自己多次重複做過的事非常自信。如果年輕的你能突破以往經驗，敢於創新，那我們將會更加自信。

邁出創新的步伐

之前我們講過自信女強人韓穎的故事，現在我們再告訴大家一

個關於她勇於創新的故事。

　　韓穎在剛進入惠普大陸區公司不久後就來了次大動作。當時是一九八〇年代末，公司員工都沒有如今這樣的薪資卡，每次發薪資都是手工完成。三百多人的薪資，當時又沒有百元鈔票和點鈔機，一疊疊厚厚的鈔票常數得她頭暈眼花。韓穎心想，每年每月都這麼發薪資，既浪費時間，又容易出錯，有什麼別的好辦法呢？

　　某天，疲憊不堪的韓穎路過公司附近的一家銀行，突然靈光一閃。她找到銀行負責人，希望能為公司三百多位員工開戶。她說可以將每月薪資總數直接存到銀行，員工憑單子取薪資。

　　負責人從來沒有遇到過這樣的事，當時有些猶豫。韓穎說：「這樣銀行又不會損失什麼，還會有一筆數目不小的存款，有百利而無一害啊。」

　　負責人思考了一會覺得有道理，便點頭答應了。

　　在第二個月發薪資那天，韓穎在財務部外面貼了張告示，告訴大家以後領薪資不用長時間排隊等了，可以直接拿著存摺到配合的銀行領取。

　　可每位員工已經習慣了之前的領薪資方式，他們拿到存摺後似乎不太滿意，都在財務科外站著議論紛紛。這時直屬上司派人來叫韓穎過去。

　　韓穎一進辦公室就被批評了一通。上司說她這是只圖自己輕鬆，把麻煩推給員工，是自私的表現。而且沒有經過上級同意就擅自行事，是無組織無紀律。上司讓她回去檢討自己。

　　韓穎回到財務科，委屈得直掉眼淚。「難道我做錯了嗎」，先前建立的自信心略微有些動搖了。正在這時，公司外籍上層主管傳話

讓她過去。

韓穎忐忑不安的來到外籍主管面前，等待再次批評。但出乎預料，外方上司面帶讚許的對韓穎說：「做得好！你改寫了公司多年來手發薪資的歷史，這種勇氣和創新精神我非常讚賞！」

那一年，韓穎被評為了公司年度優秀員工，成了她一生的轉捩點。

勇於創新讓韓穎獲得了成功，也令她更加自信，值得廣大青年朋友借鑒學習。

創新與自信緊密相連

創新就是實行改變與更新，創造出新的東西。創新是我們人類特有的一種能力，在認識方面可以創新，在實踐行動方面也可以創新，是一種比較高級別的意識行為。

對個人來說，創新能更高的提升自己，能在原有基礎上獲得新的突破，進一步增強個人的自信心；對於一個國家來說，創新能推動民族的進步和社會的發展。一個民族要想走在時代前列，就不能停止理論創新；在經濟、商業、技術等領域的研究中，創新也有著舉足輕重的分量。所以，創新也經常和改革緊密聯繫在一起，我們國家正是因為這些年來的不斷創新與改革，才在國際上獲得了重要的地位，也進一步增強了我們整個中華民族的自信心。

創新是一種打破常規的智慧。創新能提高自信，同時創新也需要自信作為原動力。女強人韓穎就是因為相信自己在薪資發放方式上的改革成效，才勇敢做出了創新的舉動。所以說，創新與自信是相輔相成、緊密相連的。

一個不敢創新的人顯然是缺乏自信的，他們一般只會保守跟風，步他人後塵，這樣看似比較保險，其實不然。因為大多數人都在效仿成功的前人，如果你也在其中之列，那麼你的競爭對手則更多，這反倒增加了你的壓力與風險。

　　古往今來，沒有哪一個成功人士不是在原有的基礎上勇於創新才取得了舉世矚目成就的，無論是藝術家、文學家、學者還是企業家。所以，廣大青年朋友不論在當前嚴峻的就業壓力面前，還是在競爭日益激烈的市場經濟面前，都要滿懷自信，大膽創新，才能立於不敗之地。

大膽創新 開創奇蹟

　　創新可以幫助我們跳出傳統思維的框框，建立新的思維方法。創新需要大膽嘗試，但是並不等於可以毫無準備的盲目實施，那麼，我們如何才能培養出創新的思維呢？

　　首先，保持你的好奇心。好奇心是創新意識的萌芽。黑格爾說過：「要是沒有好奇心與熱情，世界上任何偉大的事業都不會成功。」一個人只是機械的記憶或重複前人總結的知識與經驗，而沒有一點好奇心去發現和創造更新的東西，是遠遠不夠的。我們應該在原來的基礎上，始終保持一顆兒童般的好奇心，勇於探索，善於創新。不論工作還是學習，很多人都是在好奇中掌握了新的知識，並逐步產生了創新的意識。

　　其次，不斷開發你的興趣。孔子曰：「知之者不如好之者，好之者不如樂之者。」可見古代聖賢很早就開始強調興趣的重要性。興趣不但是一種感情的展現，也是我們最好的老師。他能讓我們自發

的去探索鑽研，而且能在其中體會到樂趣。在創造出新的成果後，我們也能更具有成就感和信心。強烈的興趣是敢於冒險，敢於闖天下，敢於參與競爭的支撐，是創新思維的營養。

再次，不懂得質疑就不會有創新。古代教育家很早便指出「前輩謂學貴為疑，小疑則小進，大疑則大進」。這表明在學習生活中有敢於質疑的思想對激發智慧潛能，取得不同程度的進步是很有幫助的。這有利於培養人們學習探索的內在動機。歷史上不少科學家、發明家等都是對於前人的理論敢於質疑，從而引發自己親自去研究、驗證、嘗試新的可能性，從而取得了巨大的成就。案例中的韓穎也是因為對傳統的發放薪資方式表示了質疑，萌生了創新的念頭。

最後，不斷探索是創新的基礎。如果你做到了之前的三點，就可以真正開始實施創新了。創新的起步就是去不斷探索。你的探索必須是建立在原有知識與經驗的基礎上，透過對它們進行分析、比較，然後引出你的新構想，再將它們逐步細化為具體的實施方案。透過對你想要實施的新方案進行反覆論證，最終探索出你想要的答案。

總結提示

俗話說：「敢於第一個吃螃蟹的是英雄。」所以說勇於大膽創新的人都是值得我們敬佩的。廣大青年朋友可以用女強人韓穎在惠普公司嘉獎大會上的發言來激勵自己 ── 「好的設想常常被扼殺在搖籃裡，但這絕對不是你變得平庸的真正原因。永遠不要害怕改變，改變裡就有契機，它會讓你成熟，更了解自己的能力極限。只要你是一支績優股，投資者總會認識你，認可你，並且長

久的支持你。」

六、變自卑為自強

二十多歲的青年朋友中有不少自卑的人，他們在生活、學習、工作等方面時常感覺自己的條件和能力不如別人，這種自卑的心理狀態常常令他們煩惱和痛苦。自卑透過語言、行動等外在的東西表現出來，常常造成不同程度上的失敗和挫折，這又令他們更加自卑。

抬不起頭的「醜小鴨」

方豔出生在一個不富裕的普通工人家庭，今年二十四歲，大學畢業剛工作一年。

方豔個頭不高，身材一般，皮膚也不是很好。當年考入大學時，她的成績在班上處於中等偏下位置，因此可以說在各方面都處於劣勢。看到班上其他條件優越的同學，方豔常常感到很自卑。

由於外形條件相對較差，方豔總覺得自己是一隻「醜小鴨」，常常走路駝著背、低著頭，與人說話、尤其是跟男生說話時，更是不敢抬頭看對方。走在校園裡，看著那些時尚的男女同學戀愛交往，方豔先是羨慕，之後就開始為自己感到難過，因為她認為自己這樣的條件，是不配擁有劇情中的浪漫愛情的。她覺得心中的白馬王子永遠不會到來，而現實中條件太差的男生她又看不上。

在學習方面，中學時她拚了老命才勉強考上大學，而班上不少同學都是相對輕鬆考上的，而且成績還在她前面。因此，方豔覺得自己沒別人聰明，只能一直比別人苦和累才能勉強跟上他們的腳

步。這也讓方豔感到有些自卑。她在課堂上從不敢主動發言，偶爾被叫起來回答問題，聲音也很小，而且臉紅心跳。

畢業後，方豔投過不少履歷，很多公司都因為她在面試時透露出來的自卑感而將她拒之門外。後來，她總算在一家小公司找到了一個祕書職位。

工作後，方豔的自卑情結還是沒有袪除，因此工作成績方面始終沒有突出展現，尤其是在對外接待時，常顯得有些膽怯和拘謹，很不成熟。好在他的上司是一位熱心人，對她進行批評之餘，還告誡了她一句：「你就是太自卑，這樣你什麼工作也做不好，你就永遠低人一等。趕緊改掉這種性格吧！」

生活中有不少像方豔這樣的青年朋友，因為一些自身的先天和後天條件不如別人，常常感到很自卑，成了一隻抬不起頭的「醜小鴨」。

自卑情結讓你遠離快樂

自信的反義詞是自卑，沒自信不一定就會自卑，有時只是沒把握而已，但過度的沒自信就是自卑了。

唐代著名詩人杜甫在《雨》詩中就提到過「自卑」：「窮荒益自卑，飄泊欲誰訴。」自卑中的「卑」就是卑微、卑賤的意思，所以自卑簡單說就是自己感到自己很卑微，覺得自己各方面都不如別人，輕視自己，以為自己太差，趕不上別人。

大家知道，人都是有一定欲望和追求的，人的本性往往是不滿足的。有自卑情結的人總覺得自己擁有的不如別人的好，因此產生了不滿足感。

人們天生希望獲得自豪感，比如兒童們都希望被稱讚和表揚，而不喜歡被指責、批評。否則就容易產生自卑感。既然是天生的本性，等我們成年以後，這種本性依舊不會改變，只不過是透過另外的方式來獲得自豪感而已，比如：榮譽、金錢、地位等。而自豪感的產生就和自卑感相反，是人們感到自己所擁有的比別人的好，從而產生的滿足感和優越感。

　　案例中的方豔，覺得自己擁有的外形先天條件不如別人，而她自己在心裡又是渴望達到大眾的統一標準的。因此，她產生了不滿足感，如果她的外形條件達到了她認為的標準，她就能感到滿足和自豪，否則，就會時常感到自卑。

　　德國哲學家黑格爾說：「自卑往往伴隨著懈怠。」自卑可以消磨一個人的雄心、意志，使之自暴自棄，悲觀洩氣，對我們是很不利的。

　　自卑是一種性格上的缺陷。自卑的人對自己的外表、能力、素養等評價過低，同時常常伴有一些特殊的情緒展現，比如羞怯、不安、自責、憂鬱等，嚴重的還會導致自殘、自殺等後果。

　　經常遭受失敗挫折打擊，是人們產生自卑心理的主要原因。一個人經常遭受失敗和挫折，他的自信心就會日益減弱，自卑感就會日益嚴重。比如我們上學時如果學業成績總是不如別人，受到某些老師的輕視，受到家長的批評，追求戀愛對象遭到拒絕，工作老是達不到主管的要求等等，這些都會讓不少人產生自卑感。

　　自卑感會嚴重打擊一個人的自信心，本來有足夠能力去完成的任務目標，卻因懷疑和輕視自己而失敗，於是覺得自己一無是處，處處不如別人。這種自卑情緒又會再次影響正常的生活和工作，造

成一種惡性循環。如果不及時糾正，是非常危險的。

抬起頭你就是美麗的天鵝

童話故事中的醜小鴨在不知道自己是天鵝時，由於受到大家嘲笑，感到非常自卑。當發現自己實際是一隻受到眾人追捧與讚美的白天鵝時，自卑感頓時一掃而空，重新獲得了自信。實際上，現實生活中的每一隻「醜小鴨」都是一隻高貴的白天鵝，只是他們還沒有發現而已。那麼，如何才能趕走自己的「醜小鴨」情結讓自己變為一隻白天鵝呢？

1. **真是「醜小鴨」又何妨？**我們應該坦然面對自己的不足，無論是外表還是能力。既然現狀如此，能改變的我們就改變，不能改變的我們就欣然接受。黑格爾有句名言：「凡存在的就是合理的」，我們說，凡是存在的也都是有一定價值的。「醜小鴨」就一定要比白天鵝卑微、低賤嗎？大家都是平等的，方豔大學時因為自己條件一般就覺得自己不配擁有愛情，這就是一個錯誤的觀點。因此不要太在意別人的評價，只是以貌取人的俗人不值得你在乎，而能力方面的不足又是可以透過自己的努力去改變的。只要你具備這個心態，即使你依舊是「醜小鴨」，而本質上你已經是一隻高貴的天鵝了。

2. **抬起你的頭，不要太敏感。**很多像方豔一樣的人因為自己的外貌不佳而不敢抬頭，不敢大聲說話，很多時候是因為他們過於敏感了，總覺得別人會對自己的外表或能力特別在意。有時別人在背後議論，他們也會覺得是在嘲笑自己。實際上，很多時候別人只關心自己的事情，並不會對你的言行過

於在意。你如果總是自卑抬不起頭，他們反倒會更加在意。

3. **你總有一面是白天鵝。** 這個道理就不用過多闡述了，大家都明白，之前也論述過，就是人各有所長，你這方面不如別人，你總有其他方面是出色的，所以我們應該善於去發現自己特有的優點和長處。

4. **自卑沒用，不滿足就去追求。** 前面說到自卑是因為很多人有不滿足感，希望獲得自豪感。既然是這樣，那就該勇敢去追求，遭受一點失敗挫折又有何懼？如果你不思進取，不求改變，只是在原地感到自卑，那你就永遠是醜小鴨。如果你想改變卑微的現狀，唯一可行的就是把自卑化為前進的力量，朝著成為白天鵝的目標前行。

除此之外，廣大青年朋友也不要把目標定得過高，很多人就是因為想要的東西過於不切合實際，當他們的自信被打擊後，就容易走向另一個極端，那就是自卑。所以，當不了白天鵝，成為眾多普通鴨子中的一員也不見得就是一件壞事。

總結提示

二十多歲的青年朋友，生活、事業都還剛剛起步，征途還很漫長，即便起步較晚，或走了些彎路，落在了別人後面，也不能因為自卑而停步不前，因為目前的現狀不足以決定一個人的一生。這好比一個馬拉松運動員，資質較差，起跑時又比別人慢了一些，落在了後面，這其實並不重要，關鍵是他是堅持下去還是中途放棄。只要他下定決心，照樣可以趕上進度，甚至可以超過前面的人。即使看到別人比自己強，可以慚愧，但不能自卑，

要冷靜反思，找到原因，對症下藥，便自卑為自強，從而建立
起自信。

七、年輕時不果敢，更待何時

世上沒有一個偉大的業績是由事事都求穩操勝券的猶豫不決者
創造的。

—— 愛略特【英】

他比女人還優柔寡斷

他叫勇剛，可他的性格卻與他的名字恰恰相反，了解他的人都
說他比女人還小心翼翼、優柔寡斷。

勇剛當年填學測志願時就思前想後，不知如何選擇學校和專
業，一會覺得父母說得有理，一會覺得老師說得有理，一會覺得網
友說得有理。後來父親直接說：「你最喜歡哪個學校哪個專業就填哪
個吧。」「可是我好像都有點喜歡」，勇剛說。最後，還是父親幫他
做了主。

大學四年，每當面臨一些選擇時，不論大小，勇剛依舊優柔寡
斷半天。尤其畢業找工作時，他常常因為猶豫不定而徹夜失眠。不
少男同學時常笑他：「你能不能像個男人一樣做事果斷點？」

之後，勇剛進入到一家公司，這個毛病依舊沒改。正式上班前
一天，勇剛上街去買適合工作穿的衣服。他幾乎跑遍了市區商場。
每當走進一家商店，從架上取下衣服時，他就會從各方面仔細打
量，看了再看，心中老不確定自己到底適合穿哪件。一會覺得這個

顏色有些不同，那個式樣有些差異，不知道究竟買哪一款才好。好不容易看上了一件衣服，又覺得有點厚，他希望最好上班能穿，平時也能穿；夏天能穿，秋天也能穿，心中始終帶著最好能同時滿足多種需要的苛求。後來他又想，除了這家店，別的店會不會有更好的呢？有時店員一介紹，他差點想買，又懷疑店員可能是為了推銷商品而故意這麼說的。一件衣服試完後，換了一件，後來又換回去，之後再換回來，來來回回折騰了好多次，最後好像還是不太滿意。他還問了店員很多問題，有時問了又問，弄得店員們十分厭煩。好幾個女店員都暗中嘲笑這個「女人一樣的男人」。結果，他那天一件衣服也沒買，空手而歸。

這位勇剛果然比女人還女人，他這種拿不定主意的優柔寡斷如果不改，將會成為他成功路上一塊巨大的絆腳石。

年輕時必須學會果敢行事

果敢，簡單說就是果斷，勇敢，做事不遲疑。案例中的勇剛缺乏的正是這點，像他這樣優柔寡斷的人常常被稱作是「像女人一樣的小男人」。因為這類性格一般為某些女性所特有，常被認為是做不成大事的表現。

不果敢的人，通常都是沒有毅力的人。這種性格上的弱點能夠損害一個人的信心，也可以破壞他的判斷力，並大大有害於他今後的發展。

古人云：當斷不斷反受其亂。《書・周官》也寫到：「唯克果斷，乃罔後艱。」它們都表達了一個意思，那就是猶豫、拖延只會不斷滋養恐懼，自己給自己製造困難。如果一個人經常考慮生活中的種種

「如果……會如何」，那他就會寸步難行。

果敢能夠得到信心，信心能夠得到力量，而力量正是勝利之母。一個果敢的人要麼靜止不動，要麼健步行走，要麼快速跳動，絕不會猶豫不定。果斷的作出決定，勇敢邁出步伐是治癒自卑恐懼的良藥。

世間最可憐的人就是那些舉棋不定、猶豫不決的人。如果有了事情，他們總是愛去和他人商量，一切決策都取決於他人。這種主意不定、意志不堅的人，既不會相信自己，也不會為他人所信賴。

還有些人甚至優柔寡斷到無可救藥的地步，例如案例中的勇剛，他們不敢決定種種事情，不敢擔負起應負的責任，常常擔心今天對一件事情進行了決斷，明天可能會更糟，或者明天也許會有更好的事情發生，以至對今日的決斷發生懷疑。

許多缺乏果敢精神的人，不敢相信他們自己能解決重要的事情。因為猶豫不決，很多人使他們自己美好的想法陷於破滅。

所以，年輕的你如果想收穫成功，猶豫不決、優柔寡斷絕對是你青春道路上一塊巨大的絆腳石。我們應該立刻開始，訓練出一種遇事果斷堅定、迅速決策的能力。

勇敢果斷 克服優柔

廣大青年朋友如何才能克服遇事拿不定主意、優柔寡斷的毛病呢？

1. **學會獨立自強**。果敢性格的形成，與一個人的才能有著密切的關係。藝高人膽大，只有自己的能力提高了，你才會擁有自信和勇氣。這種能力不是在別人的攙扶下形成的，而是獨

立自強造就的，因此我們要透過生活的點點滴滴來培養自信自主的勇氣和信心，培養自己性格中意志獨立的良好素養。

2. **不要患得患失**。世間沒有絕對的完美，有得必有失，要敢於迅速的決定取捨，不要追求盡善盡美，思前想後，只要不違背大原則，沒有無法挽回的巨大損失，就可以當斷則斷。

3. **有膽還要有識**。果敢的人敢於大膽決策與他們所具有的知識經驗有很大關係。一個人的知識經驗越豐富，其決策水準就越高；反之則越低。這也就是俗話所說的「有膽有識，有識有膽。」

4. **平時要勤於思考**。《禮記‧中庸》中說道：「凡事預則立，不預則廢。」不論做什麼事，事先有準備，才能得到成功，不然就會失敗。所以，我們平時要經常動腦筋，勤學多思，是關鍵時刻有主見的前提和基礎。

5. **遇事沉著冷靜**。優柔寡斷的人缺乏主見，往往易受外界的干擾，因此我們必須學會排除暗示，穩定情緒，要由此及彼、由表及裡的仔細分析。這樣有助於我們培養果斷抉擇的意志。如果實在拿不定主意，就跟著直覺前行，不管對或錯，成功或失敗都不用後悔，因為至少我們嘗試過，努力過。

能做到上述五點，你就能逐步成為一個果敢成熟的人，優柔寡斷只屬於遙遠的昨天。

總結提示

當然，對於比較複雜的事情，在決斷之前需要從各方面來加以權衡和考慮，要充分調動自己的常識和知識，進行最後的判

斷。但一旦打定主意，就不必再猶豫彷徨，只有這樣，才能養成堅決果斷的習慣，既可以增強人的自信，同時也能博得他人的信賴。

八、給你的青春多一些暗示和激勵

年輕的我們要獲得更多的自信與勇敢，還有一個很好的辦法，那就是透過自我暗示來激勵自己。

我是生活中的佼佼者

二十八歲的魏成城早晨出門之前，總要在鏡子前照一照，並在心中告訴自己：我還是很瀟灑的嘛！頓時，整個人眼前一亮。有時頭天晚上沒睡好，從鏡子裡看到自己眼臉浮腫，精神疲倦，他又告訴自己：沒關係，到屋外活動活動，呼吸一下新鮮空氣就會好的。於是整個精神立刻為之一振，高高興興上班去了。

有時晚上躺在床上，由於激動或憂慮，魏成城有些失眠。這時候，他就努力放鬆下來，心平氣和的對自己說：別想了，先睡覺，明天再想，明天我會更好。沒過一會，他就安穩的睡著了。

有段時間經常應酬，魏成城有了些酒癮，他深知這樣不好，於是又告訴自己：「我是有控制能力的，酒對我無所謂，它誘惑不了我。酒其實很討厭，氣味難聞，令人噁心嘔吐。我想到酒就難受。酒鬼是令人討厭的！」不久，他戒除了酒癮。

生病時，魏成城心想：「這藥很好，別人吃了都見效，我吃了以後也一定會恢復健康。」結果，自己痊癒得非常快。

後來，魏成城換了家更好的公司。走在應聘的路上，他一邊欣賞自己嶄新的西裝革履，一邊對自己說：「這小夥子一表人才，肯定能給他們留下良好印象。至於回答問題，我的知識閱歷這麼淵博，肯定令他們讚歎不已！」果然，他順利透過了面試。

　　在平時的生活中，魏成城告訴自己最多的一句話就是：「我很棒，我是生活中的佼佼者！」

　　魏成城這種方式就是典型的自我暗示，它能不斷激勵自己，給人積極向上的動力。

積極的自我暗示可令年輕的你昇華

　　自我暗示就是透過一種想像，讓你感覺到有一個不同的自己存在，然後用它來刺激自我，從而改變你之前的判斷經驗和習慣行為。

　　時常進行積極的自我暗示對我們幫助是很大的。積極的自我暗示是對自我的肯定，認為自己對某件事完全有能力應付。例如案例中的魏成城，無論在什麼樣的情形下，他都暗示自己做得到，自己是最棒的。這樣無疑能大大增加一個人的自信心。

　　懂得用自我暗示激勵自己的青年朋友經常告訴自己這樣的話：「我是一個聰明又漂亮的人」、「在我所從事的專業領域，我是出類拔萃的」、「我具有強大的行動力」、「我能實現自己的美好願望」等等。

　　在第二十二屆奧運會上，日本體操運動員具志堅每次出場前，總要緊閉雙目，口中念念有詞。在男子體操決賽中，眾多名將紛紛失手，比如美國的麥克唐納、康納斯，唯獨具志堅一路發揮正常，最後奪得全能冠軍。比賽結束後，有記者問他口中默念的是什麼？具志堅笑而不答，搞得神祕兮兮。實際上，無論他念的「咒語」是什

麼，都是在進行積極的自我暗示。

積極的自我暗示不僅能平穩人的情緒，緩解緊張焦慮，還能集中人的精神，達到提醒的作用，令人精神振奮。三國時曹操令軍士「望梅止渴」就是一種心理暗示，不過這是一種「他暗示」。如果一個人口渴時也這樣告訴自己，就成了「自我暗示」。它能使人獲得不斷進取的力量。

總之，積極的自我暗示會不知不覺透過大腦給人的情緒和意志帶來正面影響。與此同時，也會引起人們生理上的一些良性變化，對廣大青年朋友的身心健康乃至事業、婚姻、友誼都大有益處。

掌握自我暗示的訣竅

自我暗示的方式多種多樣。自我暗示可以在心中默念進行，可以大聲說給自己聽，也可以在紙上寫下來，還可以唱出來或朗誦出來，總之，你可以用任何你能想到的方式將激勵自己的內容傳輸到自己的大腦中。

自我暗示費時不多但要堅持。廣大青年朋友每天只要花十分鐘進行自我肯定的暗示，就能抵消我們多年養成的負面意識習慣。要經常體會並意識到自己告訴自己的一切，並不斷擴展積極肯定的範圍，這樣我們就能逐漸創造出一個積極的現實世界。

可以從生活的各方各面進行自我暗示。心理暗示影響著人們的身心健康，進行積極的自我暗示可以充分調動情緒和意志戰勝困難，確保身心愉悅。我們可以學習案例中的魏成城，從日常起居、飲食、工作、治療病症等各方面入手，充分發揮自我暗示的作用。

多想像那些與自己願望近似的事物。如果看到一輛小車，我們

可以想像自己正非常享受的駕著車；如果是一個情景或事件，就想像自己正身在其中，每一件事都正像自己所希望的方向發展，這些都能對我們達到一定的鎮靜和激勵作用。

時常提醒自己必須正視危機。除了進行自我肯定的積極暗示外，廣大青年朋友還要適當暗示自己危機的存在，這樣能提醒我們做好預防困難的準備。如果無視危機，我們往往會盲目的創造一種舒適的生活方式，使自己生活得風平浪靜，而當危機到來時卻手足無措。

積極的自我暗示可以令人自信而樂觀，人一旦處於這種狀態中，體內就會發生奇妙的變化，就會獲得新的動力和力量。

總結提示

積極的自我暗示固然好處多多，但我們也要謹防消極的自我暗示。消極的自我暗示多為自卑、悲觀，甚至迷信的人所具有。它可以誤導個人的判斷，抹殺人的自信心，使人生活在負面的幻覺當中不能自拔，並做出脫離實際的事來，令人偏聽誤信，喪失理智。

第六章　匆忙的腳步不忘感恩

——懂得仁愛報答

　　年輕的你是否整日只顧忙著追求、忙著索取？是否認為自己所擁有的一切都是理所應得的,而別人給予自己也是理所應當的?有些人一旦得不到、失去或受到傷害總是將罪過推到別人頭上,心中過於自我,不懂得感恩、付出、回報,不懂得關愛別人。孰不知,這樣是目光短淺的,是獲得成功與幸福的大敵。

一、博大精深的愛

愛，一門博大精深的學問，一種偉大深邃的情感。人類有愛，需要愛；動物也有愛，也需要愛。愛不止一種，要真正懂得愛，也許需要我們用一生去體會，去努力。

愛不是一個傳說

柯凡認為自己是一個不幸的人，他說愛對他來說，只是一個傳說。

柯凡是一個孤兒，一出生就不知道自己的雙親是誰，從小在孤兒院長大。

在孤兒院時，他因為性格孤僻古怪，不愛與人交流，時常受到其他孩子的欺負。孤兒院的管理人員雖然多方教育，但還是難免有些疏漏。而且工作人員對孩子們一視同仁，也沒有對柯凡有過什麼特殊的照顧，因此柯凡感覺自己從未獲得過類似於親人的愛。

之後，在政府有關部門的幫助下，柯凡等孤兒上了小學。在校期間，柯凡學業成績並不好，還時常耍點小個性。老師對他進行過幾次勸導，也收效甚微。

後來柯凡又分別上了國中和職校，依舊沒有在學校中感受到什麼關懷和溫暖。技校畢業後，柯凡沒有選擇進入政府支持創辦的福利廠，而是選擇走入了社會。遭受多次拒絕後，他找到了一份工作——機電產品銷售員。可沒做多久，他便被老闆解雇了，主要原因還是他的性格問題。

之後，柯凡又找到了一份倉庫管理員的工作，這份工作不需要

過多與人交流，他做著也還算順利，可他依舊沒什麼朋友，也沒太多機會接觸到社會上的其他人。

每當他聽著愛情歌曲，看著電視中的溫情節目，看著街上甜蜜的情侶或溫暖的一家幾口，他都覺得這些離他很遙遠。

有一天，內心孤獨的他忍不住給電臺情感熱線撥了一個電話，他對主持人說：「我也渴望愛，可是愛對我來說只是一個傳說。」

故事中的柯凡在很多方面的確比常人不幸，他認為愛只是一個傳說，實際上並非如此。

愛是一種奇妙而又崇高的情感

愛，是一種發自於內心的情感，是指對人或事物有很深的感情。我們經常提到的愛多數情況下是指人與人之間的感情，比如母愛、友愛、愛情等等。

愛這個字在字典裡不只一個意思，如果一件事物能給予人們某方面的滿足，人們就會對之產生喜歡、愛慕的情緒，這也算一種愛，但這只是較淺層次的愛；較深層次的愛通常是一種無私的、無所求的奉獻之情，有的人甚至會為了它而放棄生命，比如親情之愛、道義之愛、男女之愛等。

人類學家認為愛是與生俱來的，是一種人的本性，其中最典型的就是母愛，這在動物身上也有明確的展現。一個人要成為一個真正意義上的人，就必須具備愛的能力。

由於世界各民族間的文化差異，每個國家和民族對愛的理解有一定的差異，至今沒有一個統一的定義，但是這種情感給人們帶來的基本感受都是一致的，那就是愛能給人們帶來快樂、幸福的情

緒。如果失去愛，人們就會悲傷、甚至絕望。

　　愛的範圍是非常廣泛的，可以包括心靈上的愛、物質上的愛、對自己的愛、對他人的愛、對組織的愛、對學習的愛、對名譽的愛等等。

　　愛可以付出，也可以收穫，是一個雙向的過程。尤其在人與人之間，你可以愛別人，也可以接受到別人對你的愛，但不同的人對愛的重視程度不一樣。

　　案例中的柯凡認為愛只是一個傳說，他所說的愛，主要是指親情之愛、友情之愛、愛情之愛，這是大多數人都渴望得到的愛。實際上，不光是像柯凡這樣相對不幸的人，很多看似比他幸運的正常人也都往往意識不到愛就在他們身邊，只是它們暫時還沒有發現，或者他們本可以得到，只是不知道如何得到。

　　總之，愛是一個抽象的概念，你可以體驗到，但卻難以用言語來充分表達，她是一種奇妙而又崇高的感情。

愛是一種信仰 相信她才能獲得她

　　一說到信仰，人們往往會聯想到宗教。實際上，信仰實質上就是對某種觀點、理論、主張、主義的認同，並切實的把它貫徹到你的思想行為中，不論它們是聖賢之人提出的，是人民大眾在歷史生活中得出的，還是你自己總結出來的，甚至是某些別有用心的人歪曲、捏造的，只要你信奉它，它就可以算是一種信仰。

　　當然，作為健康文明的現代人，我們大多數人信奉的都是積極的、正面的東西，比如真誠、善良、奉獻、仁愛等，因此將愛作為一種信仰也是天經地義的。

　　柯凡是否相信愛呢？他當然相信，因為他始終渴望得到各種愛。即使因為種種遭遇他暫時沒有得到，而且認為愛只是一種傳說，也只是認為自己不可能得到，而沒有否定愛的存在、愛的作用。

　　這個世界上不相信愛的人是幾乎不存在的。前面我們說過愛的範圍是很寬泛的，即使一個人得不到這種愛，甚至不相信這種愛，他也一定會追求和得到其他方面的愛。比如一個人沒有朋友，婚姻破裂，但他一定還愛著自己的父母親人。如果父母親人也拋棄它，說不定他還愛錢，當然這個愛就是比較低級膚淺的了，不過只要他相信錢能帶給他幸福，這個愛也可以算作是他的信仰。假使一個人真的什麼都不愛，那麼他活在這個世界上自己也會覺得毫無意義。

　　一個人只要相信愛，心中就會存有獲得愛的希望。有了這個希望，就有了生活下去的動力，就會去爭取他所相信的、想要的那種愛。那麼，如何才能獲得各種愛呢？我們會在之後的章節詳細為您論述。

　　另外，由於愛情是廣大青年朋友較為關心的一個話題，也是各類愛中最為複雜的一種情感，我們將會放到單獨的一章為大家講述。

總結提示

　　偉大而真摯的愛是一種順應自然規律的現象。當年輕的你看到自然界的動物媽媽無私的給自己的寶寶種種呵護，當你看到人類的父母為了下一代心甘情願的終生操勞；當你看到兒女們為了孝敬父母揮汗拚搏，當你看到戰士為了親密戰友的安全挺身而出，當你看到失去愛人的伴侶痛哭流涕……難道你還會懷疑愛的存在？

· 廣大青年朋友正處在人生的關鍵時期，不少朋友不僅有父母、兄弟、姐妹、朋友，還成立了家庭，有了自己的下一代。另外還擁有了一定的事業，肩負著一定的社會責任與國家責任。因此，我們必須在各個領域中都相信愛的存在，並為之付出，這樣才能收穫到來自各方面的愛，才能夠體會到真正的幸福人生。

二、愛是最偉大的力量

古往今來，無數事實已證明，愛是世間最偉大的力量。自古邪不勝正，正義的力量基本上就是為了讓真正的愛維繫下去。仇恨也是一種力量，即使有些仇恨也來自維護正義，但是仇恨與暴力終究不能從根本上解決問題，唯有靠愛才能化解一切。

年輕的心中切勿種下仇恨的種子

從小到大，姚秉洋有一個很大的缺點，就是心胸狹窄，愛記仇。父母、老師、朋友都勸過他，但這個毛病他始終沒有改掉。

中學時姚秉洋因為與同學爭執一個問題，結果怒火中燒，與之激烈爭吵起來。之後老師出面才平息了這場沒有硝煙的戰爭，可姚秉洋卻因此記恨在心，從今後不但沒有再與那位同學說過話，甚至還背地裡搞過小動作報復這位同學。

上大學後，因為一次誤解，姚秉洋受到了老師的批評，這讓他對這位老師產生了敵意。在一次不記名教師測評活動中，姚秉洋在填表格式時故意將這位老師的各項表現都打了最差，讓他喪失了獲

得年度優秀教師的機會。姚秉洋因此暗中得意。

姚秉洋愛記仇的缺點終於讓他在上班後吃到了苦頭。工作剛一年時，有天公司部門出去聚會。在飯桌上，有位同事對他的工作和性格做了負面評價，姚秉洋聽後立刻感覺自己的尊嚴受到了打擊，便與之爭辯起來。當時不少同事正在各自喝酒聊天，沒有太注意他們的對話，因此也沒有上前勸阻。姚秉洋和那位同事越爭越激烈，終於，姚秉洋的怒火再也控制不住了，加上一些酒精的作用，他抓起手邊的茶杯就向同事扔了過去。還好同事躲得及時，腦袋一側避過了茶杯，沒有釀成危險。同事惱羞成怒，衝上來要與之動手。

其他同事發現這邊出了事，趕忙上來勸阻。在眾人的反覆勸阻拉扯下，兩人才沒有大打出手，但彼此嘴中卻相互辱罵不休。

事情並沒有就此結束，感覺受到嚴重侮辱的姚秉洋在事件過去很多天後，依舊對那位同事耿耿於懷，時常越想越氣。終於有一天，他盤算出了一個報復計畫。

某天夜裡，那位同事在外吃過飯後獨自一人回家。當他經過一條小巷時，遭到了幾個人的圍毆，結果身受重傷。事後，經警察機關偵查破案，抓獲了伏擊他的那夥人。經審訊，這夥人正是姚秉洋指使的。

最終，姚秉洋不僅丟掉了穩定的工作，還受到了法律的嚴懲。

俗話說：「冤怨相報何時了？」姚秉洋之所以落到後來的下場，就是因為他年輕的心中時常埋有仇恨的種子。

愛與仇

人都有一定的欲望，因此人的本性是不滿足的。前面我們說過

幸福感就是欲望得到較長時間的滿足，人們渴望得到愛與尊重，能獲得這方面的滿足，人們就能收穫一定的幸福感。可是，當有人嚴重侵犯了我們所追求和維護的東西時，就會引起我們的敵對情緒，於是便產生了仇恨心理。當這種嚴重性累積到一定程度，就會引起質變，會使我們產生各種報復心理，甚至犯罪的動機和行為。

　　一般來說，仇恨的產生有一個過程，那就是：受到侵犯 —— 不滿 —— 怨恨 —— 敵意 —— 仇恨。仇恨就是由不滿的情緒逐步發展而成的。

　　案例中姚秉洋的一次次懷恨在心正是如此。從他的經歷來看，他屬於一個自尊心比較強的人，也就是說他把自己的尊嚴看得很重。這樣的人時常期望獲得別人的敬重與讚揚，這也是一種欲望。當這種欲望由於別人的阻礙不能獲得滿足，或者已經獲得了卻遭遇到別人侵犯，他們就會產生強烈的不滿情緒，從而導致仇恨的產生。

　　前面我們解釋了愛的概念，實際上愛也屬於一種欲望。主動去愛是一種欲望，希望被愛也是一種欲望。當我們獲得了愛，我們就能獲得滿足感、幸福感。由於愛是一種很深的感情，如果我們的愛受到阻礙、侵犯、掠奪，我們就會產生不滿情緒，這種不滿情緒累積多了，就會發展成為一種仇恨心理。

　　仇恨也是一種動物本能，這種本能也和愛的情感緊密聯繫，比如動物母親由於天生的母愛，會因為失去孩子而復仇；動物的孩子也會為失去親人而復仇；動物會因為被剝奪了配偶之愛而復仇；某些動物還會由於友愛為自己的朋友（包括人類朋友）而復仇等等。

　　人類是高級動物，除了和動物具備同樣的復仇原因外，還會因很多其他原因而復仇，比如財產被掠奪、尊嚴被踐踏等。

可見，仇恨也屬於一種正常的心理，但是，它同樣需要控制在一定的限度內，如果過了度，不但會產生憤怒、焦躁、陰暗等不健康心理，而且更重要的是它會導致種種悲劇的發生，甚至導致犯罪。

用博大的愛包容與化解仇恨

我們再來看一個故事。

從前，有位國王因為年歲已高，決定將王位傳給三個兒子中的一個。

某天，國王叫來三個兒子，對他們說：「我決定把王位傳給你們三兄弟中品德最高的那一個，但我現在還看不出你們中誰的品德最高。你們可以先去外面遊歷一年，之後回來告訴我你們在這一年中所做過的最高尚的事情。」

一年後，三個兒子回到國王身邊，分別告訴國王自己一年來的收穫。

大兒子說：「我在遊歷期間曾經遇到一個陌生人，他託我把一大袋金幣交給他遠方的兒子。當我遊歷到那裡時，就把金幣原封不動的交給了他兒子。」

國王說：「你做得很好，不過誠實是你應有的品德，還不能算是高尚的事情。」

二兒子接著說：「我旅行到一個村莊，碰上一夥強盜燒殺搶掠，我衝上去和村民們一道趕跑了強盜，保護了他們的生命財產。」

國王說：「你很勇敢，但救人是你的責任，也稱不上是高尚的事情。」

三兒子有些遲疑的說：「我遊歷期間不小心得罪了一個人，雖

然我認為自己沒錯，但還是向他道了歉。可是這個人依舊對我非常仇恨，三番五次想陷害我。有好幾次我差點就死在他手上。一天夜晚，我走到一個懸崖邊，發現他正睡在懸崖邊的大石塊上。當時我只要輕輕一推，他就會掉下懸崖。但我沒那麼做，而是叫醒了他，告訴他睡在那很危險。後來，當我準備過一條河時，一隻老虎突然從旁邊樹林裡竄出來撲向我。正當我絕望時，那位仇人從後面趕來，一刀宰了老虎。我問他為什麼要救我，他說：『是你先救我，你的仁愛化解了我的仇恨。』這……這應該也不算什麼大事。」

「不，孩子，」國王說道，「能幫助自己的仇人，是一件高尚而神聖的事。來，從今天起，你就是這個國家的國王了。」

這個故事告訴我們，愛是一種偉大的力量，愛的寬容能化解深刻的仇恨。不將仇恨長時間掛在心上，能主動去寬容甚至幫助自己仇人的人，不但是心胸寬廣的人，而且是品德高尚的人。

總結提示

世界上的種種戰爭皆來源與仇恨。戰爭給人類肉體上、精神上都帶來了沉痛的創傷，因此我們向來呼籲世界間、民族間的和平與友愛，就是希望用寬宏的愛來化解仇恨。

作為一個單獨的人也是如此，個人的仇恨也會導致小的戰爭，比如案例中的姚秉洋，其實很多事沒什麼了不起的，可他卻看得過重，結果不但傷害了對方，自己也受到了懲罰，造成兩敗俱傷。因此，我們廣大青年朋友要懂得用寬廣的愛來包容和化解各類大小仇恨，這樣不但能避免各類不良後果的發生，還能提高自身的品行。

三、二十歲先要懂得自尊和自愛

年輕的你希望得到別人的愛與尊重，也希望能去愛別人，尊重別人。但是，我們不要忽略了自己，而是應該首先自己愛自己，尊重自己，這樣才能去愛與被愛，尊重與被尊重。

不自尊自愛的苦果

徐宏剛考入大學時各方面成績都很好，在班上名列前茅。可由於在頭兩年過於放縱放鬆，他漸漸落到了同學的後面，這讓向來有優越感的他難以接受。

經過一段時間的窮追猛趕，徐宏的成績較原來有了一些提高，但依舊沒有趕上那些始終堅持的同學。於是，徐宏開始自暴自棄起來，並在思想行為上產生了一系列的變化。

之前，徐宏比較注重外表，經常把自己收拾得很體面。他曾經告訴同學，自己要給人一種風度翩翩的學者形象。可現在，他不再那麼做了。早晨起床後，徐宏常常不刷牙不洗臉不梳頭不刮鬍子，衣服隨便一穿，管它髒不髒、皺不皺，有時穿著拖鞋就直接上課去了。

以前同學開徐宏玩笑，如果稍微有些過分的，他就會出言制止，以維護自己的形象。如今他覺得自己各方面都很差，也沒什麼威信可言了，便隨他們怎麼開，有時還配合著和他們亂說一通，相互嬉鬧貶低。

學校外的網咖成了徐宏經常光顧的地方。他一到週末就跑去網咖通宵上網，有時連飯都顧不上吃，實在餓了就隨便點餐。上到第

二天白天後，便回宿舍補眠。到後來，他甚至曠課去網咖通宵，更別說閒暇之餘去操場參加體育課了。

就這樣，徐宏的體能狀況變得越來越差，以前他跑個三千公尺都小菜一碟，現在稍微多走一會他都感覺有些累，還沒畢業，身體就已經開始輕微發福了。

畢業後，徐宏進入到一家國企，在一個相對清閒的部門工作。參加工作後，他在形象上稍微注意了一些，但在生活習慣上還是比較放縱，不愛惜自己的身體，沒事就出去喝酒、打牌，每月薪資基本上全部花光。

下班後，徐宏回到家吃完飯不是躺在沙發上看電視，就是滑手機、打遊戲。有時玩到很晚，直接影響他第二天的工作，他上班經常遲到，工作期間時常打瞌睡。主管多次批評他，他都圓滑的應付過去了。

有一天，家人勸他該考慮個人的婚姻大事了，他告訴父母：「我不想找，我這樣子也沒人看得上我。」他母親語重心長的說：「兒子，你不能再這樣下去了，你要學會自尊自愛啊！」

徐宏因為大學時的一些小挫折，逐漸變得不自尊自愛，對自己不負責，這樣的人生遲早要被荒廢掉。

自尊自愛才能自強

我們先來說自尊。自尊，就是自己尊重自己，怎樣才算是對自己尊重呢？那就要自我肯定，自我感覺良好，自己認可自己。

案例中的徐宏僅僅因為從高處跌落到低谷，且一時半會沒有提升回原來的高度，便開始否定自己，對自己不再認可，認為自己已

不再屬於優秀者的行列，從而放棄了自己，這顯然是一種不自尊的表現。

在心理學上，自尊感是一個人對自我形象的主觀感覺。自尊心並不是天生的，而是在生活、學習和工作中逐步培養起來的。徐宏之前的自尊心正是如此，由於他之前各方面成績比較好，因此獲得了一定優越感，在自己的形象上也比較注意，例如時常將自己打扮成有風度的學者形象，透過這類形象來進一步建立自己的自尊感。

可當徐宏放棄自己後，便對自己的外在形象不再關心，甚至走向了一個低於一般人標準的極端，這是他內心自尊感逐步喪失的表現。另外，他對同學的亂開玩笑不但不阻止，反而玩世不恭的與之呼應配合，這明顯屬於對自己的品格形象的不尊重，這樣只會令別人對他更不尊重。

自愛，就是自己愛護自己，自己對自己負責。徐宏受到挫折後開始自暴自棄，生活沒條理、沒規律，工作後也同樣放縱自流，對自己的身體健康和精神面貌置之不顧。這些就是典型的不自愛表現。

自尊自愛的人是對自己的人生負責的人，他們不但能維護自己積極、莊嚴的外在形象與內在形象，而且體魄強健，精力充沛，堅持不懈，自強不息。如果像徐宏那樣不自尊自愛，對自己的人生不負責，又有誰會去尊重他、愛他？因此廣大青年朋友一定要引以為戒。

做最好的自己

努力做最好的自己，就是一種自尊自愛的表現。自尊自愛是一種對自我的關注、信任與肯定，是一個人的快樂之源、成功之道。

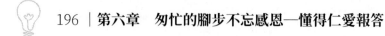
如何才能做到和保持自尊自愛呢？

首先，要破除傲氣，建立平常心。 有傲氣的人往往都自命不凡，優越感過強，目中無人，自以為是。可當他們的傲氣受到現實的打擊後，他們的心理落差就會很大，就容易走入自卑、自暴自棄的極端。徐宏就是典型的例子，之前他把自己拔得過高，總希望得到比別人更多的尊重，結果後來跌得很慘，心裡無法接受，開始自暴自棄。如果一開始他能保持一顆平常心，就不會產生這麼大的反差，就會腳踏實地、一步一腳印的越走越順。

其次，不能輕易洩氣，要建立起責任感。 某些青年朋友和徐宏一樣，受到點兒挫折後便輕易泄了氣，變得對自己不負責起來。孰不知，只要堅持不懈，自己依舊能趕上大部隊。即使暫時趕不上別人，只要你比已經落後的你每天進步了一點也是好的；即使你對自己不想負責，你還必須對家人、對社會負責任。只要你有了這樣的心態，你就會重新振作起來，自尊自愛，逐漸讓自己變得強大。

最後，努力做好生活中的每一件小事。 古人云：「一屋不掃，何以掃天下？」生活中的每一件小事我們都做不好，還有什麼資格去做一些大事。一個人在生活中的小細節不僅代表了他的自身面貌，還能促進他面貌的改善。這個面貌包括外在形象和精神狀態以及內在的健康心理。徐宏受挫之後不修邊幅，邋裡邋遢，這不但表現出他自身面貌的頹廢，而且會使他的面貌更加頹廢。如果他振作起來，努力做好生活中每一件小事，他整個人就會煥然一新。

總結提示

年輕的朋友們，如果你不能成為山頂上的松柏，那就當一棵

山谷裡的小樹。小樹也有它的價值和意義。你要學會做一棵健康的小樹、快樂的小樹、不懼風雨的小樹。生活中有許多事等著我們去做，有大事，有小事，但最重要的是我們身邊的事。決定你人生成敗的不是你的昨天，不是你已獲成就的大小，而是從現在開始，自尊自愛，做一個最好的你。

四、血濃於水，親情之愛無可替代

自古以來就是一個講究孝道的國家，這也是傳統美德。可隨著社會經濟的不斷發展，不少青年人卻因為種種原因，時常忽略了對親情之愛的投入，這無論對個人、家庭還是社會都會造成多方面不利的影響，因此值得廣大青年朋友高度關注。

當代孝子 感動社會

從小失去父親、家境清貧的少輝考上了一所財經大學，祖母和母親都非常高興，母親還親自將兒子送到了學校，鼓勵他用功讀書。可是幾個月後，母親就因一場意外車禍導致腦受損半身癱瘓，不能上班，並且時常頭痛、頭暈，難以忍受，只有年邁的祖母在一旁照顧。

得知消息後的少輝急忙趕回家，看到臥病在床的母親，傷心不已。他決定退學在家打工照顧母親，並悄悄寫下了退學申請書。母親發現後哭著逼他回去重新上學。

回到學校的少輝為了解決學費、生活費和母親的治療費用，白天在校上課，中午、晚上和週末都出去打工。因為勞累過度，他時

常在課堂上打瞌睡。有時迫不得已還曠過兩次課。系主任得知後決定勸退他。後來得知原因後，破例允許他在校外打工自學，期末回學校參加考試。

少輝一邊打工一邊自學，大年三十晚上才到家。母親發現兒子學業成績明顯下降，又得知了兒子的打工經歷，覺得自己拖累了兒子，想吃安眠藥結束生命。少輝發現制止後，向母親保證，以後會努力把課業趕上去。

少輝在打工期間，不顧某些人員的挖苦譏諷，也不怕有些同學看不起，透過艱苦的努力，成績也追了上去。

兩年後，祖母去世了。為了能親自照顧母親，同時準備好最後一學期的畢業考試，少輝親自把母親背上火車帶到學校所在的都市。他們先後住在建築工地的水泥毛坯房、臨街舊樓屋簷下和沒人住的窩棚小屋。

少輝一邊打工照顧母親，一邊抓緊複習，可是到畢業考試時，因為母親犯了癲癇病，他有兩門課沒有參加考試，沒能按時畢業，只好繼續陪母親打工求學。

冬天來臨時，少輝考過了最後兩門課，又報名參加了老家的公務員考試。為了省錢給母親看病，他騎著三輪車帶母親回老家。在零下三十度低溫下，行駛了幾天。後來，母親發現兒子手、臉都被凍壞了，說什麼也不讓兒子騎車往前走了。少輝才賣了三輪車，母子買票坐上了火車。

回到老家後，少輝又到某公司當了車工，一邊工作，一邊等消息。鄉長得知少輝背著母親打工求學的事蹟後，主動向記者反應情況。立刻眾多報紙網路媒體紛紛刊登少輝的感人事蹟。醫院派車將

少輝母親接到醫院免費治療。少輝到學校參加完論文答辯後被正式錄用為公務員，又被評選為年度十大孝親楷模。看到孩子取得的這些成績，母親高興得流下了淚水。

少輝是廣大青年朋友孝敬父母和自強拚搏的學習楷模，他的光輝事蹟也驗證了親情之愛的偉大力量。

可貴的親情

常言道：血濃於水。親情是有血緣關係的人之間存在的特殊感情，是人們渴求為親人付出一些或全部的思想情感。

親情是親人之間的感情。父母和孩子之間、兄弟姐妹之間的感情都屬於親情。

父母對子女的親情是愛其強，更憐其弱，比如眾多孩子中如果有一個是存在缺陷的，父母愛他會更加倍。而某些「愛」就不是這樣了，不少「愛」是愛其強，不愛其弱。這種「愛」是明顯帶有功利性的、自私的愛。

而故事中少輝對母親的愛則是無私的、崇高的愛。當母親患了重病，少輝對母親的親情則更加濃烈，不惜付出一切代價來照顧母親。這種親情是何等的偉大！

父母對子女及其後代的親情最大、最久，也是最真摯的。從兒女們呱呱落地，到長大成人，一直延伸到自己兒女的下一代，再下一代，無不十指連心。

親情既親密又堅定，不管發生什麼事都不會改變。某些子女功成名就，父母為之感到驕傲；某些子女誤入歧途，甚至鋃鐺入獄，父母親人除了感到蒙羞之外，依然深愛著自己的孩子。

親情有時又是很無奈的，一個人不能選擇你的父親母親。當你出生後，你就註定和他們有了一生一世血緣聯繫。「兒不嫌母醜」正是這個道理。

　　有些孩子年少時父母不和，時常爭吵、動手，甚至離異，對自己的關愛也不夠。這可能造成他們對別人家的溫暖親情感到羨慕，甚至有時與父母關係疏遠、淡漠，但畢竟血濃於水，隨著時間的推移，或者到了危急時刻，真正能站出來給予關愛和幫助的還是自己的親人。

　　古今中外，不知多少名言警句都是在讚美偉大的親情：「誰言寸草心，報得三春暉」，「兒行千里母擔憂」，「作為一個父親，最大的樂趣就在於：在其有生之年，能夠根據自己走過的路來啟發、教育子女」，「萬愛千恩百苦，疼我孰知父母？」「這世間唯一沒有被汙染的愛就是母愛」……

　　沒有無私的，自我犧牲的親情之愛的幫助，人們的心靈將是一片荒漠。因此，廣大的青年朋友們，好好珍惜我們身邊的親情吧。

維護我們的親情之緣

　　「百善孝為先」。現代人大多整日忙於奔波，時常忘記了去呵護親情，如果親情都變得淡漠，那麼我們的人生將失去光彩。如何來維護我們的親情之緣呢？

　　首先，再忙也要抽出時間與家人交流。很多青年朋友整日心中考慮著自己的「大事」，回到家後很少和家人談話，寧願麻木的盯著電視電腦，也不願和家人多聊幾句。家人主動關心問話，他們還常常表現出很不耐煩。這其實是一種很幼稚的思想行為，如果某天親

人徹底不在身邊，你心中又有事需要傾訴，就會後悔莫及。因此，無論多忙，也要抽出一些時間與家人交流，給親情之巢增添溫暖。

其次，要懂得相互寬容與理解。很多青年朋友成年後，有了自己獨立的想法，有時會與父母兄弟姐妹意見不一致。處理不好的，就會發生爭執，有的甚至大打出手，之後親人形同陌路甚至仇人。這是何等的可悲！如果你是一個合格的現代人，在外你能和同學、同事等和睦相處，在親人面前就更應該如此了。親人畢竟是親人，理解、寬容和忍讓並不會讓你失去尊嚴，即使有些許的不愉快，之後一家人還是會和睦相處，共享天倫之樂。

再次，多與家人歡聚一堂。有些家庭子女眾多，各自也都成立了家庭，每當節假日來臨，都會帶著一家幾口在老人家裡團聚，或者一同外出遊玩。這是多麼令人羨慕的場景。而有些家庭的兒女卻各自為政，彼此的家庭老死不相往來。長此以往，如果一方家庭有困難，也得不到其他家庭的支持和幫助，是一件令人遺憾的事。還有些朋友長期在外拚搏，總覺得應該功成名就後再衣錦還鄉，結果錯過了一個又一個與家人團聚的機會。在這一點上，我們應該學習一首歌中所唱：「有錢沒錢，回家過年。」如果實在回不了家，也要給家人打個電話噓寒問暖。

最後，金錢並不能代表親情的關愛。國外有個故事，一位老太太在她七十歲生日時希望收到女兒送來的生日禮物。她在家整整守候了一天，鄰居家一個小男孩得知情況後也非常關心老奶奶會收到什麼禮物，還和老奶奶一起猜測禮物會是什麼。結果最後，老奶奶確實收到了禮物：一張二十美元的支票，信封裡還有一張便條，內容大概是：你需要什麼就隨便買點什麼吧。這個故事強烈諷刺了如今很

多年輕人對父母親情的漠視，整日忙著物質追求，認為親情的祝福靠金錢就能簡單代替。孰不知冰冷的金錢只會讓親人的心變得更冷。

總結提示

　　一個家庭要想對外標榜他們的幸福，不是靠炫耀他們的房屋有多大，兒孫有幾個，錢財有多少，而是應該展示他們家庭的親情有多甜蜜，在家能感受到莫大的舒適與溫暖。

　　「父子不信，則家道不睦」，家和才能萬事興，如果一個家庭親情淡漠或破裂，那麼這個家庭的每個成員都難以獲得成功，即使成功，心中還是有所缺憾。

　　對於社會來說，沒有和諧的家庭，就沒有和諧的社會。很多造成社會不安定的犯罪分子都是成長在一個不完整不和睦的家庭環境中。

五、年輕時學會感恩

　　年輕的我們除了要對自己的親人感恩之外，對師長、朋友、上司、社會、國家，乃至整個大自然，也要滿懷感恩之情。

一顆年輕的感恩之心

　　二十九歲的燕燕如今已是一家上市公司的人力資源部門負責人，可她取得今天成績的道路卻充滿艱辛。

　　燕燕出生在一個偏遠山村，從小家裡就不富裕。在她小時候，村裡原本連一所小學都沒有，後來在政府及社會各界的愛心捐助下，村裡建了一所希望小學，燕燕這才有機會上了學。父母時常告

訴她，要一輩子記住給了你讀書機會的那些人。

當時學校只有一名教師，是一位畢業後自願教學的大學生，他一人教了好幾門課。由於燕燕學習比較用功，成績也很好，老師對她關愛有加，時常鼓勵她要更加努力，爭取以後考上大學。老師還把自己的一些書籍、學習用品送給燕燕。那時，在燕燕心中便刻下了一句古訓：「一日為師，終生為父。」

燕燕的父母都是本分的農民，母親常年有病，不能下田工作，家裡的重擔幾乎全落在了父親身上。燕燕考上鎮上的中學後，家裡負擔越來越重。為了能讓燕燕順利完成學業，家裡省吃儉用，勒緊褲腰帶過日子。有好幾次，燕燕看到年邁的父親日夜操勞，實在不忍心了，提出要退學回家幫他務農，可每次都受到父親的嚴厲批評。父親說：「你的眼光不要那麼短淺！我們這樣操勞就是為了讓你能夠成才。這才是對我們、對那些幫助過你的人的最好回報！你現在回來，等於是半途而廢，所有人的心血就都白費了！」燕燕只好含著淚繼續苦讀。

後來，燕燕考上了一所明星高中，家裡負擔更重了。學校得知情況後，減免了她部分學雜費，社會上有一位阿姨也對她進行了長期的資助，並表示如果她考上大學，會一直資助到她畢業。

明星高中競爭激烈，有很多次燕燕都感覺學業壓力太大，有點承受不住了，可一想到父母、老師、阿姨，以及社會上所有熱心的人，就立刻有了力量，決心用優異的成績來回報他們。

皇天不負苦心人，燕燕終於以優異的成績考上了大學，而且獲得了政府的獎勵。大學也給她發放了助學貸款，那位阿姨在其他方面繼續給予她資助。燕燕在大學四年中一刻沒有放鬆學習，年年以

優異的成績獲得獎學金。

　　畢業後，憑藉各方面的突出表現，燕燕順利進入到一家上市大公司。一開始她從基層開始工作，從不叫苦叫累，對身邊的每一個人都表示尊敬與感謝。大家也都非常喜歡這個懂禮貌能吃苦的女孩，而且樂意在各方面幫助她。就這樣，燕燕經過一步步的努力，走到了今天這個位置。

　　獲得一定成功後，燕燕並沒有忘記那些幫助過她的人，始終與他們保持著聯繫，還經常去看望他們。自己也經常拿出一部分薪資捐助給貧困山區那些需要幫助的孩子。

　　燕燕在三十歲以前能取得如此成就，靠的是她艱苦的努力。而她艱苦努力的動力，正是來自她那顆時常不忘感恩的心。

感恩讓我們成功幸福

　　有一首歌，名叫《感恩的心》，歌中唱道：「感恩的心，感謝有你，讓我一生，能夠有勇氣做我自己。」

　　這句歌詞正是案例中燕燕的精彩寫照，她在充滿坎坷的成長道路上得到了無數熱心人的幫助，而她始終在心中感激著每一位直接、間接幫助她的人。正是這種感恩之情，讓她一次又一次鼓足了勇氣堅持下去，從而實現了她自己的部分價值。

　　我們每個人都應該常懷感恩之心。一個不會感恩的人，就如同莎士比亞筆下的李爾王所說的那樣：「一個不知道感激的孩子比毒蛇的毒牙還要尖利。」

　　我們身邊有很多燕燕那樣的好榜樣，也有不少不懂感恩的負面教材。我認識一位年輕人，從小就埋怨父母對他不夠關心，沒有給

他這個沒有給他那個；到了學校，他認為老師總是限制他的自由，對學習好的同學偏心；同學一個個都很自私，只顧著自己，不願幫助他。工作之後，他又覺得同事之間都是勾心鬥角，自私自利，老闆唯利是圖，鐵面無情。結果他就在這無休止的抱怨生活中碌碌無為、形影相弔的掙扎著。

某些青年朋友處在父母、朋友的關愛中時，往往對這些關愛習以為常，覺得理所應當，更談不上去珍惜了。他們總是期望別人能對自己付出更多的關愛，如果得不到或者沒有達到他們的期望，他們就覺得別人欠了他的，甚至會惡言相向、反目成仇。要知道，這個世界沒有誰欠你的，相反，你欠他們的卻太多太多。

還有些人形成了一種錯覺，當陌生人給予他們一些幫助時，他們覺得別人本來不應該給卻給了，因此感激不已。這當然沒錯，可是對於自己熟悉的親友、同事等的幫助，他們卻常常忽略了，覺得幫助是應該的。其實我們應該對他們報以更大的感恩之情，因為他們無時無刻不在我們身邊，對我們施以各種恩惠。我們只有感恩、回報，才能持續不斷的獲得恩惠，才能逐步走向成功與幸福。

每個人的人生都不會一帆風順，我們時常會遇到各種困難和挫折。如果我們只是一味的埋怨生活，這只會使自己變得憂鬱消沉、萎靡不振，這對我們的身心健康是極其有害的。

英國作家薩克萊說：「生活就是一面鏡子，你笑，它也笑；你哭，它也哭。」如果你懂得感恩生活，生活將賜予你燦爛的陽光，你就會時刻保持健康的心態、完美的人格，以及進取的信念。

感恩無處不在

感恩並不是一種心理自我安慰，更不是對現實的逃避。感恩，是一種讚美生活、珍惜生活的方式，它來自對生活的愛與希望。年輕的我們應該怎樣時刻保持感恩之情呢？

1. **一生一世感恩父母。** 父母給了我們生命，給予我們養育之恩，這種恩情我們一生一世也回報不盡。廣大青年朋友這一生不僅要在物質上回報父母，更重要的是給予他們心靈上的關懷與慰藉。如何進一步做到這點，可以參閱上一節的內容。

2. **感恩師長誨人不倦。** 從小到大，老師們教給我們豐富的知識，讓我們學會謀生的技能，做人的原則，讓我們頭腦更聰明，眼光更清晰，讓我們能勇敢面對生活的考驗。所以，我們應該把師長當做父母一樣來看待。他們不需要我們給予物質上的回報，我們能努力學習，獲得成功，就是對他們最好的回報。

3. **感恩與同學、同事相識相知的緣分。** 無論在學習還是在工作中，我們能與同學、同事一起並肩戰鬥，就是難得的緣分。如果還能發展出真誠的友誼，那就更值得我們去珍惜與感恩。即使是一般的同學和朋友，也是你成長中的伴侶，讓你的生活豐富多彩，也總會給你些許的幫助，所有這些都值得我們去感恩。

4. **感謝你的老闆給了你工作機會。** 不少人覺得自己在公司上班，與老闆是一種契約關係。的確，為老闆工作帶有一定的交易性質，老闆就從來沒有給予過你一點幫助和恩惠嗎？如

今就業壓力大，老闆雇用你除了因為你的能力，多少也有施恩的成分存在。只要你是勤奮的，老闆也會被你的精神所打動，他支付給你更多的報酬也是對你精神素養的肯定。身為一名員工，我們也應該換個角度站在老闆的立場上想想，多體會一下他的難處。即使有時老闆斥責你，也會讓你獲得進一步的提高。如果我們學會去感恩我們的老闆或上司，我們會得到更多的欣賞與器重。

5. **對傷害過你的所有人感恩。**很多朋友也許難以理解，別人傷害了我，我不記恨就不錯了，還要對他們感恩？實際上，別人傷害你很多時候是因為你自身也存在問題，一個真正仁愛智慧、心胸開闊的人，不但會用愛來包容別人的過錯，也會從中找到自身的不足，從而改正缺點，不斷完善自身的能力與素養。從這個角度來看，我們難道不應該對他們心存感激嗎？

總結提示

廣大青年朋友除了對周圍的人要滿懷感恩之情，對我們生活的各方面面也試著去感恩，不要等失去了才懂得珍惜。

我們應該感謝我們生長在一個和平與收穫的年代；感謝藍天白雲青山綠水給了我們美麗的環境；感謝大地雨露哺育了萬物生靈，賜予我們食糧；感謝上蒼推動四季交替，讓我們在寒冷冬天看到綠色春天的希望。

不要因為一路風風雨雨，而忘記了天邊的彩虹；不要因為行色匆匆而忽視了沿途的風景；不要因為生命過於沉重，而忽略了

感恩的心。

六、天堂與地獄就在一念之間

　　人人都嚮往天堂般的生活，而對地獄恐懼不已。實際上，我們的生活中處處有天堂，也處處有地獄。上天堂與入地獄有時就在我們的一念之間。

天堂與地獄的差別

　　一座豪華劇場的上層坐滿了王公貴族、各界名流，下層坐的是一般階層的民眾。他們都在專注的欣賞高雅的歌劇。突然，劇場裡濃煙滾滾，有人驚呼：「不好，失火了！」這一聲大喊讓所有人無比驚恐，頓時劇場樓上樓下亂成一片。劇場一共有兩個出口：一個出口是專門給樓上的顯貴們用的，一個是給樓下一般民眾用的。顯貴們爭先恐後湧向出口，由於出口太小，而大家都想往外擠，結果很多人卡在了門口，不少人還倒在了地上。但是，顯貴們還是只顧自己逃命，有人甚至踩著倒在地上的人向外擠。眼看火勢越來越猛，顯貴們就擠得更凶了。一般民眾這邊一開始也比較混亂，和樓上情況差不多，這時有位聲望很高的智者大聲喊道：「要想大家都活命，就先待著別動！」大家立刻安靜下來。智者接著說：「兩人一排排好隊！」大家迅速排好了隊。智者又說：「隊伍不要亂，趕緊出門！」就這樣，平民隊伍順利出了門，脫離了險境，而智者是最後一個出來的。而顯貴那邊，只有幾個人逃出來了，其他人全都葬身火海。智者對大家說：「他們那邊無論逃出來的，還是沒逃出來的，死後都進

不了天堂，只會去地獄。」

有個人和上帝討論天堂和地獄的問題。上帝對他說：「來吧，我讓你看看什麼是地獄。」他們走進一個房間，一群人圍著一大鍋湯，但每個人都骨瘦如柴，一臉餓相。他們每個人手裡都有一支長柄的湯勺，可以裝到鍋裡的湯，但由於柄太長，盛滿湯的勺卻無法轉過來讓自己喝，只能焦急痛苦的望著湯而無可奈何。「我再帶你去天堂。」上帝把這個人領到天堂。這裡也有一群人、一樣的長柄湯勺、一樣的湯，不同的是大家都面帶微笑的拿著湯勺在餵對方喝湯，因此每個人都身寬體胖，感到幸福滿足。「現在你知道天堂和地獄的差別了吧？」上帝微笑著問道。

年輕的朋友們，也許你已經明白了，天堂和地獄的差別就在於自私與奉獻。

自私招百病 奉獻常快樂

自私的「自」是指自己，「私」是指為了自己。每個人都多多少少有些私心，只要平衡適度也是無大礙的，但是自私就不同了，自私是一種過度的私心，過度到可以為了自己的利益而不顧、甚至犧牲他人的利益。

如今我們的自然環境越來越差，垃圾、汙水、廢氣被大量製造，森林被大面積砍伐，農田被高樓占據，全球暖化、冰川融化、災害連連……所有這些，都和我們人類自私的欲望是分不開的。就是因為人類為了滿足各自的私利，才無節制的向大自然索取、消耗、排放，才造成了我們的生存環境越來越差。

即使在宣導綠色、環保、低碳的今天，很多自私的店家依然「掛

羊頭賣狗肉」，打著「環保」旗號繼續賺取金錢，這不能不令人憤慨。自私與貪婪往往「狼狽為奸」，人們也經常把這兩個詞放在一起使用，因為自私同樣源自過度的欲望。

自私本身也是一種心理疾病，心理學上認為自私是一種較為普遍的病狀心理現象。自私是一種只顧滿足自己的欲望，而不顧他人、集體、國家和社會利益的不健康心理，而自私對自私的人本身也是非常有害的。

前面說到環境的日益惡化都是自私心理造成的。環境都惡化了，人們又怎能健康快樂的生活下去？自私之人又常常計較個人得失，因此身心時常為之所累，經常煩悶、憤怒、失落、沮喪，甚至痛苦。過於自私的人往往沒有真心朋友，甚至家人也會避而遠之。沒有了親情與友情，一個人的人格及心理都是不健全的。

自私的人往往嫉妒心很強，時常會報復他人，結果也往往招致他人的反報復。很多貪官汙吏就是因為自私，不惜侵吞公款、誣陷他人、鋌而走險、殺人越貨，最終被繩之以法。

反而言之，無私奉獻的人向來是被世人敬仰的，他們都是心中充滿愛的人。正如一首歌中所唱：「愛是正大無私的奉獻。」有了奉獻的愛心，上述的種種危害都不可能發生，還能對人們的身心健康達到促進作用。哲人也說過：「助人為快樂之本」。

年輕的心靈不要被自私占據

既然自私心理的危害如此之大，我們又難免會存在一定私心，那麼，如何才能消除自私的心理呢？

首先，要時常內省。自私通常是一種習慣性的心理，要想克服

它，就要經常對自己的心態和行為進行自我觀察，判斷自己的行為是屬於正常的私心，還是屬於自私心理。我們可以用社會公德和基本的做人準則為參照，對自己的心理和行為進行評判，看是否損害了自己以外的他人及大眾利益，從而反省、改正自己的過錯。

其次，要不斷加強學習，更新觀念。 隨著社會的發展，很多道德標準和做人準則也已經與時俱進了。如果一個人連當今的社會公德和做人準則都不清楚，他又拿什麼來參照指導自己的行為呢？我們除了從書籍、電視等各類媒體中學習最新的道德標準外，還應該繼承我們的傳統美德，從古代聖賢那裡取經。也可以多向身邊眾多助人為樂的楷模學習。

再次，將理論落實到生活實處，多進行一些幫助他人的行為。 自私心理的人應該時常將心比心一下，可以站在別人角度替別人想想，適當的多關心一下他人，為他人做一些力所能及的小事。這樣可以逐漸糾正過去那些不正常的心態，並從他人的讚許中得到利人的樂趣，使自己的靈魂逐步得到淨化。

最後，用「迴避性訓練法」糾正自私心理。 自私心理相對嚴重的朋友可以採用一種心理學上的「迴避性訓練法」來糾正，具體做法是：在手腕上繫一條橡皮筋，只要意識到自己有自私的念頭或行為，就用手腕上橡皮筋彈擊自己，從而形成一種自私是不好的條件反射，督促自己盡快改正。這種辦法相當有效。

總結提示

常言道：「人不為己，天誅地滅」，這話是對還是錯？關鍵看你怎麼理解。我們應該正確理解這句話的深刻內涵，這句話其實

說的就是正常的私心，即作為人的正當需求。如每個人都想生活得好一點，得到他人、社會的尊重，這是正當、合理的要求。比如為了自己生活得更快樂，為了自己的親人、朋友生活得更快樂而去做一些事，這些都是正常的。但同樣道理，如果過了度，用這句話為自己惡性膨脹的私慾開脫，為了這個目的去損害他人、社會、國家等利益，就成了損人利己行為，對人對己都不利，應該受到無情鞭撻。因此廣大青年朋友一定要將心態擺正，時刻以這個正常的限度來規範自己。

七、感恩老師，讓心靈飄香

從咿呀學語的孩童到展翅高飛的成人，從一知半解的門外漢到學識淵博的專才，年輕的你是否還記得那些辛勤培育你的園丁們？是否對他們還滿懷感恩之情？

老師給了他生活的信心

喬治是個年輕的小夥子，在華盛頓一家保險公司做行銷員。

然而，就在他事業蒸蒸日上的時候，卻因為一個客戶的保險費，被莫名其妙的控告為詐騙，要在監獄裡度過十年。

十年太長了！喬治是喜歡熱烈、熱情生活的。他徹底崩潰了，他不知道自己要如何打發這漫長的十年，他甚至對生活失去了信心。

喬治在監獄裡強撐著度過了一個月，簡直就要瘋了！這時，卻有人來看他了。這會是誰呢？在華盛頓他沒有一個親人，他想不出還有誰會記著他。

在會見室裡，他不由的怔住了，面前一個慈祥的婦人讓喬治有些驚訝，竟然是自己中學時的語文老師。老師不光給他帶來了一束美麗的鮮花，還有一些有用的書籍。

老師的探望給喬治的牢獄生活帶來了無限生機。在孤獨的監獄裡，喬治不再絕望，他看到了人生還有希望。他在監獄裡開始大量的讀書，鑽研科學。

說也奇怪，日子並沒有那麼長的可怕，六年後喬治獲釋了。他先到了一家電腦公司做雇員，不久自己又開了一家軟體公司。兩年後，喬治已經身價過億，成為華盛頓數得上的人物。

成為富豪的喬治，一直都沒有忘記當年給他希望的人，他不光為老師買了一間房子，還把老師的一家接到了離自己不遠的地方居住。喬治說，是你的一束花和愛心，使我留戀人世的愛和溫暖，是你讓我有了戰勝厄運的勇氣。現在無論我為你做什麼，都不能回報當年你對我的幫助。我想以你的名義，捐一筆錢給北美機構，讓所有不幸的人都能感受到你博大的愛心。

後來，成立的「華盛頓·本陌生人愛心基金會」就是喬治以他的語文老師的名義捐了一大筆錢辦理的。

喬治的成功靠他自身的努力，而他努力的動力除了來自父母，老師更是功不可沒。

老師是我們青春路上的明燈

《師說》中寫道：「師者，所以傳道授業解惑也。」這短短一句話把老師的使命與價值概括得非常完整。老師，是一種尊敬的稱謂，他們為我們傳授知識、文化、技術，教我們如何做人，為我們解答

種種疑難困惑。無論是在孩提時代，還是在風華正茂的成年，老師都是我們人生路上的明燈。

「學春蠶吐絲，絲絲不斷；做蠟燭照路，路路通明。」千百年來，多少人把老師比作春蠶與蠟燭，比作辛勤耕耘的園丁。正是在他們的嘔心瀝血、無私奉獻，年輕的我們才由一顆稚嫩的小樹苗逐漸長成一顆參天大樹。

老師和藹的微笑、溫和的話語如同快活的音符，奏出了美妙的樂章，讓我們如痴如醉，在我們心中播下了快樂的火種。

老師有時又是如此的嚴厲，那是因為他們肩負著父母一樣的責任，不讓我們年輕的心靈放縱無度，耽誤了寶貴的青春。

老師將他們的希冀寄託在我們身上。正是這樣，苦心培育我們的老師才在這愛的路上艱難跋涉。當我們感受到知識的魅力時，他們在叮嚀：同學們，別忘了奮進；當我們在學習上失敗時，他們在鼓勵：成功從這裡起步；當我們悲傷時，他們在安慰：同學們要振作！

老師讓我們學會如何面對困難，如何感受生活，如何珍惜幸福，如何自我發展。她不僅帶著我們在知識的海洋裡遨遊，更重要的是教會了我們要學著去感恩別人。正因為如此，我們也要對他們永懷感恩之情。

感恩老師只需情真意切

有些青年朋友有所成就後為老師送去禮品，但很多老師都說：「只要有這份心就夠了。」的確，情真意切就是對老師最好的感恩。

「一日為師，終生為父」：這是對老師表示尊敬的古訓。廣大青年朋友不要只對幫助過自己的老師表示感恩，一定要記住，哪怕只教

過自己一天的老師，也要一輩子當做父母一樣來尊重。正所謂，父母是我們的老師，老師也是我們的父母。

時隔多久也不要忘記恩師。不少年輕朋友工作多年後，漸漸忘記了自己的恩師。當然，由於現在工作壓力大，生活節奏快，有些人連家人都顧不上，偶爾想不到老師也是情有可原的。但無論如何，一定不能忘記老師的昔日恩情，哪怕打個電話問候一聲，也能給他們莫大的欣慰。

對傷害過你的老師表示感恩。誠然，有的老師可能罵過你，甚至傷害過年輕的你。即使這樣，他也是你的老師，也為你付出過心血。滴水之恩，當湧泉相報。我們應該感謝這些傷害，它讓你更加堅強和成熟。

真誠的在心中對老師說聲「謝謝」。在學生時代，我們不知說了多少聲「老師好」，在每個教師節，我們不知寫了多少「老師您辛苦了」的字眼。實際上，很多都流於形式了。因此，只要我們懷著真誠的感恩之心，發自內心的對老師說聲簡單的「謝謝」，他們就能感到滿足。即使沒有機會當面說出口，至少我們要在心中默默感謝。

實際上，我們的成功與幸福就是對老師的最好感恩。廣大青年朋友在擁抱成功，享受喜悅時，別忘了老師也為我們付出了自己的青春與汗水。因此，我們沒有理由不去對老師表示感恩。

總結提示

孔子曰：三人行，必有我師焉。我們身邊處處都有老師，只要我們曾經從他們身上學習到有用的東西，只要他們給予過我們老師般的關愛和幫助。因此，我們要對身邊的每一位老師滿懷感

恩之情。

八、感謝青春路上有朋友相伴

有首老歌唱得好：「千金難買是朋友，朋友多了路好走。」正因為年輕的我們一路上有朋友相伴，我們的青春才更加美好。

生死之交　其貴無比

在後漢時期，有個人名叫朱暉，他在讀太學期間，結識了朝廷重臣張堪，兩人一見如故，甚為投機。

由於張堪對朱暉的人品和才學大為讚賞，又恰好是同鄉，便有意提攜他，不料卻被朱暉婉言謝絕。但張堪一心把他當做知己，推心置腹的對朱暉說：「你真是一個自持的人，值得信賴，我願把身家與妻兒託付給你。」面對張堪把他當做生死之交的話語，朱暉心裡非常感動，卻只是恭敬的答道：「豈敢，豈敢。」

不久，朱、張二人揮手作別，從此失去聯絡，再沒有見過面。後來，張堪因病去世，由於他為官清廉，死後沒有什麼豐厚遺產，家人的生活頓時變得窘迫起來。朱暉知道後，便全力接濟張堪的家人。

朱暉的兒子有些不解：「我們以前沒有聽說過你與張堪有什麼深交，你為什麼如此厚待他的家人？」朱暉說：「張堪生前，曾對我有知己相託之言，我嘴上雖然未置可否，心中已經答應了。」「既然你們互為知己，為何常年不見往來？」朱暉答道：「當初他身居高位，並不需要我的幫助；如今他離去了，家人生活得很不好，才需要我這

個朋友出面幫忙呀。」

後來，朱暉做到尚書令。他時常對兒子說：「你們不一定要學我如何做官，但不妨學我如何做人。」

這個生死之交的故事雖然年代久遠，而且非一般人能夠做到，但其中關於真摯友情的寶貴精神卻值得我們廣大青年朋友學習。

朋友是我們一生的財富

古往今來，人們對朋友下了各式各樣的定義。不論如何定義，真正的朋友都是我們每個人所渴求的。

朋友，最初指志同道合的人，例如開篇故事中那兩位生死之交，後泛指交情深厚的人。當然，如今朋友這個詞運用得越來越廣泛，即使交情不是太深，我們也能稱對方為朋友。

朋友能給我們帶來熱情的問候、真誠的關懷、寬宏的體諒、共同的喜悅。當你遇到挫折而感到憂鬱的時候，向知心朋友傾訴可以使你得到疏導，因為壓在我們心頭的一切沉重，都可以透過友誼的肩膀而被分擔。

與朋友分享快樂，能使快樂加倍。因為你們相互之間增加了認同，讓一個樂趣在彼此間來回傳遞，持續擴大。這種共用的快樂難以言表，她如同心靈凝眸間的盈盈淺笑，靈犀剔透。

年輕的我們時常在逆境的風雨中拚搏，而朋友則是一把傘，沒有朋友你的心靈就會被挫折的大雨淋溼。我們能與朋友心與心之間直接對話，在心靈的撞擊中你能感受到人性的和善，世界的美麗。

說得現實一點，如今的社會競爭日益激烈，資訊是財富，人脈是財富，而真正的朋友會無償為你提供這兩筆財富，即使是一般

朋友，也能盡到舉手之勞。這就是歌中所唱的「朋友多了路好走」的道理。

　　如果沒有真摯的朋友，年輕的你無疑是可悲的，你會陷入孤軍奮戰，會感到孤獨與寂寞，甚至會被眾多敵人暗算、傷害。如果你已經擁有朋友，一定要好好珍惜，要對朋友報以感恩之情，感謝他們帶給你的溫暖與力量。

用真誠和智慧維護青春友誼

　　如何找到並擁有真正的朋友？這對於年輕的我們來說是個既簡單又複雜的問題。

　　誠懇相待是交到真心朋友的第一步。只有你先掏出自己的心，對方才會掏出他的心，用心與別人真誠溝通，不帶有特定的目的，這樣才能贏得對方的信賴與尊敬，從而讓你結交到知心朋友。

　　完善自我，尋找同類。人以類聚，物以群分，廣大青年朋友可以根據自身情況，例如性格、愛好、經歷、職業等等，找到志趣相投的朋友。但我們一定要在各方面提高自己，尤其是人品方面，否則只會找到臭味相投的朋友，那樣的友誼是極不穩固的，常常因為利益關係而分道揚鑣，甚至反目成仇。

　　不要苛求對方，學會求同存異。人無完人，我們交朋友要多看他的長處，不要只盯著對方的短處。只要他沒有什麼過於違背社會基本道德的地方，我們都可以包容。人和人畢竟不同，即使是好朋友，相互之間難免也有分歧，這時我們就要學會求同存異，不要將自己的意志強加給朋友，要用共同語言增進友誼，將不同觀點先暫時放到一邊。

君子之交淡如水，小人之交甘若醴。真正的友誼是不需要刻意去維護的，要多給朋友一些自己的空間，只要感情到位，即使分隔再遠，時間再長，友誼也能長存。而那些時常對你甜言蜜語，甚至阿諛奉承的人，大多是想從你身上有所獲取，不值得你去交往。

敞開胸懷，主動交友。年輕的我們一定要有一顆開闊的心，只有心靈開闊，世界才不會小。別總是固守狹隘的驕傲，將自己封閉起來；別等著別人主動跟你交往，你自己要學會主動。這樣你的朋友才會更多，今後的路自然也就會更好走。

總結提示

儘管有「人生得一知己足矣」的古訓，但在我們年輕的道路上自然是朋友越多越好，因此我們要順其自然，不要走極端，朋友之間關係有深淺，但不要劃分三六九等。也許隨著時間的推移，與某些朋友的關係可能會淡化或解除，這也屬正常。但只要你始終用真誠來灌溉，你就永遠不會孤獨。

第七章 澎湃的血液心如止水
── 擁有理智成熟

　　二十至三十歲的我們熱血沸騰、熱情澎湃，與此同時也有著種種憂慮與迷茫，要解決這個問題，我們就必須修練出一種心如止水的心靈境界，因為這樣你才能理智清醒的分析對待你所遇到的種種難題，才能真正看清自己，才能處變不驚、臨危不亂，承載三十歲之後的大風大浪，被社會委以重任。

一、平靜接受世界的本來面目

不少朋友年紀輕輕便有著很多的煩惱、憂愁、甚至痛苦，這基本上是因為他們的願望與現實世界的本來面目不相符合，從而產生了心理矛盾衝突，只要解開這個心結，一切都可迎刃而解。

擔憂死亡的年輕人

二十八歲的小周有次去參加一位同事父親的葬禮。

追悼會開完之後同事在飯店擺了幾桌酒席以示答謝。酒席剛開始時，大家似乎還沉浸在先前的哀悼情緒中，很少有人說話，也沒人輕易動筷。這時小周看見自己旁邊一桌坐的全是同事父親生前的同事及老友，也全都白髮蒼蒼了。小周心想：「他們除了為自己朋友的離開感到悲傷以外，也應該替自己悲傷一下吧。因為他們的朋友已經先走一步了，他們也差不了多遠了。唉！」小周暗自在心中替他們歎了口氣，「這飯他們怎麼能吃得下呀？」緊接著，小周想到了自己。他心想自己雖年輕些，但遲早也有這一天，自己的一切都將失去，於是禁不住也為自己感傷難過起來。

小周正感傷著，突然被旁邊那桌一聲響亮的「來！大家吃，喝！」的話所驚醒。原來是同事父親生前的一位老友正號召自己那桌開動起來。隨後，那桌所有的老人都提筷舉杯吃喝起來，而且有說有笑，一下帶動了整個酒席的氣氛。其他各桌也隨之開動起來。

小周有點納悶，怎麼會突然變得這樣？他側身悄悄問身邊一位要好的同事大哥，「為什麼他們都吃得下，還那麼高興？他們也離黃土不遠了啊。」

同事大哥平靜的說：「為什麼吃不下？為什麼要不高興？吃不下該死的時候也要死，不高興該死的時候也要死，誰都要死，為什麼不趁著活著的時候吃好喝好，天天高高興興的。」

這番話讓小周豁然開朗，隨後也欣然投入到「來！吃！喝！」的隊伍中去了。

小周同事大哥的話說明瞭一個問題，那就是要以正確的心態來面對無法改變的事實。

世間萬物都有自己的規律

案例中那些在喪席上表現出樂觀態度的老人是值得我們廣大青年朋友學習的。因為，世間的萬事萬物都有自己特定的規律，如四季更迭、日出日落、花開花謝等，人的生命軌跡也是如此。它也是一個由盛而衰的發展過程，也是一種自然規律。我們只有順應這個規律，坦然面對這個現實，而不能違背或改變它。

自然界萬事萬物有它的規律，我們的日常生活也有它的規律。我們每天學習工作、吃飯睡覺等等，也都是在順應規律，順應人必須要生存、要發展的規律。有的青年朋友學習工作久了感到厭煩，對生活也失去了信心，甚至開始問自己這樣做是為了什麼？其實答案很簡單，就是為了順應生活的規律，讓自己生活得更好。

再從小一點來說，學習有學習的一套規律，工作有工作的一套規律。比如勤能補拙、熟能生巧等等，這些都是前人總結出來的規律，如果你刻意去違背這個規律，那吃虧的就是你自己。

本來我們的地球在有規律的自然運轉，萬物陰陽平衡，大自然按照正常的規律進行著生態循環。可是，由於人類過度、自私的欲

望，基本上違背了這個規律，破壞了生態平衡，結果導致了全球環境的日益惡化。如果人們繼續這麼違背下去，必將受到自然規律嚴屬的懲罰。

　　從心理方面來看，我們時常說要順其自然，這其實就是要求我們的心靈要達到一種平靜的狀態，要能夠平靜的去面對世界的本來面目，平靜的去順應各種自然規律。

　　不少青年朋友在少年得志時意氣風發，可當面臨事業低谷時，卻難以面對；還有些朋友在大學時體魄強健，精力充沛，工作後身體各方面機能開始下降，透過鍛鍊也回不到從前的最佳狀態，於是黯然神傷。其實這類心態都是沒有平靜客觀的面對事物本來的面目造成的。

　　所以，我們必須學會看清世間萬物的本來面目，找到他們的規律，然後順應規律找到解決方法，我們才能在事業上成功，在生活中幸福。

與其哀歎抱怨 不如順其自然

　　要想看清世界本來面目，做到順其自然也不是那麼簡單的，也要有一定的原則和方法，下面就告訴廣大青年朋友幾幅「良方」：

　　首先，溫故而知新，學無止境。我們要想認識到世界發展的自然規律，就要先學習。當然，廣大青年朋友在學生時代已經學習了不少科學文化知識，有了一定基礎。但是我們都知道，學無止境。每個人的知識層面都是有限的，因此還需要不斷加強新知識的學習。此外，我們之前學過的不代表我們就真的掌握了、理解了。只有結合著自身的生活經驗不斷去回頭體會，才能挖掘出新的東西來。

其次，學以致用，總結提高。我們學習的目的最終是為了將知識運用到生活中。我們透過各種方式獲得了理論，就必須將理論與實踐聯繫起來，並在生活實踐中不斷總結，這樣才能讓知識與生活相輔相成，獲得自身的提高。

再次，適當多學一些哲學知識。古希臘認為哲學就是令人變得智慧與聰明的學問。哲學有很多種，我們古代的儒家、道家、佛家思想都屬於哲學思想。隨著改革開放，西方的哲學思想也進入到我們的生活中。各類哲學思想都有相通之處，學習一些哲學思想，對我們的生活乃至整個人生都是有很大幫助的。我們社會能發展到今天這個高度，基本上跟哲學思想的指導作用是分不開的。

最後，無論發生什麼情況，要學會平靜的思考問題。我們這一節的題目就叫「平靜接受世界的本來面目」，懂得遵循時間萬物的發展規律、懂得順其自然能讓我們獲得平靜，所以我們前面強調要理論結合實踐的加強學習。但是，生活是瞬息萬變的，很多時候我們並不能一下就掌握這些生活哲理，於是很多青年朋友就又變得焦躁起來，這時我們同樣需要用一種平靜的心態來面對，來思考問題。暫時搞不明白的，也要先平靜的放下，經過一段時間後，你自然會明白。這其實也是一種自然規律。

總結提示

之前我們說過：「改變你能改變的，適應你不能改變的。」實際上這句話就是要求我們平靜接受世界的本來面目，順應自然的規律。規律既然是客觀的，就不是你想改變就能改變的，生活也是如此，你有眾多的期望，結果現實卻依舊如此。抱怨、哀歎都

不能達到任何作用，與其這樣讓自己整日煩惱、痛苦，不如平靜的面對現實，順著生活的軌跡樂觀前行。這樣你同樣能順利到達幸福彼岸。

二、年輕的我們容易被「完美主義」誤導

近些年，不少年輕有為的成功人士相繼病倒，有的甚至英年早逝。經調查，他們中有不少人都屬於有「完美主義」傾向的人。

沉重的完美主義者

二十九歲的雷同是某公司行政人事部經理，他向來是一個喜歡追求完美的人。

在中學時代，雷同完成作業時有一個習慣，就是如果其中出一點差錯，他就會從頭再來。比如老師向來稱讚雷同的字寫得比較好，還經常當著班上同學的面表揚他。結果，他在作業本上寫字時，只要有一個字不小心寫錯了，他從不塗抹，而是會把那一整篇全部扯掉，重新開始再寫。有次他連著寫錯好幾次，結果把一個本子扯得只剩下幾頁了，只得重新換了個作業本再寫。

雷同還有一個奇怪的習慣，就是完成一個任務之後，如果發現自己本來可以做得更好，就會懊悔不已，有時想著想著甚至能讓自己抓狂。

讀大學後，不少男同學都找了女朋友，雷同依舊是光棍一個。舍友問他為什麼不找，他回答說：「寧缺毋濫。」舍友說：「整個學校這麼多女生，你全看不上？」他說：「暫時沒有合適的。」舍友又問什

麼樣的才是你覺得合適的。結果雷同的回答是某某電影裡某個女明星那樣的。

有次雷同參加了學校的運動會，他報的項目是三千公尺。在比賽中，開始時他一直跑在隊伍的最前面，但在最後一圈半時他連著被兩名對手超了過去。雷同努力追了一陣，也沒有趕上，結果，他就直接退出了比賽。後來老師同學問他馬上到終點了為何放棄。他說：「我給自己定的目標是必須拿第一，其他名次都會讓我感到恥辱。」

參加工作後，雷同憑著這種追求完美的精神一步步贏得了上司的賞識，最後在二十九歲時坐上了行政人事經理的位置。但這其中凝結的不單是他的汗水，更多時候是他心理的矛盾與糾結。因為行政人事工作比較細比較雜，要注重的方面比較多，為了在很多方面達到他認為的完美，以博得老闆的賞識，雷同不知道操了多少心。如果偶爾出錯受到老闆的批評，他就會懊悔煩惱好幾天，有時也會像中學時那樣抓狂。為了這種完美，他經常工作到深夜兩三點，但依舊時常擔心自己的表現老闆會不滿意。

當上主管後，他的很多下屬都感覺遭了殃。因為這個上司時常要求他們也像他一樣拚命的追求完美。當他們做不到時，雷同就會大發雷霆，還經常自己親自上陣。從他當上主管的那天起，他不知訓斥了多少人，開除掉了多少人。

終於有一天，雷同病倒了，經醫生初步診斷，他是長期工作壓力過大、心理衝突過強、長期焦慮所致。

實際上，造成雷同工作壓力過大，心理矛盾過強的主要原因，就是他的完美主義思想。

完美主義 永不完美

完美主義者，聽著好像是個褒義詞，實際上這是一種心理病症的代名詞。

完美主義，就是凡事都追求完美無瑕，非常仔細的注意每一件事物的細微之處，有時甚至達到「吹毛求疵」的地步，要求各方面都精確無誤，「十全十美」。

然而，我們都知道，世間沒有絕對的完美，「金無足赤，人無完人」，這也是世界本身的自然狀態，也是一種自然規律。

可很多完美主義者並不這麼想，他們對自己對別人都是非常苛刻的，不但要求自己凡事完美，還要求別人也那樣，例如故事中雷同的種種表現。雖然盡善盡美是一件好事，但同樣道理，一旦過了「度」，就成了一種不健康甚至病態的心理。

完美主義者往往對很多事物都感到不滿，尤其是那些與他們生活關係較密切的事物，認為它們或多或少都有瑕疵，都「必須」要改變。如果不改變，心裡就會感到極不舒服，因此常常自發的花費大量精力去改變這種「不完美」，由此時常導致身心疲憊不堪，甚至產生急躁、焦慮等情緒。

完美主義者雖然凡事力求完美，但其中不少人卻又往往半途而廢，因為一旦他們發現自己無論如何也做不到預想中的完美狀態，就乾脆徹底放棄這個「不完美」，就如雷同得不到第一就放棄整個比賽一樣。

由於現實生活中各種「不完美」此起彼伏，完美主義者們根本無法全都顧忌到，最後只有敗下陣來。但他們又沒有就此放棄完美主義，依舊屢敗屢戰，屢戰屢敗，結果，只能整天生活在挫折、失

敗、悲觀、憤怒之中，無法自拔，有人甚至「不成功便成仁」。

如果某個完美主義者是上司，而他的下屬沒有達到他的完美要求，他除了發怒外，有時還會對自己進行抱怨，比如怨恨自己沒有把計畫做周密，沒有把標準定得足夠高，或者用人不當，擇友不善。對自己的怨恨自責又很容易使他們陷入深深的自卑和沮喪之中。

有時完美主義者也認識到自己訂的標準對他人來說過高了，但是較低的標準又不符合自己的完美標準，於是又陷入到矛盾與糾結的漩渦之中。

如果一個完美主義者上面還有上司，為了盡量展現給上司一個完美的自己，他會拚了老命去工作，自己給自己不斷加壓。這樣就常常會出現雷同那樣的情況，最後壓力過大，心裡矛盾糾結過多，導致身心疲憊，病倒在床。某些極端的完美主義者甚至選擇結束自己的生命。

因此，如果年輕的你也有這個傾向，就要注意了，千萬別落得和雷同一樣的下場。

輕裝上陣 接受缺憾

既然有完美主義傾向的人這麼危險，那麼，怎樣才能使完美主義者的種種弊端有所改觀呢？

首先，要學會客觀全面的看待一切事物。任何一件事物都有矛盾的雙重性。簡單的說就是有好的一面也有不好的一面。因此，絕對完美的事物在這個世界上是不存在的。這也是一條事物發展的自然規律。廣大青年朋友要認識到完美主義其實是與客觀規律相違背的。因此我們在制定目標時要客觀而現實，這樣就會使人感到輕鬆

愉快，自然而然富有創造精神，工作效率也會很高，並且充滿自信。

其次，不要受外界「追求完美」思想的誤導。不少影視作品、廣告等媒體對藝術形象進行了加工，因此我們要認清其背後的真實面目。大多影視作品都是為了藝術表現的需要才把人物形象刻畫得過於完美。藝術來源於生活，又高於生活。換句話說，不少影視作品中的形象在現實中都是不存在的。有的演員在影視作品中看似完美，在現實生活中無論是外表還是內在修養都是和影視作品有很大差距的。而不少廣告也是為了商業宣傳的需要，刻意表現出自己的產品完美無缺，這基本上將追求完美的觀念注入到了很多人的潛意識中。要知道完美主義觀念並不是天生的，往往是從小受到完美主義有關資訊的影響潛移默化形成的。因此我們必須學會自己獨立、客觀、理智的看待問題。

最後，要學會節制自己各方面的過度欲望。完美主義大多也是源自過度的欲望，比如雷同無論在學生時代還是工作之後，都是為了獲得更多的讚美與肯定才不斷的追求完美，由此導致他常常給自己定下很高的標準，心理上也隨之變得清高、自傲、虛榮、自尊心過強等。因此我們要學會欲望適度，即使偶爾沒有做好，也不要懊悔，因為人的欲望是無止境的，完美也是無止境的，你永遠不會達到最完美。即使你先前做到了你認為的完美，之後你還是會懊悔自己為什麼不能更完美一些。

另外，完美主義者對自己感興趣以及認為應該做的事，往往全力以赴，而與此同時，對那些他們不在乎的事情，他們則顯得有些冷淡和漠不關心。這也是一種片面的、極端的心理，對廣大青年朋友的全面發展很不利。

總結提示

絕對的完美主義不存在，而即使某些完美主義者暫時達到了他所認為的完美標準，也依舊是不完美的。比如：這次考試你考了一百分的滿分，不代表你每次都能考滿分；你在這個班上能考滿分，你去了高手雲集的地方不見得就能考滿分；你在這一門功課上考了滿分，不代表你能在所有功課上都考滿分。所以說，只要自己盡力就好，能做到什麼樣就是什麼樣。這次不行，下次再盡力做好就行。

此外，廣大青年朋友千萬不要走極端，不要像雷同那樣「要做就做最好，不然就不做」，或者做不了最好就徹底放棄，這樣會導致我們在很多方面半途而廢。要知道，只要做出了一定的成績就是你的收穫，缺憾美有時也是一種完美。斷臂的維納斯難道不美嗎？

三、我們的生活不是表演

當今社會，不少青年人喜歡在生活中「作秀」。他們所做的很多事並不是自己心中真正想做的，而是帶有某種目的性。為了實現這個目的，他們在生活中總是戴著一副無形的面具，總是在表演給別人看。

戴著面具的作秀者

文宣出生在一個偏遠的小城，家裡經濟條件一般，比上不足比下有餘。從小到大，他一直希望自己能成為眾人矚目的焦點。

看偶像劇時，文宣羨慕男主角的英俊瀟灑，羨慕他們能迷倒一大片年輕女性，於是他在上學期間也將自身形象按照偶像明星的模樣打扮，並且言談舉止也模仿那些明星。為了達到這個目的，他花了不少錢，有時甚至把伙食費都墊了進去。沒想到，他卻時常受到同學們的嘲笑：有的說他是現代版的唐吉訶德，有的說他很可笑很幼稚，有的甚至說他窮小子想裝貴族。聽到這些話之後，文宣深受打擊，對很多同學充滿了忿恨。

看到成功企業家的訪談錄後，文宣又羨慕他們的地位和財富。於是他又把自己裝扮成一個企業管理者的樣子，並開始練習他的領導才能。他自願當了宿舍舍長和勞動委員，這兩個「職位」在大學中都是帶頭工作的頭銜，可文宣卻總是喜歡指揮，喜歡嚴肅的發號施令，而很少以身作則，結果很快就被同學們「罷免」了。

文宣喜歡打籃球，水平也還不錯。有一次系裡舉行籃球比賽，他接連投進去好幾個球，大家都為他拍手歡呼，沒想到他卻表現出一副 NBA 大牌明星的樣子，目不斜視，一臉高傲。這又引得同學們一陣大笑。他們暗自商定，如果文宣再進球，他們要表現出什麼事也沒發生的樣子。後來，文宣又投進一個球，卻意外的發現場外沒動靜了，忍不住回頭看了一下同學們，那眼神彷彿是：「你們怎麼不崇拜我了？」這讓場外的同學再次笑翻。

經過一次次的打擊，文宣並沒有意識到他的作秀表演令人反感，反倒覺得周圍的人都俗不可耐。最終，他成了邊緣人。

參加工作後，文宣意識到要想在公司吃得開，就更要在很多方面戴面具作秀了。為了和同事融到一起，他裝得家裡背景不錯，裝得知識淵博、慷慨大方。在老闆面前，他裝得既聽話又有魄力，裝

得誠實正直，同時又能為了公司利益放棄某些誠實正直……

逐漸的，文宣感到活著很累，感到自己都有點不知道自己是誰了。看著身邊那些輕鬆生活的人們，他覺得他們才是最真實的。

現代生活中有不少青年朋友也像文宣一樣活得很累，主要因為他們過於在意別人的看法，把自己的價值評判交到了別人手中，時常戴著面具做人，而忽略了把握真實的自己。

別讓自己活得太累

面具本來是一種遮擋作用的面罩，最初是節日或戲劇上用來偽裝和扮演角色用的。後來，面具被人們借鑒到了社會生活中，成為了人們遮掩內心世界的一個象徵，那就是為達到某種目的而偽裝真實的自己，或者期望成為面具代表形象的心理。

案例中的文宣，最初是因為對某種光輝形象的羨慕，比如明星、管理者等，而開始對他們的外表及言行進行模仿，這種模仿就是一種扮演，於是他戴上的面具就有了一種扮演的性質。當他發現自己的真實身分與要扮演的角色有一定差距時，就開始極力掩飾自己的本來面目，比如刻意掩飾自己家庭經濟條件的一般，這就又讓他戴上了一個偽裝的面具。

根據顏色和外形來看，真實的面目有很多種，人類的真、善、美和假、醜、惡，都在面目中得了具體的表現。但在現實生活中，人們面具之後的真實面目卻和面具代表的並不一致。有的人內心假、醜、惡，但為了達到某種目的，戴上了一副真、善、美的面具，這也就是人們常說的「道貌岸然」；而有些人由於生活所迫，他們發現真、善、美在殘酷的社會中反倒容易受到傷害，於是不得不

戴上一副冰冷、強勢的面具，以達到自我保護的作用，當然有時也會遭到人們的誤解。

生活有時就像一個盛大的假面舞會，每個人都懷著各自的目的，帶著不同的面具，在舞會中尋找自己的目標。有些人相互猜疑，身心疲憊；有些人習以為常，樂此不疲。

看看我們的四周，不少人過著行屍走肉般的生活。獨自一人時，渾渾噩噩，萎靡不振。一進入關係場，就立刻對眾人笑臉相迎，即使是那些道德敗壞的小人。他們要處處顯出自己的優雅、包容和所謂的素養。到了夜深入靜時，大家才疲憊的揭下這個令人厭惡的面具，然後在夢中做一個真實自由的自己。

假醜惡之人則剛好相反，在眾人面前時道貌岸然，一副大公無私的聖者之相。回到家中獨自一人時，則揭下偽善的面具，露出他們真實的嘴臉，並暗自為自己白天的精彩表演洋洋自得。不過，他們中有的人有時也挺累，尤其是那些戴著面具做了傷天害理之事的人。他們時常為自己的虛偽和罪行提心吊膽，生怕某一天自己的面具被揭穿，而失去所有的財富。

很多天生正直的人常常對戴著面具的自己說：「你現在這個樣子真令人厭惡！」可隨後又無可奈何說：「唉，人在江湖身不由己啊。」的確，戴著面具去表演有時可以讓你在多變的環境中遊刃有餘，可以保護你不受傷害。人們就這樣在矛盾中反覆掙扎著。

作為一個普通人，案例中文宣的身上或多或少都有我們自己的影子。他希望成為眾人矚目的焦點，希望得到人們的讚美與認可，希望獲得一種事業上的成就感，希望正常融入公司社會，這些都是人之常情。但是，要達到這個目的也要有一定的原則和方法，否則

就會適得其反，而且讓你活得更累。

在矛盾的生活中做真實的自己

既然戴上面具生活不可避免，那麼如何才能在面具與期望之間找到一種平衡，讓我們輕鬆的生活下去呢？需要把握以下幾點：

首先，提高你自身的品德修養。如果一個人是因為要實現自己的不良企圖，滿足個人的自私慾望，那麼，你永遠都會戴著面具來掩飾你的醜惡，心中永遠不得安寧。相反，如果你自身品德修養很高，那麼即使你偶爾偽裝一下自己，你的動機也是純正善良的，你也會心安理得，也能得到眾人的理解。

其次，不要將面具戴回家中。按理說回到家之後，我們就應該恢復自己的本來面目，但是不少青年朋友由於職業習慣，面具戴得過久，有時在面對自己家人時也不願坦誠相待。我認識一個推銷員，回到家繼續用自己那套口吻跟父母、兄弟姐妹說話，讓家人非常反感。如果他始終這樣，就很容易在慾望面前迷失自己，漸漸的將面具轉化為自己真實的容顏，這樣是極其危險的。

再次，不要怕做一個普通人。案例中的文宣就是一個不願意做普通人，甚至不願意與普通人為伍的人。要知道，現實世界中沒有高高在上的神，就如同一部電影中所說：「神其實也是人，只不過他做了常人沒有做到的事而已。」即使你要成為神，也要先從一個普通人做起。人又是群居動物，無論你在任何環境下都不能脫離開群體。即使你是一個領導人，也要和下屬打成一片，才能更好的領導他們。

最後，該坦誠時就要大膽坦誠。雖然「人在江湖，身不由己」，

但有時大膽的摘下面具又何妨？比如案例中的文宣，總是想掩飾自己的家庭經濟狀況，其實很多人都是普通家庭出身，坦白說出來又能怎樣？很可能大家還能找到共同語言，能夠成為知心朋友。而那些瞧不起你的人也不值得你去瞧得起，因為無論他們的家庭條件怎樣，他都是一個虛偽、勢利的人。

總結提示

　　戴著面具表演也有它的一定好處。如果一個人總是扮演一個積極正面的角色，很有可能他真能成為這樣的人。尤其是當他為他人和社會做出一定貢獻後，受到了肯定與讚揚，他就會繼續讓自己朝著正面角色的方向發展。案例中的文宣曾經扮演過領導者的形象，只不過他只是注意到了表面，而沒有真正了解到實質，也沒有付諸實際行動去以身作則。如果他在各方面都能以正臉形象為榜樣，他就真可能成為一名優秀的領導者。

四、在寧靜中感受青春的美

　　二十至三十歲的青年朋友朝氣蓬勃，常常感覺渾身有使不完的體力，於是他們時常追求各種新鮮與刺激，結果常常在喧鬧中忽略了寂靜中的美。

寧靜中的感悟

惜緣是一位時尚的都市白領麗人，她的生活令很多人羨慕不已。

惜緣在一家大型傳媒公司工作，不但收入頗豐，還時常與眾多社會名流打交道。她的工作是負責大型活動的企劃。工作幾年來，

她不知組織了多少場企業年會、頒獎活動、名流酒會，不知見了多少明星及社會成功人士。

起先，惜緣還對這些名流們的生活比較羨慕，覺得他們整日籠罩在財富與榮譽的光環之下，受人尊敬與矚目。可漸漸的，她發現這裡面也充滿了浮躁、功利、現實、甚至醜惡的色彩。很多時候人們都在搞形式主義，背後隱藏著諸多的潛規則。有些成功人士的素養甚至連普通人都不如。但組織活動畢竟是她的工作，她心想：「他們是他們，我做好自己的工作就可以了。」

惜緣的工作壓力也是比較大的，為了讓活動順利開展，她經常晝夜顛倒的工作著，還好她已經逐步適應了。

工作之餘，惜緣的業餘生活也很時尚豐富：健身、購物、去西餐廳、逛酒吧……久而久之，她對這種生活也感到了厭倦，甚至覺得這樣的生活沒有太大意義。朋友勸她趕緊結婚，這樣就會好一點，可她對感情世界的紛紛擾擾尚有恐懼心理，不想讓家庭的責任阻礙自己的自由生活，因此每次都回答一句：「再說吧。」

終於有一天，惜緣感覺身心疲憊，思考也陷入了遲鈍，於是決定給自己徹底放個假，到草原風景區去旅遊一番。

某天清晨，惜緣從風景區一家小旅館醒來，起身拉開窗簾，看到了遠山天邊的一線微明，看到了山腳下的一片嫩綠的草場，看到了草場上依稀可見的幾處氈房，心情頓時豁然開朗。一陣清風吹來，吹去了她在繁瑣中積蓄的諸多煩惱。她盡情感受著四周的空靈與寂靜，感受著生活中久違的美好。

淡泊以明志，寧靜以致遠。惜緣突然有所感悟了：都市的喧鬧讓我們的空間越變越小，而寂靜，給我們的世界是如此廣闊。雖然

我們必須在喧鬧的都市中拚搏、掙扎，但我們的心靈必須力圖保持寧靜，要懂得在喧鬧中學會傾聽與思考，在寂靜中發現生活中被忽略的美。

當惜緣重新返回都市投入工作後，不但效率得到了極大提高，而且她始終能感到一份快樂與滿足。

這就是寧靜帶給我們的神奇力量，而在內心與外界的喧鬧中，我們是很難體會到的。

心如止水的境界

心如止水就是一種心靈寧靜的境界，它形容心境平靜，毫無雜念。

唐代大詩人白居易在《祭李侍郎文》寫道：「浩浩世途，是非同軌；齒牙相軋，波瀾四起。公獨何人，心如止水；風雨如晦，雞鳴不已。」這首詩一方面表現出世間生活的繁雜與喧鬧，另一方面也表現出他對內心平靜的渴望。

現代人的生活節奏比較快，尤其是生活在都市中的人們，他們在日益激烈的競爭面前，在燈紅酒綠的誘惑面前，在負擔沉重的家庭面前，更是整日四處奔波，無暇顧及其他。因此，很多人常常像機器一樣在反覆機械的運轉，對很多東西已經變得麻木不仁，甚至厭倦。他們常常意識不到身邊有很多美好的事物，更談不上去珍惜了。

在休息之餘，很多年輕朋友又往往再次沉浸在另一個喧鬧的環境中，在喧鬧中去尋找更多的新鮮與刺激。比如吃飯、喝酒、打牌、跳舞、唱歌，甚至到了夜深人靜的時候，有些人還津津樂道：

「夜生活才剛剛開始。」

人如果始終處於一個喧鬧的環境中，大腦神經就會一直處於興奮的狀態，不但不能得到很好的放鬆，而且會影響睡眠品質。長此以往，必然加速腦細胞的死亡，讓人提前衰老。

另外，那些喧鬧的娛樂方式如果過度參與，也對身心健康很不利。現代人之所以較古代多了那麼多的疾病，很多時候就是過於放縱造成的。

當我們的心靈獲得寧靜時，我們的身體和大腦神經都能得到更好的放鬆與休息。我們的祖先早就強調要「動靜結合」來養生。「動」就是運動，而「靜」就是透過一系列方式讓心理回歸寧靜。案例中的惜緣，透過旅遊使心靈恢復了平靜，讓疲憊的身心得到了休息與放鬆，不僅悟出了生活的哲理，之後還獲得了工作效率的提高。

我們的心就像一面湖水，如果心靈處於寧靜狀態，就可以讓我們更加清晰、準確、客觀的看清身心內外的各種現象，因為平靜的水面如同一面鏡子，能如實、不扭曲的反映出岸邊的景物。如果水面波瀾起伏，情況就截然相反了。

因此，要想使我們的身心得到良好的休整，使我們能更加清晰的看清周圍一切迷惑，保持一個心如止水的寧靜狀態是非常必要的。

回歸寧靜的心靈原鄉

心如止水向來被認為是一種較高的心靈境界，那麼，我們如何才能達到呢？

首先，要把自己的欲望控制在合理的限度內。造成我們心靈不寧靜的主要原因就是我們的妄想與貪欲。你要的越多，你就想得越

多，做得越多，無論最後得到或是得不到，你都要為它煩惱：得到了怕失去，失去了感到憂傷。因此，我們要學會適可而止，學會知足。妄想與貪欲只會讓我們本來完整、清晰的智慧變得昏聵、扭曲，看不清事實的真相。就好比水面的風，弄得本來平靜的水面波瀾翻滾，水中的倒影也變得支離破碎，無法看清。

其次，讓一切平靜的來和去。心如止水還有一個含義：當一件事來臨的時候我們能平靜的接受它，能像鏡子一樣如實的去反映它；當它過去以後，我們也要平靜接受這個事實，不過多留戀，做到心中不留一點痕跡。正如古人所說：雁渡寒潭，物來即現，物去不留。

再次，去寂靜的空間享受新的寧靜。俗話說：「心靜自然少憂煩」，但這種境界不是一般人能達到的。外界環境對我們的影響往往是實實在在的，要在喧鬧的環境中始終保持一顆寧靜的心談何容易。因此，我們不妨學學案例中的惜緣，抽個時間到寂靜的大自然中去放鬆一下心靈，讓心靈在寂靜的環境中也隨之安定下來，細細感受大自然中的每一處美麗。如果實在沒這個條件，也可以選擇清晨去公園的安靜角落放鬆身心。

最後，多參加高雅的休閒活動。年輕人喜歡新鮮與刺激是正常的，但是同樣要適度，偶爾參加一兩次對我們的身心健康還是有一定益處的，但過於放縱就會過早的耗費掉你的青春資本。我們不妨學學老年朋友，可以打太極拳、釣魚、練書法、種花草、下棋等，也可以練習流行的瑜伽。這些活動不但能提高智力、陶怡情操，也同樣能讓你的心靈找到久違的寧靜。

總結提示

要做到絕對的心如止水是不實際的，因為我們知道這個世界沒有絕對的靜止。即使是平靜的湖面，在沒有一絲風的情況下，水的內部也會有細微的流動。因此，當我們大部分時間處在喧鬧的都市中時，不要因為得不到較高程度的心靈寧靜而感到失望、煩躁。只要你嚮往心如止水的寧靜狀態，你就成功了一半。

廣大青年朋友一定要抽時間一個人靜靜的思索與反省，反省自己正在追求什麼，得到了什麼，失去了什麼，該珍惜什麼……也可以透過閱讀來比照自己。書讀多了心中自然豁達，不知不覺中，你就回到了寧靜的心靈原鄉。

五、在年輕時練就從容不迫的本領

在生活的某些緊要關頭，你是常常驚慌失措，還是從容不迫。作為成熟的重要標誌之一，年輕的我們必須在二十至三十歲這寶貴的 10 年中練就從容不迫的本領。

從容不迫是一種魅力

美國前總統希歐多爾・羅斯福在一九一二年參加總統競選演講之前，遭到一名精神錯亂患者的射擊，被擊中右胸。雖然他口袋裡的眼鏡盒阻擋了子彈，沒有使他喪命，但也傷得不輕。當隨行醫生堅持要送他去醫院時，羅斯福卻從容說：「我要去做演講，請你們保持鎮靜。我做完演說之前，是不會去醫院的。」說完，他命令轎車向大禮堂駛去。

這時，人們已經知道他被擊中的事了。當羅斯福面帶笑容向人們招手時，大家都從座位上站了起來，發出愛戴的驚呼和同情的感歎。之後，羅斯福掏出帶血的講稿，以頑強的意志進行了歷時一個半小時的講演。這就是美國歷史上著名的「飲彈演講」，它令羅斯福征服了千萬支持者的心，在民眾中樹立了威信。

　　古代東晉宰相謝安也是一位從容不迫的典範。在謝安沒當宰相之前，有一天，他和幾個朋友一起坐船去海上遊玩。忽然，狂風驟起，惡浪濤天，他們乘坐的船被顛簸得東倒西歪。船上其他人都嚇得面無血色，雙手緊緊抓著船舷，一動不敢動，只有謝安面不改色，依然如故，還迎著風浪吟唱詩歌。船夫以為謝安在這樣的風浪中行船很高興，就繼續用力向前劃。

　　這時狂風越來越大了，惡浪也越來越猛，而船夫卻只顧向前繼續划船。其他人雖害怕得實在要命，但又礙於面子，不好意思要求回去。這時謝安才慢條斯理的對船夫說道：「像這樣的天氣，還要把船划到哪裡去玩？」船夫這才掉過船頭往回划。大家對謝安遇難不驚的氣度非常欽佩，並相信將來治理國家的最佳人選非謝安莫屬了。

　　也許你會說，從容一般都屬於那些久經沙場的老將，我們年輕人很難做到。的確如此，但正因為這樣，我們才要早作準備，力爭在三十歲之後做到從容不迫，處變不驚。

從容讓我們走向成功

　　從容不迫。從容，指鎮定自若，不慌不忙。不迫，指不急促。從容不迫是一個褒義詞，鎮定自若、滿不在乎、泰然處之、不動聲色、視若等閒等詞語都和它的意思相近；而膽顫心驚、驚慌失措、

手足無措、如坐針氈、心慌意亂等則與之相反。可見，如果一個人能做到從容不迫，那麼這個人一定是理智成熟的人，而做不到這點的，往往難以擔當重任。

從容不迫也是一種積極健康的心理狀態，他源自人們內心的安逸、寧靜。從容不迫的人往往勇敢樂觀、胸懷博大、正直坦蕩、沒有貪欲、自由自在。前面故事中兩位著名人物都或多或少具備了這些優秀素養。

從容不迫的人往往樂知天命。以前我們也學過很多英雄人物的事蹟，他們中很多人都具有視死如歸的從容和威武不能屈的大無畏精神。如劉胡蘭面對鍘刀大義凜然、慷慨就義；陳鐵軍、周文雍笑對死亡，把刑場作為結婚的殿堂，把反動派的槍聲做完婚禮的爆竹聲，上演了一幕千古絕唱……。

當然，在和平年代，作為一般人，我們不會面臨這樣的重大事件，但我們可以學習他們這種從容的精神，那就是無論在什麼時候，遇到多麼危險的處境，都要從容不迫，因為即使你倉皇失措、悲傷絕望，都是無濟於事的。

從容不迫不但能讓自己的內心獲得鎮定，而且能用這種素養魅力感染到周圍的人，正如案例故事中的羅斯福與謝安。所以，年輕的你如果希望自己以後能成為一名領導者，就必須學會具備這種精神素養。

在前面我們講過心如止水的心境能讓人更清晰的認識周圍的事物，而從容不迫也有異曲同工之妙。一個人在危急時刻如果驚慌失措，那麼他的心境肯定是波瀾起伏的，這時他只顧著擔憂和害怕了，哪還有心思來考慮解決危機的辦法。而從容不迫的人在此刻則

非常鎮定、沉穩，這也是一種類似心如止水的靜，有了這種靜，他就能很清晰的進行分析思考，從而迅速的擺脫困境。

　　所以，二十至三十歲的廣大青年朋友一定要在年輕時練就從容不迫的本領，這樣才能在而立之年擔當起工作、家庭以及社會的重任

練就從容 笑對人生

　　廣大年輕朋友往往涉世未深，社會經驗相對不足，那麼怎樣才能逐步練就從容不迫的本領呢？我們可以從以下幾個方面入手：

1. **先了解從容的幾種基本狀態。** 從容不僅是一種積極健康的內心狀態，也是一種難得的性格素養。無論歷史上的大人物，還是我們身邊那些處變不驚的人，他們的從容主要表現出這幾種狀態：樂觀、豁達、淡泊、灑脫。如果你也能做到這些方面，自然能夠讓內心鎮定自若，做到從容不迫。至於具體如何做到，可以參看我們之前的內容。

2. **在你的身邊找榜樣。** 雖然書本或影視作品中有很多從容不迫的形象，但這些形象大都離我們有一定距離，因此最好的榜樣還是來自我們的日常生活。比如你的父母兄長、上司、老師、同學、朋友等，如果他們中有具備從容不迫本領的人，我們除了觀察之外，最好能主動向他們求教，透過他們的言傳身教，結合理論知識和自身實踐，你一定能收穫不少。

3. **提前做好最壞打算。** 俗話說「天塌下來當被蓋」，這雖然是樂觀者的口頭禪，但也從另一個角度表明我們應該提前做好心理準備。我認識一位青年，以前做事總是慌慌張張，給人一

種難當大任的印象。還好主管見他比較勤奮，就告訴他：「做什麼事不要慌，按照你自己的方式去做，就算做錯了我也不會批評你。就算批評你，也不是什麼大不了的事。」結果，這位青年漸漸沉穩了不少，現在已經是一個部門的主管了。所以，廣大青年朋友們不論遇到什麼事，都可以問問自己：「這件事最壞的結果是什麼？它能不能讓我再無出頭之日？」要知道「車到山前必有路」，有了這種心態，你才能處變不驚、臨危不亂。

4. **淡泊欲求，胸懷寬廣**。很多人遇事慌張就是因為太害怕失去自己所擁有的了。我們前面說過，人要懂得知足，不能貪婪，如果一個人太貪婪，他必然追求更多的東西，當發現自己追求不到，或者即將失去自己的所有時，就會惶恐失措。如果懂得知足常樂，順其自然，就能從容做到無所謂得到，也無所謂失去。而一個胸懷寬廣的人，不但不計較一時得失，而且時常想的是付出，而不是索取。這樣自然也能從容面對很多事了。

5. **有把握自然從容不迫**。很多人在緊要關頭能鎮定自若是因為他心裡有十足的把握，那怎樣才能有把握，自然是平時準備充分，未雨綢繆。另外，業精於勤，只要自己平時不斷學習，自己的能力就會提高，這就有了笑傲江湖的資本。很多著名的藝術家在舞臺上遇到特殊情況時依舊能從容不迫的表演下去，就是因為她們幾十年的苦練和豐富的經驗讓他們擁有了能「壓住臺」的自信與把握。

上面五點並不是一時半會就能掌握的，廣大青年朋友必須在日

常生活中從小做起，堅持不懈，並且時常結合自身進行總結反省，才能逐步擁有從容不迫的魅力。

總結提示

做到從容不迫需要較高的道德修養基礎，尤其對於那些想成為優秀領導者的人。品德修養高的人自然淡泊明志、寧靜致遠、胸懷豁達、明察安危、安於禍福，因而很少有東西能讓他們感到惶恐失措。

廣大青年朋友一定要擁有一種理性、堅忍、寵辱不驚的氣度與風範，做到意志堅定，從容不迫。只有這樣，才能臨危不亂、舉止若定，才能在一次次緊要關頭化險為夷。

六、二十至三十歲，耐心等待的十年

「現在的年輕人，吃不了苦，做事沒耐心。」我們常聽一些年長的過來人這麼說。廣大青年朋友要想獲得成功與幸福，耐心也是必不可少的。

神奇的鈕扣

從前有位年輕的男孩，趕去與心上人約會。這個男孩性子比較急，早早就到了約會地點，可自己的心上人卻還沒來。男孩沒一點耐心去等待，變得越來越焦躁不安。他無心沐浴明媚的陽光，無心聆聽小鳥的歌唱，無心欣賞鮮豔的花朵，一頭躺倒在一顆大樹下長呼短歎。

忽然間，他的面前出現一個侏儒。

「我知道你為什麼不高興，我能幫你。」侏儒說，「拿著這顆鈕扣，把它縫在衣服上。你要遇到不想等待的時候，只需把這顆鈕扣向右一轉，你就能跳過時間，想跳多遠就能跳多遠。」

這倒正合男孩的胃口，他欣然接受了這個意外的禮物。而侏儒一轉身便消失了。

男孩把鈕扣縫在了衣服上，然後握著鈕扣，心中想著自己的心上人，試著一轉。啊！果然很神奇！心上人已經出現在他面前，正朝他暗送秋波呢！

「真棒啊！」男孩心想，「不過要是現在就跟她舉行婚禮，那就更棒了。」於是他又轉了一下鈕扣。立刻，他的眼前出現了隆重的婚禮，豐盛的酒席，他和心上人正並肩而坐，周圍管樂齊鳴，熱鬧非凡。

男孩抬起頭，盯著新娘的眼眸，心中又想：「要是現在只有我倆該多好！」他悄悄轉了一下鈕扣，立時夜深人靜，親朋好友都吃飽喝足回家了……

之後，男孩心中的願望層出不窮。「我們應該有座房子。」他轉動鈕扣，房子一下子飛到眼前，寬敞明亮，豪華舒適，令他激動不已。他站在窗前，眺望著自家的葡萄園，「真遺憾，葡萄還沒有成熟。」他再次轉動鈕扣，葡萄園立刻獲得了大豐收。「我們還缺幾個孩子。」他依舊迫不及待，用力轉了一下鈕扣，只見日月如梭，彈指一揮間，他已經兒女成群。

就這樣，男孩旋轉著鈕扣，飛越了時間。生命中各種精彩的時刻就這樣從他身邊不斷急駛而過。當他還沒有來得及好好欣賞時，卻突然發現自己已經老態龍鍾，衰臥病榻。此時，他摸了摸衣服上

的鈕扣，再也不願去轉動它了。

恍惚間，那個侏儒又出現了，「現在你如願以償了吧？」侏儒問他。

「是的，但我感到更多的卻是懊悔。」

「為什麼？」

「因為我性子太急，不願等待，只想快速獲得滿足。結果，我發現我並沒有真正擁有那些美好的東西，我現在擁有的只是衰老和病痛。我真後悔收下了你這個禮物。」

「你想回到過去？」侏儒問。

「非常想。」

「那你可以試著把鈕扣向左轉轉。」

此時已經是老人的那位男孩雙手顫抖著握住鈕扣，試著向左一轉，突然，鈕扣發生了劇烈的抖動，之後就消失了。男孩一驚，坐了起來，原來是一場夢！他發現自己還躺在那棵生機勃勃的樹下，而心上人還沒有到來。男孩欣喜若狂的起身跳了起來，現在，他學會了等待，開始留意與珍惜周圍的一切美好。

這是一個神話寓言故事，告誡我們要學會耐心等待。實際上，耐心不僅是創造美好生活的要素，也是我們獲得成功的法寶。

耐心通向成功與幸福

耐心，是一種不急躁，不厭煩，能夠堅持完成複雜、繁瑣、無聊事情的心理狀態，它同時也是一種優秀的品格。

法國有句諺語：耐心和持久勝偏激烈和狂熱。很多青年朋友之所以缺乏耐心，往往由於他們大都年輕氣盛，熱血沸騰，對新鮮刺激

的事物過於偏愛，就像故事中那個男孩一樣，只想要精彩的結果，不想經歷漫長又無聊的等待過程。

耐心是一株很苦的植物，但果實卻十分甜美。一個人要想獲得成功，就必須經歷艱苦。正所謂先苦才能後甜，苦盡才能甘來。而苦的過程往往是比較漫長的，甜蜜的快樂又往往比較短暫，因為我們要學會忍耐，而忍耐中的「耐」，就是我們所說的耐心。

磨出你的耐心

容易浮躁的年輕朋友怎樣才能培養出自己的耐心呢？我們可以從如下幾方面去把握：

首先，明確你最想達到的目標。有些人耐不住性子是因為自己根本就沒有一個明確的目標，或者說就不知道自己這麼做是為了什麼。如果是這樣，你做事肯定是屬於被動的、不情願的，你潛意識裡就有了一種應付了事的念頭。如果再遇到一些麻煩事，你就會告訴自己，這個目標對我來說並不重要，既然這麼麻煩，我還是不要做了。如此一來，你的耐心就蕩然無存了。所以要先明確你想達到的目標，然後告訴自己，要達到這個目標我必須要耐心，這樣一來，達到目標的強烈欲望就會支配著你自發的耐下性子來。

其次，用急於求成的不良後果來告誡自己。前面我們舉了不少急於求成的例子，現實生活中也有不少這樣的負面教材。急於求成造成的不良後果有大有小，不論大小，都能對我們達到警示作用。我們也可以透過總結經驗教訓來反省自己，看看自己從前因為急於求吃了哪些虧，這樣一來，你也會主動耐下心來做任何事情。

再次，利用耐心等待的時間做有意義的事。有時等待的確是一

種煎熬，但是你可以利用這段時間去做一些令你快樂的事，而不是無所事事，焦慮煩躁。比如寓言故事中的小夥，一開始只是焦急的等待，連周圍的美麗風景也無暇顧及。當他明白了耐心等待的真諦後，便開始欣賞身邊美好的一切。這樣你就會發現，等待的時間原來並不太長。很多年輕朋友應該都有這個體會，空等時總感覺時間過得很慢，如果你在等待時看看書、看看節目，或者做點別的有趣的事，時間就會過得又快又有意義。

最後，從無聊之中鑽探快樂。前面我們說耐心就是能堅持完成繁瑣、無聊的任務。有時一件重複、繁瑣的工作的確會讓我們感到乏味，讓人很難耐下心來去完成它。但是，我們可以設法從無聊之中鑽探出有趣的快樂，只要我們願意去發現。有一個大公司的打字員成天坐在電腦螢幕前跟文字打交道，她感到很厭煩，有點想辭掉這個工作不做了。有一天，她突然想：「我為什麼腦子裡老想著這一個個漢字呢？我為什麼不仔細看一下這些文字背後都有什麼資訊呢？」後來，她發現她打的各類文件裡包含了公司許多重要資訊，還包括很多不同部門的知識。後來，她對人力資源知識產生了興趣，透過一段時間的學習，經過考核後，她順利進入到公司的人力資源部。

總結提示

不論是做大大小小的工作，還是面對我們的生活，我們都應該學會耐心。廣大青年朋友要學會由簡到難、由淺入深、循序漸進的去完成每一項任務。當你獲得一定成功時，不但你的耐心得到了培養和提高，你的自信心也會增強。有了自信心，你就能更

加耐心的去做好每一項工作。

　　對於我們的生活，我們要時刻保持一種希望，不但要學會耐心等待成功與幸福的來臨，而且要有一種堅定的意志，要學會忍耐無聊、寂寞、孤獨、挫折。學會了忍耐，你的耐心自然就越來越強，成功與幸福也就離你不遠了。

七、抱怨讓年輕的你顯得幼稚

　　現在很多年輕人動不動就喜歡怨天尤人，深感整個世界都對其不公，實際上，這是一種很幼稚的表現。

皮鞋的故事

　　從前有位國王，統治著一個不大不小的國家。那裡的風景非常美麗，閒暇時光，國王就會踏上鄉間小路去欣賞美景。

　　鄉間的小路可不像王宮裡那樣平坦。那路上坑坑窪窪的，散落著很多小石子。當時只有草鞋，很不耐用，隨便磨幾下，鞋底就磨穿了。而不穿草鞋，那腳就沒有好日子過了。

　　國王非常煩悶，於是他下令，把全國的牛殺了，剝了牠們的皮，鋪在小路上，以保護自己的雙腳。

　　可第二天，大臣回來了，一臉哭喪，對王說：「國王陛下，對不起，您說的我辦不到。小路實在太長，而且錯綜複雜，就是殺了全國的牛，也鋪不滿所有的路。」

　　國王聽了，很傷心。他開始怨天尤人。他抱怨上帝，說上帝不公正，偏偏要讓小路不平整；他開始抱怨子民，說為什麼他們不多

養些牛，好讓他鋪路。於是，他就這樣抱怨啊抱怨，不吃飯也不休息，結果一病不起了。

　　一個多月過去了，大臣來訪，他高興的對國王說：「陛下，我想出解決辦法了！」

　　國王病快快的說：「你想到什麼啦？」

　　大臣說：「既然所有的牛皮不夠你鋪路，但是總夠把你的腳包起來吧！」

　　國王馬上高興的跳起來，大聲歡呼。於是，他用牛皮把腳包起來，又興致勃勃的去欣賞田園風光了。

　　據說，這就是皮鞋的起源。

　　這個故事告訴我們，遇到困難和挫折不要怨天尤人，也許換一個角度，狀況就會得到很大的改觀。

怨天尤人只會傷害你自己

　　怨天尤人中的「怨」和「尤」都是抱怨、歸咎的意思，而「天」指的是天命、命運。總的來講就是埋怨上天，怪罪別人。

　　如今很多青年朋友一旦遇到了問題或挫折，就會一味抱怨命運不公，責怪別人對他不起，這就是典型的怨天尤人心理。

　　我認識一位年輕人，從小就埋怨父母對他不夠關心，沒有給他這個沒有給他那個；到了學校，他認為老師總是限制他的自由，對學習好的同學偏心；同學一個個都很自私，只顧著自己，不願幫助他；工作之後，他又覺得同事之間都是勾心鬥角，自私自利，老闆唯利是圖，鐵面無情。結果他就在這無休止的抱怨生活中碌碌無為、形影相弔的掙扎著。

　　喜歡怨天尤人其實是一種無能的表現，他們不喜歡從自己身上找原因，而總是把自己的挫折和失敗歸罪於外界的人事，但是外界的人和事他又改變不了，或者壓根就不敢去嘗試改變，於是整天嘮嘮叨叨，和壞心情成了「好朋友」。結果，失敗和挫折就繼續伴隨在他的左右，而且又產生了惡性循環：失敗，抱怨，煩惱，新的失敗，新的抱怨，新的煩惱……

　　喜歡埋怨別人的人往往是自以為是的人，他們總覺得自己從沒做錯什麼，之所以有今天的狀況，完全是別人的錯。於是他們除了埋怨別人，還會與之決裂、敵對，甚至採取極端行為。顯而易見，這樣的人身邊一定不會有什麼朋友。如果他有家庭，則會導致與父母、妻兒、兄弟姐妹關係的不和睦；如果他在公司，一定是個不受歡迎的人，而且得不到重用；如果他像故事中那個國王一樣，擁有一定的權力，那麼，周圍的人和事就難免要遭殃了。

　　每個人的人生都不會一帆風順，我們時常會遇到各種困難和挫折。如果我們只是一味的埋怨生活，這只會使自己變得憂鬱消沉、萎靡不振、自怨自艾、喪失信心，這對我們的身心健康是極其有害的。

與其抱怨 不如做點什麼

　　年輕的我們怎樣才能從怨天尤人的不良心理中走出來，獲得健康與成功呢？

　　首先，要先從自己身上找原因。我們任何人都不能對別人有過分的要求，不能把自己的意志強加給對方。哪怕是對自己最親近的人，他們也沒有責任和義務來滿足你的一切要求。我們不可能主宰

環境和他人，所以我們必須對自己的情感、生活負責。一個人如果把自己的命運、情感交給環境、交給運氣或交給他人，那麼，他時時都有受到傷害和產生怨恨的可能。

其次，讓自己強大，克服依賴心理。 每個人都需要照顧自己的人生，人生中的成功與快樂，只有自己能找到。面對種種不順帶來的煩惱，我們不能歸罪於外界的人和事，更不能依賴它們，指望它們來順從自己的意願。我們自身的心理弱點才是導致煩惱的主因，只有改善自己才能改善現狀，進而改善你的情緒。因此，我們要讓自己強大起來，增強適應能力，逐步克服依賴外界的思想，培養起自尊、自愛、自強、自立、自主等品德與才能。

再次，要學會自我消解。 面對挫折時，我們要自我勸慰、自我開導、自我調適，使自己冷靜下來，把問題想通、想透，這是克服抱怨心理的最好的辦法。之所以會產生抱怨，固然與身邊的不公正現象有關，但也與一個人的思想修養和認知方式有關。想一想自己對問題的看法是否對頭，是否只從個人意願出發；想一想自己考慮問題是否全面，有沒有偏激；想一想還有沒有比抱怨更能解決問題的辦法。

最後，時刻保持一顆平常心。 怨天尤人也是一種不良習慣，也是在日常生活中漸漸養成的。很多青年朋友的抱怨常常來自生活中的瑣碎之事，他們凡事過於認真認真，斤斤計較，常常是搞得自己疲憊不堪。那麼對於這些瑣碎之事，我們還是置之不理為佳。一位哲人說得好：如果你被瘋狗咬了，難道非要把瘋狗也反咬一口嗎？所以，遇事要有一種平和的心態，這樣才能生活得更加理智，從而減少不必要的抱怨和牢騷。

總結提示

荀子說：「自知者不怨人，知命者不怨天，怨人者窮，怨天者無志，失之己，反之人，豈不迂乎哉！」意思是說有自知之明的人會選擇生活的道路，時刻把握命運的主動權。

面對現實生活中暫時不完善的地方，不要滿腹牢騷，不要怨天尤人，我們不能像裁判員、檢察官那樣居高臨下的評判、抨擊和指責別人，而應當看到自己的責任，拿出務實的精神和勇氣來，努力改善環境和適應環境。

八、正確對待你年輕的驕傲

小時候我們就知道「虛心使人進步，驕傲使人落後」這句名言，可有時我們又聽說「某某是我的驕傲」，之前我們還說過年輕人要戒驕戒躁，到底我們該怎樣去面對自己年輕的驕傲呢？

你有你的驕傲 我有我的自豪

在一個浪漫的週末舞會上，女孩子梅婷亭亭玉立、長髮披肩，像一朵五月的蓮花，在沸騰的舞池中裙角飛揚，飄逸著芳香。

在無數目光的包圍下，女孩感到異常驕傲。之後，她累了，坐在一旁休息。

這時，一位男孩走過來向她微微鞠躬，並伸出手：「可以請你跳一曲嗎？」他溫文爾雅，像一個高貴的王子，讓人不忍拒絕。

略帶一絲疲倦，女孩站了起來。當兩個人面對面的站在舞池中，靜等音樂響起的片刻，她突然發現，這個男生竟然比她似乎還

矮一點點。也許並不真的比她矮，但是女孩子覺得，如果哪個男生與她等高，那就已經是很矮了。

「我原來比你還高哪！」女孩子輕輕的說，輕輕的笑著，像小時侯與朋友比高矮時得勝後的樣子。因為她從小便比身邊所有的女孩長得高，比一些男孩也高，已經習慣了在比較中驕傲的笑。但眼前的男孩子並不是自己的朋友，只是舞會上偶爾邂逅的舞伴。女孩子立刻為自己的口無遮攔感到後悔了。

男孩子有些猝不及防，稍稍愣了一下，臉上的笑還來不及褪去，新一波笑意竟浮了上來。他不慍不惱的說：「是嗎？那我迎接你的挑戰。」

女孩子無語，歉意的笑笑，躲過他的目光，但又有點好奇和緊張的捕捉來自他的資訊。只見男孩下意識的挺直了腰胸，輕描淡寫的說道：「把我所發表過的文章墊在我的腳底下，我就比你高了。」

舞會之後，他倆走到了一起。

在這個故事中，兩人各有各的驕傲。驕傲讓他們的思維與情緒反覆跳動，可見驕傲也是一種特殊的力量。

驕傲既是年少輕狂 又是自豪自信

驕傲主要有兩種意思：一，自以為了不起，看不起別人；二，感到自豪，光榮，同時也代表值得自豪的人或事物。顯而易見，第一種意思代表了貶義，而第二種則是褒義的。

第一種驕傲的人在我們廣大青年朋友中比較常見，屬於典型的年少輕狂。之所以會這樣，通常是人的虛榮心在作怪，他們希望得到別人的稱讚與尊崇，往往爭強好勝，總想把別人比下去，喜歡享

受高高在上的感覺。不過這樣的人的確在某些方面有一定優勢，不然哪裡有驕傲的資本。

雖說人不輕狂枉少年，但那畢竟是一種不成熟的表現。如果一個人因為一點成績就自命不凡，目中無人，自以為是，一旦他們受到失敗的打擊，心理落差就會比一般人大很多，往往容易走向憤怒、嫉妒、報復或者自卑的極端。西方基督教認為驕傲是七宗罪中最嚴重的罪惡。

再來看自豪這種驕傲，它就基本是正面積極的了。自豪，就是自己感到光榮。我們知道人的本性是不滿足的，所以自豪就是一種因為自己所擁有的比別人的好而獲得的滿足感。自豪的人一般為自己或與自己有關的集體、個人所取得成就、榮譽而感到光榮、驕傲，比如為自己的品行感到驕傲，為自己的孩子感到驕傲。

自豪的驕傲能使人獲得一定的滿足感，也能讓人獲得自信和尊嚴。因此，我們要遠離第一種驕傲，追求第二種驕傲，用自豪的驕傲來激勵我們燦爛的青春。

遠離自負 適度自豪

年輕的我們要想收穫成功與幸福，就要正確對待你的驕傲，如何才能做到這一點呢？

1. **充分認識到驕傲自負的負面作用**。雖然我們早就聽說過「虛心使人進步，驕傲使人落後」這句格言，但很多時候我們未必能認識和秉持它的宗旨。所以廣大青年朋友一定要從各方面學習總結，充分認識到驕傲的負面作用。比如：可以透過書籍、電視、網路等媒介獲取這方面的資訊，或者從自己身

邊的人和事中找正、反兩方面教材，而最好的方法就是對自己的過去進行總結、反省。

2. **要明白強中更有強中手。**這也是老生常談了，但我們還是要強調一點，如果你時常驕傲自大，目中無人，當遇到真正強手的時候，你就會真正感受到「爬得越高，跌得越慘」的痛苦。而謙虛則能讓你從高手身上學到更多。

3. **要想自豪只有努力付出。**無論是因為自己，還是因為與自己相關的人或事物感到自豪，都需要一定的資本和成果，而要取得這些東西，只有靠自己的努力付出，即使是為國家而感到驕傲，也需要你為國家做出一定貢獻（這種貢獻不論大小）。不然，那種驕傲只是一種自我炫耀而已。

4. **過度追求自豪會令你為其所累。**既然自豪來自各類榮譽與成果，是一種滿足感，但如果我們追求得太過，就會變成一種不知足、愛慕虛榮、比較嫉妒，結果，我們就會為其所累，引發一系列不健康的心理。

總結提示

驕兵必敗，這是古往今來軍事家們深信不疑的至理名言。狂妄自大，剛愎自用，乃兵家大忌，龐涓、袁紹、馬謖莫不因此遭遇慘敗，掉了腦袋。所以，年輕朋友們切記謙虛謹慎，不驕不躁。不是有那句話：「小心駛得萬年船」嗎？

同時，我們也聽說過「人不可以有傲氣，但不可無傲骨」這句名言。如謙虛過了頭，變得唯唯諾諾，畏首畏尾，唯馬首是瞻，也是要不得的。所以，年輕朋友們要掌握好做人做事的尺

度，既不可狂妄自大，也不可妄自菲薄，要勇敢、堅定，充滿自信的走好生活之路。

第八章　追逐的倦鳥終將歸巢
—— 收穫真摯愛情

　　大部分青年朋友都在二十至三十歲時成家立業,而婚姻又以愛情為基礎,愛情這個永恆又高深的課題經久不衰,從古至今沒有絕對定論,也沒有什麼系統的理論及模式供我們參照。我們不敢保證利用本章有限的篇幅就能將愛情解析透澈,但我們會以前人為鑒,給廣大青年朋友提供誠摯中肯的建議。

一、愛情，永恆的話題

　　愛情，自古以來被無數男女所苦苦追求，被無數經典作品所深情演繹。廣大青年朋友更是對愛情這個話題關注有加。那麼，愛情是什麼？怎樣獲得愛情？要搞清楚這個問題也並非易事。

愛情讓他絕望又充滿希望

　　年近三十歲的陸一鵬雖然事業已經小有所成，但至今仍未婚。朋友們問他為什麼。他說他在等待一份真摯愛情的到來。

　　陸一鵬父母早年雙雙失業，家裡經濟條件較為困難。陸一鵬比較懂事，為了不辜負父母的期望，堅持刻苦學習，學業成績一向很優秀。

　　學測是很多人的人生轉捩點，因此高三時期也是最為關鍵的一年，可是陸一鵬卻在這個時候戀愛了。由於學校管得嚴，陸一鵬和女友都是偷偷摸摸的來往，不過最終還是被老師發現了，老師把情況告訴了雙方父母。陸一鵬的父親把他狠狠訓斥了一番，並要他保證放棄太早談戀愛的事情，一心專心課業。

　　之後，陸一鵬和女友暫時斷絕了來往，將主要心思放到了課業上，但「分手」前雙方約定要好好學習，爭取考到同一所大學，即使不在同一所大學，也要在同一個縣市裡。

　　不久，他們如願以償了，兩人雙雙考入一所大學，分在不同的院系。

　　大學生活相對寬鬆，這給了他倆充分戀愛的環境。可漸漸的，陸一鵬放鬆了課業，成績漸漸退步了。女友得知情況後建議彼此還

是應該以課業為重，減少約會的次數。陸一鵬答應了。

之後，陸一鵬的成績果然得到了回升，並一直保持到了畢業。可是又一個難題來了，那就是畢業找工作的問題。

由於陸一鵬學業成績優異，又是男生，相對順利的在大學所在都市找到了工作，而女友卻沒那麼幸運，奔波了好久，依舊一籌莫展。這時，女友的父母打電話讓她回家找工作，並告訴她已經聯繫好了一家不錯的公司。

這是一個較大的難題，該如何選擇讓兩人傷透了腦筋。後來，女友決定留在這座都市再試試看。之後，女友又一番奔波，依舊沒有找到合適的工作，並多次遭受打擊，變得心灰意冷。女友開始想家，想回到父母身邊，但又捨不得離開陸一鵬，於是經常在他面前哭泣。

這時，陸一鵬勇敢做了一個決定：讓女友先回家工作，自己在這座都市站穩腳跟有了關係後再把她接回來。女友含著淚答應了。

女友回家後，陸一鵬開始努力在這座都市打拚，兩人時不時電話溝通，相互鼓勵。兩年後，當陸一鵬的工作稍有起色時，卻意外收到了女友即將結婚的消息。

這對陸一鵬來說無異於一個晴天霹靂，他突然感覺自己做的一切瞬間失去了意義，有些痛不欲生，但他理智的控制住了自己，因為他想到了父母。

之後，陸一鵬消沉了很長一段時間，但隨著時間的推移，他心靈的創傷漸漸癒合，慢慢找回了先前的工作狀態。朋友、同事曾給他介紹過幾個女朋友，但他始終沒有看上。他們問他是不是對愛情絕望了。他笑著說：「沒有，我始終充滿希望，只不過我有自己的標

準而已，可能這個標準稍微有點高，但我相信緣分遲早會到來。緣分一到，我的愛情也就來了。」

類似的故事我們一定聽過不少。愛情的確是一個充滿魔力的東西，她既能給人無限的希望，也能使人徹底絕望。

簡單又深奧的愛情

愛情，簡單說就是男女之間的愛慕之情，這種感情非常強烈，通常表現出很深的依戀、親近、嚮往、思念之情，愛情往往是無私的，愛一個人甘願為他（她）付出自己的所有，乃至生命。愛情又是專一和排他的，一個人一旦擁有了愛情，愛上了對方，就會「我的眼裡只有你」「我只在乎你」。

愛情需要網住對方的心，具有親密、情欲和承諾的屬性，並且對這種關係的長久性持有信心，也能夠與對方分享私生活。如果網住了對方的心，你所愛的人便會與你心心相印，不再將愛戀之情投入到其他人身上，只會與你保持最親密的關係，並將整個身心交付與你，相互承諾要長相廝守，而且相信雙方的感情能夠經受時間的考驗。

對愛情的渴望是人類的本性之一。某些動物之間也存在愛情，比如鴛鴦為愛情象徵，因為鴛鴦一旦找到配偶，便會終生不離不棄，彼此呵護，繁衍後代，相伴一生。人類作為高等動物，也擁有這種特性，絕大多數人都希望得到與鴛鴦一樣的堅貞愛情。

愛情，在不同時代的定義也略有差別。在現代社會，人們把愛情定義為男女雙方基於一定的物質條件和共同追求，在各自內心形成的對對方的仰慕，並渴望對方成為自己終生伴侶的情感。這種情

感往往最強烈、最穩定、最專一。

在遠古的母系社會、父系社會，愛情則有另一番意義，她並不是單純的一夫一妻制。那時的愛情除了是一種人類本性的需要，還展現出在惡劣生存環境下的相濡以沫，相互扶助，共同與自然抗爭，讓生命繁衍永續。這種愛情即使在今天也對我們有著積極的意義。

科學家研究發現，愛情實際上是一種化學反應，她是由激素和荷爾蒙所散發出的特殊美妙氣味。這種氣味被我們的大腦識別，從而使人產生一種強烈的喜好感。有些愛情是後天發展出來的，比如我們常說的日久生情；而有些則多少帶有一些神祕成分，類似於與生俱來，比如一見鍾情，彷彿前生相識等，這一點科學家尚未做出圓滿解釋，而佛學上則將之稱為「緣分」。

在現實生活中，一般來說，女性通常會愛上俊朗、健康、風趣、善良、大度、有安全感的男性；男性則會愛上貌美、溫柔、賢良、勤勞的女性。當然，在不同的階段某些人的愛情觀又容易發生變化：比如男性容易愛上女性的年輕美貌，而女性則容易愛上男性的財富地位。當然，不同人需要的愛情也是不同的，但只要能在心靈深處滿足各自那份對男女之情的深切渴求，他們就會不顧一切去追求這份愛情。

愛情並不遙遠

很多人一生都沒有追求到自己想要的愛情，以至於對愛情感到悲觀失望；而有些人則非常幸運的收穫了真摯愛情，感到一生幸福。愛情雖然是一個高深莫測的課題，但依舊有規律可循，下面就告訴

大家幾個大的原則及方法，以便大家去把握：

1. **愛情需要雙方有共同的目標。**兩個人要走到一起，需要有一定的共同語言，而共同語言中最關鍵、最穩定的就是共同的追求目標。美國有兩位野生動物學家，他們在非洲對野生動物進行研究時相識相知，後來為了共同的事業目標結為夫婦，一同在非洲叢林中搞科學研究多年，兩人至今相親相愛，令人羨慕。我們不要求每個人都有遠大的事業目標，但最起碼的生活目標是應該有的，比如如何透過工作來構建一個家庭，如何讓子女健康成長等。

2. **將自己最積極的一面展現出來。**要想獲得對方的愛慕，自己首先要自愛。在外表上，我們要注重自己的形象，把自己健康、積極的一面展現出來。雖然我們反對以貌取人，但一個人的形象基本上代表這個人的性格與品味，容易引起志趣相投者的注意。另外，就是透過言行舉止來展現自己的修養與素養。無論男女，內在的東西是最持久、最可靠的。一個修養高、素養優秀的人是最具魅力的，會被更多人所愛慕，這就增加了你收穫愛情的機率。

3. **不要將幻想與現實融為一談。**在之前的一些案例中，我們說到不少青年朋友喜歡以文藝、影視作品中的完美形象作為自己的擇偶標準，這是很不切合實際的。文藝作品中的不少形象大都經過藝術加工，無論外表還是內在都過於「完美」，這在現實生活中是很難遇到的。如果你非要把標準定這麼高，也許一生都不會找到意中人。所以，我們還是要結合自身情況和現實情況來設定目標。

4. **在戀愛中展示真實的自己。** 有位戀愛專家說得好：「因誤會結合，因了解而分開。」說的是婚姻戀愛中的一種現象。如果是在戀愛階段倒還問題不大，但如果雙方已經結婚，甚至有了孩子，那時再分開，所造成的傷害可就不小了。為什麼會產生誤會，其中很大一個原因就是不少人喜歡在戀愛時盡量展示出自己好的一面，而刻意掩飾自己的缺點。當然，這個缺點也許並不是你的缺點，甚至是你的優點，但對方卻並不這麼認為。因此有人為了得到對方，便有意隱藏掩飾，結果等木已成舟之後，引發了一系列生活矛盾。

5. **愛情需要責任感。** 沒有人會愛上一個不負責的人，即使有些年輕人將不負責錯誤的當做一種灑脫去迷戀，最終還是會嘗到由它帶來的苦果。因此，在戀愛之前，我們要力爭成為一個對自己、對家人、對社會負責的人；在戀愛之中，我們不但要展現出我們的責任感，而且要對戀愛中自己所做的一切負責；如果走進了婚姻殿堂，有了家庭，就更需要用責任感來維持愛情了。

　　愛是對生命的渴望，情是對美好的想像。只要我們用真誠與智慧去釀造生活的芳香，順其自然的期待與追求屬於自己的愛情，幸福就在不遠的前方。

總結提示

　　愛情是美麗而神聖的，是生活中的詩歌和太陽，要收穫這種美麗，需要尊重、信任、奉獻、理解、堅貞、包容……要收穫愛情，自己心中一定要有愛，這種愛不是狹小的，而是博大的。我

們要學會愛自己、愛親人、愛朋友、愛生活、愛芸芸眾生，能做
到這些，你遲早會收穫一份屬於自己的真摯愛情。

二、面對愛情，年輕的你是否清醒

　　二十多歲的青年朋友正處在對愛情的渴求時期，可年輕的我們
畢竟剛剛成年，還不夠理智成熟，很多人只是在一味追求和愛情有
關的表面形式，而忽略了很多本質的東西，結果，很多人被自己的
愛情所累。

沉重的愛情

　　薛楠是班上出名的大美人：臉蛋漂亮、皮膚白皙、身材高挑，剛
一進大學身後就有一大幫追求者。可薛楠大都看不上，她告訴宿舍
姐妹，她的意中人必須是一位偶像級的帥哥，這樣才能配得上她。
後來，薛楠和學校籃球隊長小斌走到了一起，兩人看著郎才女貌，
情投意合，令很多同學羨慕不已。可好景不常，不久後，大家便時
常在校園裡看見他倆吵得面紅耳赤，有時薛楠還鬧得要死要活的
樣子。一打聽才知道，由於小斌高大英俊，在女生之中自然是炙手
可熱，而他向來又優越感十足，難免見異思遷，拈花惹草，結果薛
楠就成了受害者，兩人因此爭吵不斷。這種狀態跌跌撞撞持續到了
畢業。之後由於兩人各方面條件還不錯，都順利找到了工作。工作
後，兩人在外租了一間屋子，同居了一年多。正當薛楠準備和小斌
商量婚姻大事時，一個意外出現了：某天，一位陌生的女士打電話給
薛楠，說自己一直跟小斌關係親密，現在已經懷了他的孩子，小斌

答應跟她結婚，請薛楠離開小斌……之後，薛楠和小斌分手了。經歷這次打擊之後，薛楠決定這輩子再不考慮結婚的事了。

小芸今年二十四歲，從小家庭條件一般，但長得還算清秀可愛。她給自己定的擇偶目標相對簡單：年齡不要比她爸大，長得不要太嚇人，有車有房就行。後來，她找到了一位符合條件的成功男士 —— 張啟。張啟比小芸大十五歲，聲稱自己已經離異五年，有一個八歲的女兒，由她前妻帶著，他每月給她們寄一筆生活費。同居一段時間後，小芸才發現，張啟並沒有跟前妻正式離婚，只是兩人關係不太好而已，而且張啟在外面好像還有別的相好。小芸開始對張啟不滿了，時常又哭又鬧，逼他趕緊和老婆離婚跟自己結婚。某天，張啟喝了點酒，有些衝動，動手打了大聲咆哮的小芸一耳光。情緒失控的小芸拿著剪刀就向張啟刺去。張啟一側身，只是擦破了一層皮。因為這件事，兩人徹底分開了。之後恍然若失的小芸曾好幾次想到了自殺，但始終沒有勇氣，只得每日以淚洗面。

愛情難免會附有一定條件，然而這個條件是不是關鍵的、必須的，為了這個條件我們將會付出怎樣的代價？這些都是值得廣大青年朋友謹慎考慮的。

別給愛情附加太多條件

案例中兩位女主角的愛情之所以那麼沉重，就是因為她們給自己的愛情附加了一些條件。這類條件當下也被很多人所看重，結果不少人都為之付出了沉痛代價。

在愛情問題上，如今很多年輕女性朋友都崇尚一個口號：做得好不如嫁得好。的確，物質財富在當今社會顯得越來越重要，多少

人都在為了一個「錢」而勞累奔波。因此，不少青年朋友，其中甚至包括一些男性朋友，都想靠「愛情」來改變自己的命運，希望以「愛情」為交換籌碼，來獲得物質生活的富足。這樣一來，愛情的本質就變了。

當然，物質條件是生活的基礎，自然也是愛情的基礎。沒有這個基礎，愛情同樣難以維持。不知有多少家庭的破裂都是由於經濟原因造成的。猶太人有句諺語：「愛情好像奶油，抹在麵包上才好吃。」這裡的麵包就是指生活的經濟基礎。但物質基礎適度即可，如果追求的過了度，愛情自然就變質了。

不少男性青年朋友和案例中的薛楠類似，過於看重對方的外表，比如長相、身材、年齡等，而忽略了那些更為可貴的內在素養，比如善良、賢慧、勤勞、孝心、理解等，如果缺少了這些，即使你抱了一個大美人回家，那麼今後生活中的糾紛也會比一般人更多，甚至會發展到導致婚姻破裂的惡果。

我們生活中也有不少正面的例子。有些朋友認為：如果我真正愛一個人，即使對方一無所有，外貌也不出眾，我還是會愛對方。這樣的愛情就是比較純粹、比較牢固的一種愛。當然，這樣的愛情也附加了一定條件，因為愛一個人肯定是有一定理由的，但這個理由往往是理性的，而不是像之前那樣浮華的。比如我認識一對年輕夫婦，男的是一位農民兄弟，為人勤奮，雖然只有高中學歷，但是修養很高；女的大學畢業，在公司上班。兩人因為一次偶然相遇，擦出了愛情的火花，之後衝破重重阻礙走到了一起。女方說，我最看重的就是他的勤奮；男方說，她的條件按理說我配不上，但她的善良能讓我愛一生一世。

在如今這個物欲橫流的社會，愛情已經被附加了太多的條件。但實際上，最核心最本質的還是要看兩個人的感情。愛情只屬於男人和女人兩個人，不需要外界世俗的看法，不需要家庭背景和學歷限制，門當戶對早已是過時封建觀念。只要兩人感情深厚，一切都好解決。否則，只會產生一系列不幸的經歷，如同之前案例中那樣的。

讓你的愛情更純粹

附加太多無關緊要的條件不但會讓你的愛情更加沉重，而且會讓你的心靈自由受到限制，因此，我們應該想辦法擺脫這些包袱，讓我們的愛情變得更純粹。

首先，愛情不能本末倒置。愛情雖然有一定的物質基礎，但本質還是屬於精神層面上一種深刻的情感。附加的條件都是次要的，不應該本末倒置。如果因為一個人的外貌和財富才去愛這個人，那麼如果這些東西意外失去後，他們所謂的「愛情」也會隨之瓦解。這樣的例子在現實生活中也很多。所以，應該將注意力放在對彼此靈魂的關注上，這樣的愛情才是更純粹的。

其次，外界的看法都是虛而不實的。很多人的愛情之所以要附加上外貌、背景、學歷等，基本上就是因為他們太在意別人的看法，希望得到別人的羨慕和讚揚。其實這些都是做給別人看的，說白了就是一個面子問題。很多人為了這個面子也付出了沉痛代價：比如兩個人根本不相愛，但是迫於自己及家人面子的需要，勉強結了婚。婚後矛盾不斷，在家甚至一句話都不說，在外界又要裝出兩人相親相愛的樣子。這樣的愛情不但不能令人幸福，反而成了一

種負擔。

最後，功利的愛情觀使人沉淪。無論男人還是女人，如果他們的愛情觀有了功利的色彩，就會一步步走向沉淪。如今有句流行語：女人變壞就有錢，男人有錢就變壞。這反映了當前一些不良社會現象：不少男女由於對物質與功利的崇拜，開始放棄了道德操守。某些女人為了找到一位有錢老公，不斷以自己的身體為籌碼去交換，不斷在男人面前表演虛假的愛情；某些男人以為用金錢能換來真正的愛情，結果只是找到了肉欲上的暫時滿足，精神上依舊空虛。長此以往，他們只會不斷在罪惡中沉淪，而不會找到真正的愛情，

愛情，更多的是愛上一個人的內心，一個人的靈魂，如果我們把注意力集中在那些次要的附加條件上，我們的愛情就會大打折扣，甚至就不配稱為愛情，我們也無法靠它收穫真正的幸福。

總結提示

我們說愛情的附件條件是次要的，並不代表它毫無用處，只是我們應該分清主次。如果以附加條件為出發點，我們就會成為低俗欲望的奴隸，不僅不能收穫愛情與幸福，還會為其所累，飽受痛苦。如果我們以人的內在素養為主，更多的去愛一個人的靈魂，不但能收穫真摯愛情，而且能因為愛情的力量獲得很多物質上的滿足。

三、為愛情放棄一切是否值得

愛情是一種強烈的情感，一種巨大的能量。從古至今，無數痴情男女為愛意亂情迷。他們為了愛情甘願放棄所有，乃至生命。為

愛付出如此沉重代價，到底值不值得？讓我們來共同探討。

愛情是他們生活的最大動力

偉強七歲時母親去世，從小跟著父親一起生活。在他十六歲時，父親再婚，繼母帶來一個孩子，比他小三歲。自從家中有了新成員，矛盾也隨之到來。繼母對自己親生孩子疼愛有加，對偉強卻置之不理。偉強的父親由於工作繁忙，對偉強的關心也不夠，還時常因為家庭瑣事與偉強爭吵。高中畢業後，偉強沒有考上大學。他決定離開現在的家庭，獨自出去闖蕩。偉強來到一座大都市，從一家酒店的服務生做起，開始了自己的打工生涯。由於他能吃苦，工作賣力，很快得到了老闆的賞識，被提拔為領班。兩年過後，他又升為主管。偉強的勤奮贏得了一位打工女孩小麗的芳心。小麗開始主動追求偉強，對他噓寒問暖，體貼照顧。不久，他倆戀愛了。由於偉強從小缺少母愛，而小麗的溫柔賢慧剛好彌補了這一點，他發誓要一生照顧小麗。可是沒過多久，酒店由於經營不善倒閉了，偉強和小麗因此失去了工作。之後，偉強又去了很多家酒店應聘，都沒有找到合適職位；小麗倒是相對順利的再次應聘服務員成功。暫時沒有找到工作的偉強時常在家長籲短歎，有些心灰意冷。小麗每次下班後雖然非常勞累，但依舊為他做飯、洗衣，並安慰偉強工作遲早會找到。小麗的愛讓偉強重新獲得了動力，他振作起來，再次從底層做起，勤勉不懈，踏踏實實。如今。二十八歲的他已經是一家酒店的大堂經理，而且前年和小麗結了婚，兩人有了一個二歲的寶寶。他時常告訴朋友，他之所以有今天，全是因為有小麗的愛和自己對她的愛。

華翔也是一位相對不幸的年輕人，父母在他高中時離異。進入大學後，由於受家庭的影響，他對愛情抱有一定懷疑態度。後來因為緣分的驅使，他還是交了一位女朋友，兩人一直相戀到畢業。愛情的來臨讓華翔整個人煥然一新，瞬間對生活充滿了信心。之後，雙方都順利找到了工作，並且決定幾年後結婚。可兩年後，女友因為愛上了自己公司一位各方面條件都更好的男士，最終離開了他。這個打擊對華翔來說著實不小，他對愛情徹底失去了信心，也對未來感到異常絕望。消沉了很長一段時間後，他最終選擇了輕生。

　　愛情都曾給兩位主角帶來動力與希望，但不幸的華翔卻因為失去愛情而徹底絕望，最後選擇了結束生命。實際上，愛情固然重要，但不應該成為我們生活的唯一。

愛情不該是生命的負擔

　　愛情是兩顆心交融後擦出的火花，當一顆心與另一顆心的距離慢慢拉近時，愛情就悄悄來臨了。

　　愛情能給人強大的動力和十足的信心，愛情的魔力讓無數人為之神往。當一個人沉浸在愛河中時，會感到無比的幸福和滿足。案例中兩位主角都曾經由於家庭的不完整而心灰意冷，但他們對愛情的渴望卻沒有消失。愛情給了他們新的希望，讓他們重新獲得勇氣，去面對生活的一切艱難與挫折。

　　但愛情又是一把雙刃劍，她能給人希望，也能使人絕望，例如不幸的華翔。愛情使一方對另一方產生了情感以及肉體上的強烈依賴，一旦失去愛人，受傷害一方則常常痛苦難當。生理醫學研究發現，失戀者往往伴隨著胸悶、無食慾、失眠、憤怒、沮喪、懷舊、

空虛、寂寞、絕望、煩悶、疲勞、反胃、哭泣等症狀，最為嚴重的是，他們會對生活失去信心。

古往今來，不知多少痴情男女和華翔一樣，失去愛情後感覺生命已沒有多大意義，不願在塵世中繼續痛苦掙扎，最終選擇了離開這個世界，以求得心靈上的解脫。這是多麼的令人惋惜。

有不少人將愛情的來臨與消逝歸因於命運的安排，這也是一種自我安慰方式。他們認為，命運讓彼此瘋狂的愛上對方，讓彼此的眼中只有對方，其他一切都難以取代愛人的地位。而愛情又是那麼的無常，說來就來，說走就走。一旦愛情消逝，給人留下的只有無盡的痛苦。無論愛情的來臨還是消逝，都令人難以自拔，無法控制。

熱戀的人讚美愛情的甜蜜，失戀的人抱怨愛情的痛苦，還有些人則早已對愛情失去信心，認為愛情只是一種傳說。執著追求愛情的人常常感歎造化弄人，認為愛情是這一切造化的「罪魁禍首」。人們渴望愛情，追逐愛情，卻在這追逐的來來回回中迷失了自己。愛情的確很瘋狂，即便是理智的人，也常常被她俘虜。

不知不覺中，愛情成了廣大痴情男女生命中沉重的負擔。沒有愛情時苦苦想得到，看到別人相親相愛，時常羨慕嫉妒；愛情來臨時，又擔心愛情有一天會失去，為之提心吊膽；愛情失去後，整日在痛苦回憶中掙扎，傷心欲絕，萬念俱灰，有些甚至轉化為仇恨。

有一位失戀女孩在日記中寫道：「當愛情變成一種負擔時，我該何去何從？我的希望一次次破滅，淚水幾乎流乾。我的眼前一片漆黑，什麼都抓不到，唯一能感受到的就是我還痛苦的活著。為什麼我明明知道愛情的燭光很微弱，外界的風稍大就會將之吹滅，自己卻一次次不由自主的將希望點燃，就如同那奮不顧身投入火中

的飛蛾一般。愛情，就像海市蜃樓，看著很美，但我什麼都抓不到……」

實際上，愛情不應該成為我們生命中的負擔，只要我們正確面對她。

讓愛自由的來去 讓心自由的飛翔

年輕的我們該如何面對這變幻莫測的愛情呢？

第一，愛情並非生活的全部。 不同經歷的人對愛情的體會各有不同，但有一點可以肯定：愛情並不是生活的一切。本書一開始我們說過幸福的含義：幸福的核心是在生活中有持續的滿足感，並且感到生活中充滿了樂趣。愛情的確是眾多感情中最為強烈的一個，但她並不是生活的全部。不要因為愛情能給人帶來更高的滿足感而忽略了生活中的其他部分。如果年輕的你不幸失去愛情，千萬不要認為自己已經一無所有，因為你還有家人、朋友，還有很多應盡的責任。而生活中也還有其他的美好樂趣值得我們去挖掘和追求。

第二，不要關閉希望的大門。 失去愛情令很多人感到絕望，因為有人付出太多，心理嚴重失衡，難以承受；有人則是感覺自己受到了莫大的欺騙，再也不敢相信別人，相信愛情；還有些人則是感覺身心疲憊，無力再去愛，再去承受失戀的打擊。實際上，如果我們這麼輕易的關閉了愛情的大門，那麼希望就永遠不會到來。也許你失去的並不是你的真愛，而當你的真愛來臨時，你卻將她關在了門外。希望總是存在的，只要你勇敢敞開自己的心扉。

第三，追求愛情前不要抱過高期望。 不少青年朋友在沒有擁有愛情之前總是喜歡將愛情憧憬得過於美好，時常將愛情幻想成浪漫

故事中的情節。結果無形中將愛情視為了生命中的一種崇高理想。這樣導致的後果往往是始終無法如己所願，從而對始終無法得到的愛情感到焦慮和失望，這也是一種將愛情變為負擔的表現。因此，我們還是應該立足於實際，畢竟愛情最後的歸宿是婚姻，而婚姻畢竟是現實的。

第四，熱戀中也要保持清醒頭腦。熱戀中的年輕朋友總是異常陶醉，在美妙的戀愛中感覺自己已經擁有了一切，而沒有清醒的去考慮今後可能出現的現實問題甚至危機，沒有做好心理準備，以至於當現實困難來臨時措手不及，難以承受。有人更是被愛情沖昏了頭腦，將自己的一生作為了幸福的賭注，為愛付出了自己的一切。結果失去愛情後，自己也就失去了一切，感到絕望也就在所難免了。所以熱戀中的青年朋友要力圖保持清醒，不要因為擁有了愛情，而失去了自己原有的世界。

第五，順其自然，讓愛自由來去。愛情的到來與消失必然有她的特定原因，這個原因常常不是我們的思想可以左右的。既然如此，我們就應該學會順其自然的去面對，讓愛情自由的來去。當她來臨的時候，不要刻意迴避，否則你有可能因為錯失真摯愛情而悔恨終生；當她消失的時候，也不要留戀、悲哀和絕望，應該平靜、樂觀的讓她自然而然離去。正如我們經常聽到的那句話一樣：「如果你真愛一個人，就不要只想著將對方永遠獨占，而應該勇敢放手，並祝福對方找到幸福的歸宿。」

當然，失戀者感到悲傷與痛苦也是在所難免的，傷口痊癒需要時間和方法。失戀的朋友可以試著轉移自己的注意力，將精力集中在學習和工作上，或者做一些自己擅長又感興趣的事，比如參加一

些運動，到戶外散散步、晒晒太陽，或者到大自然中旅遊。這樣有助於我們重建生活的信心。

總結提示

愛情是美好的，她能帶給我們憧憬、期望、動力、甜蜜、滿足，她應該為我們幸福人生服務，而不應該成為我們生命的負擔。能夠收穫愛情，我們是幸運的；不能守住愛情，我們就將她自由放飛，然後靜靜等待下一份愛情的到來。只要心中充滿希望，幸福就不會停止。

四、別讓青春的愛情透不過氣

日常生活中，不少熱戀中的情侶親密無間，形影不離，一日不見，如隔三秋，但久而久之，有一方就會感到透不過氣，想要掙脫，而另一方卻一如既往，樂此不疲。這時，愛情的危機就出現了。

為什麼他要掙脫我的愛

二十四歲的瑞潔中學時代就喜歡看各類愛情小說、電影、連續劇等，可以馬上踏出大學校門的她卻仍舊名花無主。看著姐妹們一個個與男友整日親親我我，她嫉妒萬分，心中對愛情的渴望也日益強烈。

後來，瑞潔在一家公司實習，結識了一位與她年齡、學歷、家庭背景都相當的男孩——冠龍。經過了解，瑞潔知道冠龍在大學時曾經談過一次戀愛，但終因性格差異太大而分手。兩人在工作中話題逐漸越來越多，由於冠龍有一定經驗，敢於主動表白，很快，愛

情的火焰便在兩顆年輕的心之間燃起。

初次墜入愛河的瑞潔甜蜜無比，正如一首歌中所唱：「才說再見，就開始忍不住想見面。」

冠龍也比較細心，總是透過各種方式對瑞潔噓寒問暖：提醒她要多加衣服，要多喝水等等。傑瑞長這麼大第一次被人關心到這種程度，每天都感覺幸福無比。

半年之後，兩人同居了，親密的關係又更進一步。之後一段時間，兩人整日甜言蜜語，彼此不知向對方說過多少聲「我愛你」。傑瑞已暗中決定要將自己的一生託付給冠龍。

愛情需要時間來考驗，可他倆的愛情在時間面前卻逐漸顯得脆弱不堪。漸漸的，冠龍對瑞潔的關懷逐日減淡，可瑞潔對冠龍的關懷卻與日俱增。冠龍出門前瑞潔要他必須按照自己的建議穿衣戴帽，不然就糾纏不清；出去吃飯時瑞潔不停給冠龍夾菜，冠龍有時不耐煩的說「我不愛吃，我自己來」，瑞潔也從不退讓。

某天，瑞潔上網時無意中瀏覽了冠龍的聊天記錄，發現他跟很多女性朋友都過於親密。先不說內容，光是那些稱呼就讓瑞潔受不了：心肝、甜心、寶貝、乖乖，應有盡有。瑞潔第一次談戀愛，哪裡受得了這些，於是在冠龍面前大發雷霆，又哭又鬧，逼著冠龍發誓保證再不出現這類情況，而且要他交出自己通訊軟體及電子信箱的所有密碼。冠龍單獨出去一會，瑞潔就會打來幾個電話詢問他在幹嘛，什麼時候回來。冠龍感覺自己時刻被人監視著，毫無自由可言。

之後，冠龍越感到受不了，有些透不過氣來的感覺。於是，兩人之間的爭吵變得越來越頻繁。有一次冠龍甚至差點動手打瑞潔，這讓瑞潔的心疼痛無比。

終於有一天，兩人爭吵過後，冠龍毅然決然的搬出了兩人租住的小屋。臨走時冠龍留下一句話：「我不會再回來了，我們就此分手吧。希望你不要來找我，讓我開始新的生活吧。和你在一起我感覺透不過氣。」

瑞潔傻傻的看著冠龍頭也不回的離開，整個人長時間僵在那裡。之後，她還是忍不住給冠龍打了電話。冠龍先是不接，後來在瑞潔的簡訊威脅下，乾脆直接換了電話號碼。瑞潔徹底絕望了，她不明白為什麼自己對他的愛換來了這樣一個可悲的結局。

之所以造成這樣的結局，冠龍固然有不可推卸的責任，但不少問題還出在瑞潔身上，最主要的就是她那令人喘不過氣的愛情方式。

愛不該成為枷鎖

我們渴望愛情，當愛情來臨後我們都希望這份愛能夠恆久不變，因此很多人想盡一切辦法去守住這份愛情。可如果方法不對，就會適得其反。

瑞潔正是如此，之前心中對愛情的期盼如飢似渴，當愛情來臨後自然不會輕易放手：一方面享受著愛情的甜蜜，一方面對男友關愛有加。當她發現問題後更是害怕自己的愛會失去，於是千方百計去限制對方，結果男友感覺喘不過氣，最終選擇了離開。

生活在人類社會中，我們一方面要不斷與眾人接觸，一方面也需要有自己的私人空間。無論是家人關係、朋友關係、同事關係等都是如此。愛情關係自然也不例外。如果失去了這樣的空間，不但對方感覺透不過氣，時間一長，我們自己也會覺得被一副無形的枷鎖所限制，甚至感到窒息與痛苦。

　　冠龍因為瑞潔的限制感到不自由，難道瑞潔就感到很自由嗎？她對冠龍關愛備至，自己也會時常為他的一舉一動牽腸掛肚，而實際上這其中有很多都是不必要的，比如為冠龍的穿衣戴帽操心，為他的飲食方式操心。當發現冠龍有些見異思遷後，瑞潔的自由更是被牢牢限制住了。她會整日對冠龍的行為疑神疑鬼，會不由自主的去監視他的所作所為，而放棄了自己本該做的事。這樣一來，她在限制對方自由的同時，也就相當於限制了自己。

　　當愛還存在的時候，懂得適當放手給愛留出一定空間，才是一種真正的愛。如果一個人的愛必須表現為雙方要長時間黏在一起，往往是因為擔心、害怕、嫉妒、缺乏安全感等，這其實是一種沒自信和自私的表現，是因為自己依舊在渴望索取，而不是因為愛對方，願意為對方付出。

　　人們常說「愛之越深，恨之越切」，認為愛的對立面是恨。其實並不是這樣，愛的對立面應該是「不愛」，而「不愛」的通常表現就是淡漠。當一個人愛你的時候，他（她）會關心你，心疼你；當他（她）恨你的時候，會傷害，報復你，但心中還是在愛你。當對方對你表現出淡漠，你的一舉一動他（她）都無動於衷，不再有任何回應，那只能表明這份愛已經消失。這是在限制對方也是無濟於事的。

　　冠龍之所以見異思遷，有他自身不忠貞的原因，另一方面也表現出他對瑞潔的愛已變得逐漸淡漠。當瑞潔進一步限制他的自由時，這份愛就更加淡漠，以至於到最後毫無留戀的選擇了離開，這時候他的愛已變為了「不愛」，瑞潔再去挽留也是毫無意義的。

　　如果瑞潔在一開始就能覺察到這個問題，而採取給對方一點自由空間的做法，這份愛的挽回還是頗有希望的。

讓愛自由呼吸

很多青年朋友的愛情和瑞潔一樣，青澀而脆弱，很難經得起時間的考驗。如果再加上一副枷鎖，反而會讓愛提前夭折，那麼，我們該如何避免這種不良結局的發生呢？

首先，戀愛前不要太「饞」。瑞潔長久以來對愛情過於渴望，這就是一種「饞」的心理，而且「饞」得有些飢不擇食，失去了理智。一看到對方某些條件差不多，再對自己稍微好點，就更是被所謂的愛情沖昏了頭腦。以至於對方最初是否只是抱著玩玩的態度也全然不加考慮。結果，一著不慎，滿盤皆輸。因此廣大青年朋友一定要控制自己對待愛情的「饞嘴」心理，即使之前從未體會過愛情的甜蜜，對愛情多麼渴望，也不能不假思索，躁然冒進。

其次，戀愛中不可太「黏」。我們都知道距離產生美，兩個人太近了，時間一久，難免有一方會產生厭倦感。如果一方再整天黏著對方，則更是會遭致反感。瑞潔就是因為這種「黏」讓冠龍感覺透不過氣，最終選擇了離開。因此，給對方一些空間，給自己一些空間，如果你們的愛足夠牢固，空間和距離只會加深雙方的依戀，而不會使愛情淡漠。

再次，信任和寬容令愛自由而穩固。雖然瑞潔和冠龍的愛情從一開始就根基不穩，但如果戀愛過程中相處恰當，照樣可以日久生真情，變得牢不可摧。信任和寬容正是戀愛過程中的關鍵所在。如果一方對愛產生了懷疑，就會令愛大打折扣，當然我們誰都不願輕易放棄，年輕人總有犯錯的時候，這時候需要的就是寬容和大度了。瑞潔對冠龍產生懷疑是有根據的，可假如她告訴冠龍：「我相信你通訊軟體上那些只是鬧著玩玩，不是認真的」，之後也不干涉他

的行為，依舊對他關愛如初，相信冠龍也會被他的信任和包容所打動，會更加愛她，並痛改前非。

覆水難收時不如全身而退。如果一份愛已沒有挽回的餘地，那麼不如全身而退，給對方自由，給自己自由。很多像瑞潔一樣的痴情女性，因為無法放棄曾經有過的美好感覺，無法放下曾經擁有的執著，結果不但將沉重的回憶壓在自己身上，也讓對方感到煩惱和痛苦。有人還想透過脅迫來懲罰對方，讓對方內疚、不安心，結果反而令對方將僅有的一絲美好回憶也化為拖累和厭倦，而自己卻是受傷害最深的一個。與其如此，不如全身而退，吸取經驗教訓，給雙方一個重新開始的機會。也許這不是一件容易的事，但卻是唯一的辦法。

總結提示

我們不能讓青春的愛情透不過氣，但也不能聽之任之，讓其放縱自流。我們知道年輕的心靈容易在感情上犯錯，但如果我們只是一味的包容，有時反而會使對方感覺你對這份愛並不在乎，有人甚至會無所顧忌的一犯再犯。因此我們要把握好包容與信任的度，既適當提醒，又不過度限制，要展現出你是真正的心中有對方，是在為對方著想，是在愛對方，這樣必定能收到更好的效果。

五、值得男人一輩子珍惜的女人

越來越多的年輕男士對自己的擇偶標準感到迷茫，不知道自己到底要找什麼樣的女人度過一生。他們要麼說出一大堆理想化的標

準，要麼只說幾個典型的大眾標準。真正讓他們決定時，他們自己又說不清了。實際上，好女人自然千差萬別，但她們所具有的優良素養卻大同小異。

女人給兩位男士的不同印象

杜先生今年二十九歲，是一家商貿公司的副總裁，至今沒有找到合適伴侶。他時常感慨：「好女人現在怎麼這麼難找啊！」

杜先生沒念過大學，高職畢業後就在社會上打拚。他十九歲時交了第一個女朋友，是他在一家商場做店員時遇見的。當時兩人在相鄰的櫃檯，經常聊天，時間一長便有了感情。後來兩人正式戀愛，可沒多久女友便離開了他。理由很簡單：當時在一起只是因為寂寞，現在她覺得還是一個人待著更自由。二十一歲時，杜先生在一家物資公司做銷售，由於勤奮，存了一小筆錢。有次和朋友去餐廳吃飯認識了一位服務員，也就是他的第二任女友。兩人談了一年多，感情還不錯，可不久後杜先生的公司生意不景氣，他連著幾個月沒有拿到薪資。女友因此離開了他，理由是：跟著他太沒有安全感。二十五歲時，杜先生已經是另一家公司的銷售主管了，收入還不錯。經朋友介紹，他結識了一位女教師。可這次談了不到半年女教師就提出了分手，理由是：錢對她不重要，兩人學歷差異有點大，待著沒共同語言。如今二十九歲的杜先生可謂是事業小有所成，身邊自然常有不少年輕女性圍繞，可杜先生如今卻不願輕易付出感情了，他的理由是：她們中很多人只是愛我的錢。

馬先生也是一位成功的年輕企業家，大學畢業，相貌英俊，氣度不凡。可他的妻子卻各方面都看似一般，而且只有高職學歷。馬

先生經常在外應酬，可從來都是坐懷不亂。朋友說是不是因為老婆管得嚴不敢，他告訴朋友：「不是我不敢，是我壓根就不想，因為我妻子是個好女人，有她一個我就很滿足了。」

馬先生的妻子從來不干涉丈夫的事業，也不對他進行過多約束，即使馬先生在外留宿多日，家裡也不會鬧翻天。有時只是偶爾打電話詢問他是否回來吃飯，家裡有什麼需要交代的等等。在生活上，妻子對他的照顧也是無微不至。更難能可貴的是，雖然妻子學歷不高，但是卻能經常給丈夫的工作提一些合理建議。因為她對馬先生的事業有所了解，並在業餘時間對相關知識進行了學習，而且時常在電視中關注丈夫所從事行業的最新動態。除此之外，妻子還有很多其他優點，這些都讓馬先生引以為榮，他常告訴朋友，他妻子是當今好女人的典範。

馬先生是幸運的，杜先生則暫時不順。無論怎樣，好女人的標準大都是一致的，而且在我們身邊始終有不少好女人存在。

這樣的女人沒人不愛

一‧善解人意型

沒有哪個男人不希望擁有一位既漂亮又賢慧的女人，並與自己共度一生，然而，這樣的女人實在是鳳毛麟角。在當今這個競爭激烈、浮躁不安的社會裡，年輕的男士們越活越累，他們中不少人最盼望的是找到一位善解人意的女人。

善解人意的女人是智慧的女人、善良的女人。她們對人生已經有了一定領悟，雖然知道自己已將一生託付給了身邊這個男人，但愛人的那顆心一半屬於她，一半仍屬於他自己。她們明白愛人

在各種責任面前，事業和家庭還是第一位的，戀愛只是生活中的調味劑。所以，善解人意的女人不會把愛人當做個人財產，不會整日纏著愛人要他言聽計從，不會在愛人忙於工作時埋怨對方心中沒有她。她們知道男人既堅強又懦弱，於是總是極力維護自己愛人的尊嚴。當男人被煩惱所困擾時，她們會竭盡全力幫助他們分憂解難。善解人意的女人如同一朵素雅的花朵，時刻散發出談談清香，令人持久的陶醉。

二‧心胸寬廣型

心胸寬廣的女人很清楚男人不是管出來的，而是放出來的。她們知道好男人就像一隻在高空迴旋的鷹，喜歡自由闖蕩，但當他們身心疲憊需要休息時，就會自然回到自己身邊。有位年輕女士的丈夫是名藝術家，常年在外旅遊創作，而她對丈夫從不約束。正是她寬廣的心胸最後成就了丈夫的事業。她丈夫驕傲的說：「一般女人最關注的是如何維持家庭的穩定，而我妻子卻能給我廣闊的空間，讓我最大限度的開發出自己的內在潛能。正是因為這樣。我們的婚姻關係才更加牢固。」心胸寬廣的女人需要一定天分，她們的大氣很多是與生俱來的，但只要有一顆願意為對方做出犧牲的心，一般的女人也能做到這一點。多愁善感的女人一度令很多男人頭疼，她們感情細膩得如同頭髮絲一般，極其敏感，眼裡揉不得一粒沙。而心胸寬廣的女人卻能與男人一道協調好感情生活。如果愛人偶爾發火，她們也會默默忍耐，待他們平靜下來後再去撫慰。這樣的女人能讓男人感到輕鬆愉悅，感到更加幸福。

三‧相依相伴型

這種類型的女人對愛忠貞不渝，不離不棄，能夠隨時與愛人相

互溝通而又不成為累贅，是頗具感人氣質的好女人。羅先生是位年輕的創業者，他告訴我們：「以前我總是注重女人的外表，想要找個漂亮大方、優雅得體的女人，這樣領出去感覺特有面子。現在我只想找個工作之餘可以坐下來聊聊天、下下棋、一起出去運動鍛鍊的女人，既能幫我減輕壓力，又不讓我感到孤獨無助。相依相伴型的女人大多長相普通，正因為這樣，她們也沒有太多的欲望，只想踏踏實實的生活。男人不願意處理的瑣事她們都甘願出面擔當，之後也會一心生兒育女、孝敬父母、做好一切「後勤」工作。這樣的女人是男人終生伴侶的典型代表。

四·親切可愛型

有人也許會質疑：可愛型女人是不是就是那種幼稚小女人的類型啊？其實不然，這種類型的女人待人親切，對愛人關心體貼，對父母孝順。她們自然流露出的可愛能讓男人長期保有年輕活力，男人會自發的對她們疼愛有加，並能夠從中感受到作為男人的驕傲。

親切可愛型的女人在公司上班時惹人喜愛，能與同事和睦相處；回到家做做家事、做點兒自己喜歡的事；晚上做好飯盼著愛人早點回家。整日充滿陽光樂觀的精神，不為金錢煩惱，不為明天擔憂。這樣的女人不但心態年輕、外表年輕，而且能用這種年輕感染到自己的愛人。我認識一位二十六歲的男孩李杜，在沒有遇到現在的女友小娟之前，他留著過時的髮型，襯衫總是紮在皮帶裡，整天一雙黑皮鞋，一臉嚴肅。很多人都以為他馬上四十了。後來結識了可愛的小娟，在她的指導下，李杜改變了髮型，穿起了牛仔褲、T恤衫、休閒鞋，立刻年輕了不少。此後，整個人的精神面貌也煥然一新，朝氣蓬勃，臉上總是流露著幸福的微笑，工作也上了一個大臺階。之

後兩人結了婚，李杜把母親也接了過來，婆媳親密無間，從未因任何小事而爭吵過。如果你也能遇到像小娟這樣親切可愛的女人，那麼你是幸運的，她值得你用一生去呵護。

其實好女人的類型並不只以上幾種，只要擁有可貴美德的女人都值得我們去珍惜。正如著名作家李敖所說：「真正夠水準的女人，她聰慧、柔美、清秀、嫵媚、有深度、善解人意、體貼本身心愛的人，她的可愛是毫不囂張的，她像空谷幽蘭，只是不容易被發現而已。」

別做這樣的女人

在物質文明高度發達的今天，很多人有著與杜先生類似的感慨：好女人怎麼這麼難找啊！這所以這樣，是因為不少女士在誘惑面前漸漸迷失了純潔的自我，失去了女人本該有的眾多優秀素養，還有些則是因為不夠智慧，不懂得做好女人的技巧。因此，希望廣大年輕女士有所警覺，尤其不要成為下列女人中的一員：

1. 不自重自愛的女人

不知從何時起，一夜情成為了一種另類與時尚，這其中男人固然有不可推卸的責任，但如果沒有那些不自重自愛女士的配合，這種風氣也不會得到滋長。作為一種高級動物，人類需要的不僅僅是物質和生理的需求，而愛情又是一種崇高聖潔的情感。一個好女人在遇到自己愛慕的男人時，應該先充分了解，覺得對方適合自己後，再隨著感情的加深逐步發展親密關係。這才是一種自重自愛的表現。一個隨隨便便就與男人發生性關係的女人，有幾個男人願意把她們娶回家？所以，年輕的女士們，一定要懂得自重自愛，否

則，你很難找到一位真正愛你的男人。

2. 沒有責任感的女人

如今我們強調最多的是男人的責任感，其實女人在對待愛情及家庭方面也應該具有責任感。現在很多女人越來越現實，她們愛上一個人往往不是因為對方內在的東西，而是因為外表、金錢、背景、權力等等。她們只是把自身的情感和肉體當做了一種交易籌碼。這樣的女人今天為了某些東西和一個男人在一起，某天也會為了得到更好、更多的東西而離開他們。或者當男人失去這些東西時，他們之間所謂的愛情也就隨之蕩然無存了。如此不負責任的女人在對待家庭方面也往往會自私自利，常因此引發大量的家庭矛盾。這樣的女人相信也沒有男人敢要。

3. 過於有思想的女人

一個女人有思想不是壞事，但是如果過於有思想，就會嚇跑不少男人。過於有思想的女人往往在生活中顯示出強勢，什麼事都覺得自己才是最正確的，喜歡自己做主，甚至發展成自以為是。這令很多男人的尊嚴受到了挑戰，顯得自己不如女人。如今不知有多少高學歷的女士至今仍是「剩女一族」，雖然學歷高不是罪過，也不代表就是過於有思想，但基本上表明男人一般不希望女人比自己聰明，比自己強大。如果你真是一個聰明的女人，即使你的確比你的愛人更有思想，更有主見，甚至更有能力，也要適當裝傻，給男人一些展示自我的空間。

4. 只疼男人不疼自己的女人

記得有部電影中一位女士是典型的賢妻良母，對丈夫的關懷無

微不至，對自己卻一點不在乎。雖然非常勤勞能幹，卻成了家中類似於傭人一樣的黃臉婆，結果丈夫在外有了更年輕漂亮的新歡。不會疼愛自己的女人，男人也不會疼愛你。有時男人之所以見異思遷，實際上是女人「慣」出來的。他們往往覺得女人疼他們是應該的，而女人忽略自己、一成不變卻令他們無法忍受。因為無法找到新鮮感，他們漸漸忘記了去珍惜。所以，聰明的女人也應該多疼疼自己、愛惜自己的身體和容貌。

5‧柔弱小女生一樣的女人

大部分女人天生柔弱，尤其是年輕的女士，從小受到父母寵愛，很多人心中都渴望被自己的男人繼續呵護。所以，撒撒嬌、哭哭鼻子是很正常的。但是，有些女人卻一而再、再而三的要求男友不停給予關愛和照顧，成了典型的小鳥依人。要知道我們遲早要走向社會，開始現實的生活，因此，女孩也應該學會獨立。即使在兩人世界中，男人也不希望永遠去照顧一個小孩。記得有一位年輕男士向他朋友抱怨道：「我沒有找到一個女朋友，我是提前領養了一個女兒。」所以，在男人面前，當他們事業比較得意，想展現大男子主義的時候，適當的柔弱一下是件好事；而在他們工作壓力巨大時，柔弱小女生的表現只會加重對方的心理負擔。

上述五種類型的女人在當今社會為數不小，有些女性朋友可能同時具備了其中幾點。希望大家引以為戒，有則改之，無則加勉。

總結提示

金無足赤，人無完人。每個人都同時擁有諸多優點和缺點。

所以，評判好壞女人的標準並不是絕對的，關鍵是你自己的愛情

觀是什麼，你更看重女人的那一面，那一種女人更適合你。但無論怎樣，我們應該找一個你愛的，同時又用心愛你的女人。好女人不一定是漂亮的女人，不一定是有氣質的女人，也不一定是聰明的女人，但一定是最愛你的那個女人。如果年輕的你遇見了這樣的女人，請一定好好珍惜！

六、成熟好男人，女人一生的歸宿

好女人難找，好男人更是如此。成熟的男人不一定是好男人，而好男人必定是成熟的男人。年輕的女士朋友們，青春稍縱即逝，一定要盡快找到一位成熟的好男人，他將是你一生的歸宿。

她找到了一位難得的好男人

冰冰是一家外商的總裁助理，平時工作非常繁忙，動不動就要加班。可她並不感到厭煩和孤單，因為每次都有男友肖磊陪伴。

每次加班前，肖磊都會為冰冰買來她最愛的牛腩燴飯和柳橙汁，並催促她趕緊趁熱吃，有時還會給她親自餵飯。吃完飯後，冰冰忙著整理資料，撰寫文章，肖磊就在一旁看報紙，有時還幫忙一下。繁瑣的工作常常令冰冰非常煩悶，可每當看到靜靜坐在一旁的肖磊，她的心情立刻就會舒暢很多。

加完班後，冰冰坐在肖磊的機車後座，輕輕摟住他的腰，頭靠在他寬厚的背上，感到甜蜜無比。兩人一起沿著空曠的街道回家，一路上有說有笑，憧憬著美好的未來。

肖磊平時不抽菸不喝酒，但有時因為應酬需要也會偶爾破一下

戒，這反倒令冰冰更加欣賞，她認為能嚴格控制自己不良嗜好的男人是很少見的。

肖磊雖然是男人，卻能燒得一手好菜。為了照顧好冰冰，他下廚房的次數總是更多。如果時間充裕，洗衣服的工作他也全包了。

冰冰有時愛發一些大小姐脾氣，肖磊從來不火上澆油，總是好言好語的哄到她高興為止。有時實在哄不過來，就一句話不說，只在一旁微笑著看著她，任由她把氣往自己頭上撒，或者假裝很愧疚，這招幾乎每次都能把冰冰逗笑。

冰冰每次過生日，肖磊總會送上令她驚喜的禮物。至於情人節，玫瑰花和巧克力更是少不了的。

除了對冰冰體貼入微外，肖磊在工作上也是踏踏實實、勤勤懇懇，深受主管好評。有時要出去應酬，肖磊總是提前打電話告訴冰冰。冰冰很放心，因為她知道肖磊是個正派的人，兩人相識那麼久，她從來沒從任何一個人那裡聽說過肖磊的花邊新聞。

每次發了薪資，肖磊都交給冰冰管理，需要用錢時再從她那取，而冰冰總是主動給他塞許多零用錢。兩人從來沒有因為錢的事發生過口角。

終於，經過幾年的戀愛，兩人結婚了。婚後，雙方都非常孝敬彼此的父母。冰冰時常自豪的告訴周圍的朋友：我很幸運，找到了一個真正愛我的好男人。

肖磊這樣的好男人的確很難得，好男人的好不只表現在對自己的女人好，在其他方面，他們往往也同樣優秀。

做一個當代好男人的標準

1. **好男人必須要有事業心**。依照傳統，一個男人如果忠厚老實、善待妻子、孝敬老人，就算是百里挑一的好男人。哪怕日子過得很清貧，只要小倆口同甘共苦，相敬如賓，就是一段美好的姻緣。但如今生活壓力越來越大，誰都希望物質生活能夠富足，清貧並不是我們所期望的生活方式。因此，一個男人必須有一定的事業心，能夠撐起一個家，讓老人妻子兒女過得幸福，不受歧視，才算擁有了一個好男人的基礎。即使暫時過得清貧，也要有不斷奮鬥的動力，要時刻懷著建立自己事業的雄心壯志。

2. **好男人必須擁有強健的體魄和寬闊的胸懷**。既然我們要開創自己的事業，就必須擁有一個健康又強健的體魄。強健的體魄可以讓你在激烈的競爭中有足夠的精力去應付來自各方面的壓力，也能照顧好自己的愛人及家人。一個對自己身體健康不愛惜的男人，實際上是一個不負責任的人。即使你工作繁忙，應酬頻繁，也總是能擠出時間來鍛鍊身體，一個好男人是不會給自己找藉口的。而寬闊的胸懷可以容納周圍的每個人，不僅有利於你事業的發展，也能對你的女人時刻謙讓，不讓你的女人受到傷害。在你的包容和大度中，她能感受到更多的幸福。

3. **好男人要能經得起誘惑**。前面我們說「男人有了錢就變壞」，如今這樣的男人著實不少。他們之所以會變壞，往往是因為事業有了一定起色，物質財富有了一定累積，而女色的誘惑也就隨之而來了。如果一個男人經不起誘惑，那麼受到傷害

的不僅是自己的愛人，還會影響到他自身的進一步發展。不知多少男人事業成功以後，見異思遷，喜新厭舊，最後不但導致家庭破裂，自己的事業也被毀之一旦。有些高官甚至因為女色而侵害國家利益，最終被繩之以法。這些都是經不起誘惑而自釀的苦果。

4. **體貼照顧是當代好男人的必備本領**。男人天生要比女人強大些，因此體貼照顧自己心愛的女人是理所應當的。案例中的肖磊最大的優點就是懂得體貼自己的女人，無論是陪女友加班、送她回家、買禮物、做飯等等，都是體貼入微的表現。有人認為體貼的男人太在乎細節，像個小男人，做不成大事，其實不然。體貼不僅展現了一個男人的優秀素養，最重要的是，它是表達愛意的實際方式。一個只知道口口聲聲說「我愛你」而沒有實際行動的男人，只會給人一種花言巧語的印象，是不值得女人信賴的。

5. **好男人應該坦蕩又智慧**。一個男人要坦蕩，就要誠實而勇敢。自己犯了錯就是犯了，從不矢口否認，更不會偽裝掩飾。即使是面對愛情，愛了就是愛了，不愛就不愛，大家好聚好散。當然，有時坦蕩會傷害到自己愛的人，造成不必要的麻煩和損失，這就需要一定的智慧了。這種智慧並不是要你去欺騙對方，而是需要用你的聰明才智將問題靈活的化解掉。即使偶爾說了些小謊，也是為了不引起誤會，是一種善意的欺騙，是一種顧全大局的智慧。

其實，十全十美的好男人並不存在，廣大年輕的女士朋友還是要面對現實，只要生活中那個男人能夠真心疼你愛你，願意為你犧

牲付出，相依為命，這樣的男人就是難得的好男人。

找到好男人的祕訣

雖然我們知道了好男人的大致標準，但在實際生活中，要找到這樣的好男人並不是一件容易的事。我們應該注意以下幾點，以便更準確的找到自己心儀的好男人。

1. **不要過早對一個男人下結論**。不少女性朋友過於高估自己，往往只透過一些表面現象就輕易看低和否定一個人。曾經有位剛上班的女士受到公司一名年輕同事的追求。年輕男子看著有些樸素，彷彿也沒什麼特殊才能和雄心壯志。有次這位女士去了他家，發現他家比較清貧，而且父母都是一般退休工人。由於不想長期過困苦的日子，她拒絕了他的追求。後來才知道，他勤奮能幹，能力非凡，憑藉自己的專業才能在業餘時間裡接了不少兼差，已經在都市裡繁華地段買了兩間房子。這是該女士才後悔自己看走了眼。可見，女人最可怕的就是她們的虛榮心，有時優秀的男人主動追求，她們就會在潛意識中將對方看低，結果錯失良緣。

2. **多向閨中密友請教**。要想更有把握的鑑別自己是否遇到了好男人，可以多向自己閨中密友，尤其是那些有經驗的過來人請教。女人的心思畢竟還是女人最懂。就如同女人都喜歡買化妝品，哪個牌子的化妝品比較好，女人們最有發言權。而哪個牌子的男人比較好，她們也會根據你的情況，給予合理建議。當然，是你選擇男人而不是她們，哪種好男人最適合你，還是要你自己來決定，她們只能給你一個參考意見。但

如果你沒有這些能陪你無所不談的女性密友，你難免會因為一時疏漏而感到遺憾。

3. **要找到好男人自己必須是好女人**。很多女性朋友只顧著挑別人，而不知道自己是否達到了好女人的標準。在某集徵婚節目中，有位女士長相平平，工作也一般，卻趾高氣揚的當眾宣布自己要找的男人必須是身高一百八十公分以上，三十歲以下，有車有房，年薪百萬以上。後來有位符合條件的男士反駁她：「你說的這些我都能達到，假使你看得上我，那麼請問你能給我帶來什麼？」這位女士就說了幾條常規的好女人標準。這位男士又說：「你說的這些很多比你條件好的女人都能達到，我為什麼要選擇你呢？」結果那位女士啞口無言。所以說，想要求別人怎樣，自己先夠了資格再說。關於如何做一個好女人，可以參看前一節的內容。

4. **值得你一生完全信任的男人只有兩三個**。很多年輕的女士問道：到底什麼樣的男人才是真正的好男人，才能讓我知道他的好不是裝出來的呢？有位年輕女士的哥哥對她說：「值得你一生完全信任的男人只有三個：爸爸，我，你未來的丈夫。」如果你沒有特別疼你的哥哥，那值得你信任的就只有兩個。爸爸永遠最疼自己的女兒，儘管爸爸有時很凶，很嚴厲，最親的人總是用你最討厭的方式來保護你、來愛你。如果一個男人口口聲聲說愛你，你不要輕易被他迷惑，要用你最信任的父親和哥哥的標準去體察驗證一下，看他是不是真的疼你、愛你。如果是，那他就是你要找的好男人。

5. **警惕那些自命不凡的男人**。有些男人憤世嫉俗，總在追求一

種永遠也達不到的境界，老是抱怨外界的一切人和事都對他不公；有的男人優越感過強，從不打算「一棵樹上吊死」，目空一切；有些男人大男子主義觀念強，自尊心過重，總是一副「大丈夫何患無妻」的模樣；還有些則志大才疏，好高騖遠，給人一種成功男人的假象。這些男人都是天生自命不凡的男人，和他們在一起，只會有無盡的煩惱與痛苦。因為，他們大都心中只有自己，遠遠不夠好男人的標準。

總結提示

與好女人一樣，好男人並非可遇不可求。很多外在的附加條件雖然炫目，但最關鍵的還是這個男人是否真的愛你。如果他真的愛你，他就會為你付出，為你改變，即使他暫時不夠標準，也會以對你的愛為動力，想盡辦法達到。但是，真正的好男人也不會為你付出一切，因為他們知道愛情並非生活的全部，他們還肩負著其他責任，但恰恰是這樣，他們才稱得上是真正的好男人，才更值得年輕的你去愛。

電子書購買

國家圖書館出版品預行編目資料

二十幾歲的你，別預支煩惱：你該做的是準備而
不是擔憂 / 張雪松，王郁陽著 . -- 第一版 . -- 臺
北市：崧燁文化事業有限公司 , 2021.08
　　面；　公分
POD 版
ISBN 978-986-516-779-0(平裝)
1. 成功法 2. 自我實現
177.2　　110011720

二十幾歲的你，別預支煩惱：你該做的是準備而不是擔憂

臉書

作　　　者：張雪松，王郁陽

發 行 人：黃振庭

出 版 者：崧燁文化事業有限公司

發 行 者：崧燁文化事業有限公司

E - m a i l：sonbookservice@gmail.com

粉 絲 頁：https://www.facebook.com/sonbookss/

網　　　址：https://sonbook.net/

地　　　址：台北市中正區重慶南路一段六十一號八樓 815 室

Rm. 815, 8F., No.61, Sec. 1, Chongqing S. Rd., Zhongzheng Dist., Taipei City 100, Taiwan (R.O.C)

電　　　話：(02)2370-3310　　　傳　　真：(02) 2388-1990

印　　　刷：京峯彩色印刷有限公司（京峰數位）

定　　　價：399 元

發行日期：2021 年 08 月第一版

◎本書以 POD 印製